宁波市鄞州区社科联（社科院）委托重点研究课题成果

鄞州海上丝绸之路文化遗产创新发展研究

苏勇军　编著

海洋出版社

2023年·北京

图书在版编目（ＣＩＰ）数据

鄞州海上丝绸之路文化遗产创新发展研究 / 苏勇军编著.
-- 北京：海洋出版社，2022.9
ISBN 978-7-5210-1014-5

Ⅰ.①鄞… Ⅱ.①苏… Ⅲ.①海上运输-丝绸之路-
文化遗产-研究-鄞州区 Ⅳ.①K295.54

中国版本图书馆CIP数据核字(2022)第182276号

责任编辑：赵　武	发 行 部：（010）62100090
责任印制：安　淼	总 编 室：（010）62100034
排　　版：海洋计算机图书输出中心 晓　阳	网　　址：www.oceanpress.com.cn
出版发行：海洋出版社	承　　印：鸿博昊天科技有限公司
	版　　次：2023年8月第1版第1次印刷
地　　址：北京市海淀区大慧寺路8号	开　　本：787mm×1092mm　1/16
邮政编码：100081	印　　张：16
经　　销：新华书店	字　　数：250千字
技术支持：（010）62100052	定　　价：88.00元

本书如有印、装质量问题可与发行部调换

前　言

文化自信是一个国家、一个民族发展中更基本、更深沉、更持久的力量。诠释中国现象、解读中国奇迹、展示中国气派、传播中国智慧、贡献中国方案，离不开文化自信的显扬与践行。文化遗产构成中华民族的文明成果及文化体系、文化智慧、文化家园和文化特征，是综合国力的重要构成，是坚定文化自信的源泉。中国是世界上唯一的五千年文明未曾断裂的国家，其连续发展而积淀的文化遗产极其丰厚，从而成为中华优秀传统文化和革命文化的主要载体及内涵。我国的文化遗产在得到积极保护的同时，也在更多方面服务于国家现代化建设。

新时代，宁波提出的"东方文明之都"愿景，有着深刻的中华文化底蕴，契合新时代的发展特征与发展要求，鄞州在宁波市"名城名都"战略之下，提出"名城强区"。"名城强区"中的文化自信，既是目标，更是资源。从目标来说，鄞州要在全球战略视野中整合国内、国际的两个市场、两种资源，从原来的"走遍天下不如宁波江厦"，拓展为"走遍天下即是宁波江厦"，要沿着国家布局的"一带一路"倡议"走出去"和"引进来"，高水平、高标准地建好"一带一路"建设综合试验区。从资源来说，"东方文明之都"本身就是一个重要的文化形象、文化品牌，"书藏古今，港通天下"的宁波宣传口号说明宁波的产业优势与文化优势是并举的。从发达国家经验来看，文化软实力建设是极为重要的，文化兴区是鄞州发展的重要战略方向。新时代"文化鄞州"要更加注重强化文化"走出去"，全面推进鄞州地区具有国际影响力的儒学、禅学、茶文化、瓷文化、书画艺术、服装文化，特别是海上丝绸之路文化在"一带一路"沿线国家、西方国家中的传播，重新引领潮流。

作为古明州港（宁波）的发祥地，鄞州[①]是海上丝绸之路的始发港和重要节点之一。鄞州历史文化底蕴深厚，拥有物质文化遗产保护单位、点和名录862处，其中国家级文保单位5处、省级文保单位9处；拥有库藏文物档案藏品20 569件（套），其中珍贵文物740件（套）；拥有各级非物质文化遗产名录175项，其中国家级名录4项、省级20项。鄞州海上丝绸之路精神引领发展，至今仍保留众多体系化、集群化、地域化的海上丝绸之路文化历史遗迹遗存和民间文艺品类，如中外佛教交流中占重要地位的天童寺、阿育王寺，堪称航海地标的庆安会馆和天后宫，宁波海上丝绸之路申遗标识的"羽人竞渡纹铜钺"，推动民间石刻艺术东传的东钱湖南宋石刻群，促进民间工艺交流的朱金漆木雕、骨木镶嵌、金银彩绣、甬式家具、竹器等传统手工技艺……这些文化遗产体现了鄞州人民的聪明才智和非凡的创造力，并对海上丝绸之路沿线地区和国家在政府行为、经济活动、文化教育、宗教信仰等方面都产生了深远影响。2019年5月，中国民间文艺家协会正式授予鄞州"中国海丝文化之乡"称号。

创造性转化和创新性发展强调的是研究与实践、形式与内容、继承与发展、保护与开发相结合，这与文化遗产的生产性、原真性和整体性保护原则是一脉相承的。鄞州海上丝绸之路文化遗产创新发展，要通过生产性保护、原真性保护和整体性保护措施，不断拓宽转化创新路径，探索转化创新方式，实现质量、效率和动力提升。

全面系统开展鄞州海上丝绸之路文化遗产的文献史料、考古遗存、文物史迹等基础资料的搜集，深入研究海上丝绸之路鄞州史迹的遗产价值及其创新性发展路径，讲好海上丝绸之路的"中国故事"，讲好古代东西方人民的和平交往故事，将有效扩大鄞州海上丝绸之路史迹的影响力和知名度，把海上丝绸之路建设成国际知名的文化遗产品牌，在实践创造中进行文化创造，在历史进步中实现文化进步，让古老的文化印记得以长存，为鄞州区城市文化综合实力出新出彩，建设"名城强区"作出新的更大的贡献。

作者

---

① 本书所述海上丝绸之路文化遗产皆以鄞州区现有行政区划范围为准，考略到线性文化遗产的独特属性，论述中也会兼及原鄞州区（鄞县）行政区划范围内的部分遗产。

目　　录

第一章　海上丝绸之路文化遗产 1
　　第一节　海上丝绸之路概念提出 1
　　第二节　海上丝绸之路研究现状 7
　　第三节　海上丝绸之路文化遗产界定 11

第二章　鄞州海上丝绸之路的前世今生 21
　　第一节　鄞州历史发展脉络 22
　　第二节　鄞州海丝文化发展环境 28
　　第三节　以鄞州为核心的海上丝绸之路发展历程 44

第三章　鄞州海丝文化遗产的内涵 52
　　第一节　鄞州海丝文化遗产主要内容 52
　　第二节　鄞州海丝文化遗产类型及其文化特征 58
　　第三节　鄞州海丝文化遗产的特征 131
　　第四节　鄞州海丝文化遗产的价值 134
　　第五节　鄞州海丝文化遗产保护与利用现状 145

第四章　鄞州海丝文化遗产创新发展 151
　　第一节　传统文化创新性发展内涵 151
　　第二节　鄞州海丝文化遗产创新发展原则 154
　　第三节　国内外文化遗产发展模式概述 156
　　第四节　鄞州海丝文化遗产创新发展模式 160

第五章	鄞州海丝文化遗产创新发展路径	194
第一节	扩大宣传，增强海丝文化遗产保护意识	194
第二节	夯实基础，促进海丝文化遗产品牌打造	196
第三节	多方协作，促进海丝文化遗产保护	200
第四节	凝心聚力，推动海丝文化遗产申遗	204
第五节	政府主导，优化海丝文化遗产管理体制	209

后记 212

参考文献 215

附录1 《鄞州赋》 223

附录2 《宁波市海上丝绸之路史迹保护办法》 226

附录3 宁波市"海上丝绸之路"文化遗存清单 232

第一章　海上丝绸之路文化遗产

第一节　海上丝绸之路概念提出

海上丝绸之路是指在公元前2世纪至公元18世纪下半叶蒸汽动力取代风帆动力之前的漫长时段里，古代人们借助季风与洋流等自然条件，利用传统航海技术沟通世界，开展政治、经济、文化等多领域交流的海路航线，主要包括由中国通往朝鲜半岛及日本列岛的东方航路和由中国通往东南亚及印度洋地区的南方航路。海上丝绸之路是极具人类文明与文化交流及传播价值的文化线路遗产，是古代中国对外的海上航线及与之相伴随的经济文化交往等友好往来的重要桥梁，是东西方文明与文化的融合、交流和对话之路。海上丝绸之路惠及的国家众多，范围广泛，远远超过陆上丝绸之路的作用及影响，堪称东方历史上对外交流与合作的典范。

海上丝绸之路涉及港口船舶、航海技术、航线航路、货物贸易、航海事务管理、人员往来、文化语言、宗教信仰、政治外交等诸多内容。海上丝绸之路，不仅表现了航海行为本身的冒险、探索和开放的勇气，而且也表现了不同地区之间商贸、文化的交流与互动。在漫长的历史进程中，海上丝绸之路把不同地区的中华文明、古印度文明、古波斯文明、阿拉伯文明、古埃及文明、古罗马文明等连接起来，不同民族信仰的儒家思想、印度教、佛教、伊斯兰教、基督教等相互尊重与沟通，不同地域的文化差异和社会发展水平相互交融，使世界的文化多姿多彩，推进了各族人民的进步。

丝绸之路概念的首创者是德国著名地质地理学家李希霍芬（1833—

1905年)。他于1860年和1868年两次来中国考察旅行,还到访过广东广州、三水、英德、韶关等地,后出版五卷本《中国——亲身旅行的成果和以之为根据的研究》。通过整理李希霍芬《中国——亲身旅行的成果和以之为根据的研究》第一卷的相关内容,可知"丝绸之路"一词共出现了4次。即第一卷的目录上有"马利奴斯的丝绸之路";第496页有"早期丝绸之路中这一条路径的西线部分";第499页的页眉上有"马利奴斯的丝绸之路";在第500和501页之间,夹印了李希霍芬于1876年绘制的一幅中亚地图,该地图的说明文字中有"马利奴斯的丝绸之路"。在这张地图上,他用加粗的红线画出了一条基本上笔直的"丝绸之路",据说这是来自托勒密《地理志》中所记赛里斯的地理情况和马利奴斯的信息,但与"丝绸之路"的实际走向并不符合。

此后,有"欧洲汉学泰斗"之誉的法国著名汉学家沙畹(1865—1918年)在其著作《西突厥史料》中,提到丝绸之路有陆道和海道两条:

> 中国之丝绢贸易,昔为亚洲之一重要商业。其商道有二,其一最古,为出康居(Sogdiane)之一道;其一为通印度诸港之海道,而以婆卢羯泚为要港。当时之顾客,要为罗马人与波斯人,而居间贩卖者,乃中亚之游牧与印度洋之舟航也。罗马人曾欲解除居间贩卖之弊。Justinian 在位之时,已曾培养蚕种,五六八年时,Justin II 曾以其殖蚕艺术出示突厥使臣,见之颇为惊诧。然此业昔在孔斯坦丁堡似未发达,Justinian 为求丝绢,曾谋与印度诸港通市易,而不经由波斯,曾于五三一年遣使至阿剌壁(Arabie)西南yémen 方面,与 Himyarites (Homérites)人约,命其往印度购丝,而转售之于罗马人,缘其地常有舟航赴印度也。波斯人一方面欲完全垄断印度诸港之海上丝利,乃一面阻止 Himyarites 为罗马人居间贩卖人,一面妨碍陆地运丝民族之贸迁。

其中"南道为通印度诸港之海道,以婆卢羯泚(Broach)为要港",这才比较具体地谈到欧洲与印度之间在6世纪的丝绸贸易。其后,随着一批考古资料的涌现，德国历史学家赫尔曼于 1910 年出版的《中国和叙利亚之间的古代丝绸之路》进一步把丝绸之路延伸到地中海西岸和小亚细亚，确定了丝绸之路的基本内涵，即中国古代经由中亚通往南亚、西亚以及欧洲、北非的陆上贸易通道。1933—1935 年，瑞典探险家斯文·赫定考察西北丝绸之路，后出版《丝绸之路》一书。在 1939 年日文版中介绍：

> 在楼兰被废弃之前，大部分丝绸贸易已开始从海路运往印度、阿拉伯、埃及和地中海沿岸城镇。

作者非常肯定地认为存在一条将中国丝绸海运到地中海沿岸国家的"海上丝绸之路"。此后，海上丝绸之路研究逐渐增多，但以外国学者为主。

中国最早提出"丝绸之路"的学者是国学大师季羡林先生。他在 1955 年发表的论文《中国蚕丝输入印度问题的初步研究》中就提出"横亘欧亚丝路"的概念，描述了中国蚕丝传入印度的过程，并将传入途径归纳为五条，分别为"南海道、西域道、西藏道、缅甸道、安南道"，南海道即《汉书·地理志》所述从雷州半岛启航至印度的海上交通线。

> 综观自汉武帝以来中印海上丝织品贸易的情况，我们可以看到，在汉代运去的是"杂缯"……到了宋代元代，中国海上贸易空前发展，于是"丝帛""缬绢""五色绢""青缎""五色段"，甚至"苏杭色缎"就大量运至印度。金乌古孙仲端《北使记》里记载，"（印都回纥）金、银、珠、玉、布帛、丝帛极广"，可见数量之多了。到了明初可以说是达到中印海上贸易的最高潮，中国的"纺丝""色绢""色段""白丝"源源运至印度。

20 世纪 60 年代，法国学者布尔努瓦出版《丝绸之路》一书，谈到公元 1 世纪中国丝绸运往印度、古罗马有三条路，其中一条是海路：

> 它从中国广州湾的南海岸出发，绕过印度支那半岛，穿过马六甲海峡，再逆流而上，直到恒河河口。这条路似乎仅仅由印度商船通行。商人们再从孟加拉湾海岸出发，沿恒河顶风破浪，一

直到达"恒河大门",然后便停止了海航,商品经陆路一直运输到西海岸的海港、波斯和阿拉伯地区,后来也运销于欧洲……在1世纪末以前,地中海地区所进口的大部分丝绸似乎都是通过海路而运输的,并不经由穿过波斯的陆路。

1967年日本学者三杉隆敏出版的《探索海上的丝绸之路——东西陶瓷交流史》,成为专论海上丝路的专著,第一次提出"海上丝绸之路"的概念。1963年6月,三杉隆敏在游历美国、欧洲之后,来到位于欧亚大陆交界的土耳其著名都市伊斯坦布尔。三杉隆敏作为陶瓷器研究专家,奥斯曼帝国苏丹建造的托卡比皇宫(Topkap Saray)收藏的12 000余件唐宋以来的中国瓷器引起他的极大关注。尤其是收藏品中高50厘米以上的青花瓷大罐,令其产生无限遐想。如此巨大的瓷器,仅仅依靠骆驼商队是难以大量地从中国运至欧洲的。带着这个疑问眺望博斯普鲁斯海峡时,结合此前读过的《厄里特里亚航海记》《道里邦国志》《马可波罗游记》等书,其脑海随之中浮现出"海上丝绸之路"的景象。产自遥远中国内地的瓷器,正是通过江、海联动的方式,被运送到西方来的。他还根据文献记载,大致复原了当时的远航帆船以及航行路线。其后的100余次海外旅行,对50余国博物馆与考古遗迹的考察,更坚定了三杉隆敏的这一设想。日本考古学家三上次男在为该书所做的序言中,对三杉氏的这一想法予以肯定;并在三杉隆敏第二部著作《海上丝绸之路——中国瓷器的海上运输与青花编年研究》的序言中指出:随着时代的变化,大约从10世纪前后开始,"海上丝绸之路"即成为东西方主要的贸易通道。

1974年,香港学者饶宗颐教授发表《蜀布与Cinapatta——论早期中、印、缅之交通》的长篇论文,除了论述蜀布从陆路输入印度、缅甸外,并在最后以《附论:海道之丝路与昆仑舶》一节,专论"海道作为丝路运输的航线":

> 海道的丝路是以广州为转口中心。近可至交州,远则及印度。南路的合浦,亦是一重要据点,近年合浦发掘西汉墓,遗物有人

形足的铜盘。而陶器提筒，其上竟有朱书写着'九真府'的字样，九真为汉武时置的九真郡……这个陶筒必是九真郡所制的，而在合浦出土，可见交、广二地往来的密切……中、印海上往来，合浦当然是必经之地。而广州自来为众舶所凑，至德宗贞元间，海舶珍异，始多就安南市易。

20世纪80年代以后，国内外研究丝绸之路的热潮逐步兴盛。1981年，法国学者雅克·布罗斯在巴黎出版其著作《发现中国》（La decouverte de la Chine，1981），在第一章第一节"丝绸之路"中，介绍了陆、海"丝绸之路"：

1世纪时，中国的丝绸传到了罗马，在贵妇人中风靡一时，却使古罗马的社会风纪监查官们义愤填膺……

当时存在着两条通商大道。其一为陆路，由骆驼队跋涉，这就是丝绸之路。它从安都（Antioche）起，穿过了整个安息帝国（L'Empire Parthe），然后在到达中国之前要越过帕米尔和塔里木盆地的绿洲，最后到达了可能为长安城的首都赛拉（Sera Mètropolis，丝都）。但这条路受安息人控制，他们在充当中间经纪人的同时，却又极力阻挠在中国和罗马社会之间建立直接的关系，甚至阻止了公元97年中国派向大秦（赛里斯人知道的罗马帝国）的第一个使节……

另一条路就是海路，它就是未来的"香料之路"，经红海和印度洋而抵达马拉巴尔的印度海岸之谬济里斯（Muziris），或者是科罗曼德尔（Coromandel）河岸的本地治里（Pondichèry, Pondonkè），然后再经马六甲海峡和印度支那而沿中国海岸北上，一直到达《厄里特利亚海航行记》（Pèriplede la mer erythrèe）中所说的"特大城"秦那（Thina）。……这种海路贸易往往要使用由100多艘船舶组成的船队，利用季风航行，八个月往返一次。但无论是经陆路还是经海路，罗马和中国的运输者们从不会走完这条路的全程，而基本是在全程中途接换。所以《厄里特利亚海航行记》中指出，只有很少的海员敢于冒险直达中国海……

直到1985年，北京大学教授、宁波鄞州姜山籍学者陈炎先生出版《陆上和海上丝绸之路》和《海上丝绸之路与中外文化交流》两部专著，指出："海上丝路把世界文明古国如古希腊、古罗马、古埃及、古波斯、古印度和古中国，又把世界文明的发源地如埃及文明、两河流域文明、印度文明、美洲印加文明和中国文明等都连接在一起，形成了连接亚、非、欧、美的海上大动脉，使这些古老文明通过海上大动脉的互相传播而放出异彩，给世界各族人民的文化带来了巨大的影响。"这两部专著充分肯定了海上丝路不可置疑的历史地位和巨大而深远影响。

1990年10月23日，联合国教科文组织发起"海上丝绸之路"综合考察，由30多个国家的50多位科学家和新闻记者组织而成的海上远征队，乘坐由阿曼苏丹提供的"和平之舟"号（Ship of Peace）考察船，从意大利的威尼斯港启航出发，先后经过亚德里亚海、爱琴海、地中海、苏伊士运河、红海、阿拉伯海、印度洋、马六甲海峡、爪哇海、泰国湾、中国南海、东海和朝鲜海峡，途经意大利、希腊、土耳其、埃及、阿曼、巴基斯坦、印度、斯里兰卡、马来西亚、泰国、文莱、菲律宾、印度尼西亚、中国、韩国和日本等16个国家的威尼斯（Venice）、雅典（Athens）、库萨达吉（Kusadas）、亚历山大（Alexandria）、塞拉莱（Salalac）、马斯喀特（Muscat）、卡拉奇（Karachi）、果阿（Goa）、科伦坡（Colombo）、马德拉斯（Madras）、普吉（Phuked）、马六甲（Malacca）、苏腊巴亚（Surabaya）、曼谷（Bangkok）、马尼拉（Manila）、广州（Guangzhou）、泉州（Quanzhou）、釜山（Pusank）、博多（Kyongin）、冈山（Hakaka）、大阪（Osaka）等22个港口城市进行考察，历时近4个月，行程21 000余公里，有力地促进了海上丝绸之路研究。

第二节 海上丝绸之路研究现状

丝绸之路作为东方历史上的一个特定的历史范畴，具有丰富的内涵和具体的范围，无论在东方还是西方都有深湛的研究成果，留下了大量的有影响的著作，这些著作已经成为历史文化研究的珍贵遗产。

海上丝绸之路的研究涉及港口、造船、航海术、航线、国家之间的外交关系、民间的商品外贸管理体制、货物流通、人员往来、文化传播、民俗信仰等众多方面，是一个跨学科的综合性研究领域。由于各国学者都在关注这个领域，所以该领域研究又具有鲜明的国际性。在过去的一个多世纪中，通过研究海上丝绸之路，有力地推动了中国学术研究走向世界、走向未来。

一、萌芽阶段（1840—1900年）

在两千多年前，海上丝绸之路就已经开始形成了。在漫长的岁月中，形成了许多关于海上丝绸之路的文献资料。但在古代中国，对海上丝绸之路基本上停留在"记录"的层面上，而没有进入到"研究"的阶段。1840年爆发的鸦片战争，打开了清朝紧闭的大门，对中国社会产生了巨大的冲击。面对着汹涌而来的西方列强，为了寻找"制夷"良策，林则徐、姚莹、魏源、徐继畬、梁廷枏、夏燮等极少数先觉者，怀着救亡图强的强烈责任感，开始研究与海上丝绸之路相关的一些问题，从而开辟了一个全新的研究领域，并且提出了不少超越时代的真知灼见。如1839年，梁廷枏编成《粤海关志》30卷，比较全面地梳理了粤海关的发展演变过程，以及广东与海外各国的通商历史，被誉为是"我国第一部海关志……是一部海关专志，同时也是一部海关通史"。鸦片战争期间，梁廷枏成为林则徐的幕僚，为抗击英国侵略者积极献计献策，深得林则徐赏识。1846年，梁廷枏根据西方译著以及中文资料，完成《海国四说》。此书由《耶稣教难入中国说》《合省国说》《兰仑偶说》和《粤道贡国说》组成，其中的"合省国"就是美国,"兰仑"即英国伦敦。他的另一部著作《夷氛闻记》大约完成于1849年,主要记载第一次鸦片战争的过程,同时简要回顾了英国对华贸易的早期历史。

二、形成阶段（1901—1948年）

进入20世纪之后,与海上丝绸之路相关的学术研究不仅得到越来越多学者的重视,而且,还逐渐发展成一个专门的学术领域。到了1930年左右,中国学术界确立了"中外交通史"这样一个学科。中外交通,又可以分为中外陆上交通和中外海上交通两大部分。中外海上交通史,实际上就是海上丝绸之路的发展历史；研究中外海上交通史实际上就是研究海上丝绸之路的历史。或者说,海上丝绸之路的研究,主要包含在"中外海上交通史"的研究之中。

这一时期,张星烺、冯承钧、向达等学者,从不同的角度对海上丝绸之路进行许多开拓性的研究,在不少方面走在国际学术舞台的前沿,并且为后来的学术研究打下坚实的基础。除此之外,此阶段越来越多的学者投入与海上丝绸之路相关的研究中,其中包括岑仲勉、方豪、李长傅、温雄飞、张维华、张礼千、梁方仲、梁嘉彬、吴晗、白寿彝、戴裔煊、黎光明、杨志玖、姚宝猷、武堉干、张德昌、谭春霖等,研究领域涉及海外交通文献的整理与海外史地的考证、海外贸易史、贸易港及贸易居留地、贸易管理体制、华侨史、中国与日本海上关系史、中外文化交流史、中国与海外各国外交史等。

三、停滞阶段（1949—1977年）

1949年后,由于特殊的国际环境以及特殊的政治氛围,与海上丝绸之路相关的研究在大陆学术界虽非主流,但依然延续。向达、韩振华、吴文良等学者在十分艰难的条件下,仍继续推进海上丝绸之路的研究,尤其是在考古学与科技史方面,取得了斐然的成绩。韩振华、岑仲勉、周连宽、乌廷玉、吴晗、林家劲、郑履权、傅衣凌、胡代聪、陈智超、陈碧笙、朱杰勤、吴文良、戴裔煊等一大批学者分别从海外史地考证和海外航线、海外贸易史、近代早期中国与欧洲历史关系、古代中日关系史、西洋汉学与天主教、海上丝绸之路考古学以及科技史等领域进行系统研究。此外，由于学者向达的努力，在海上丝绸之路文献整理领域也取得了重要的进展。他积极筹划并致力于整理《中外交通史籍丛刊》，其目的"主要就是选择那些在'正史'外国传以外的有关中外交通的著述来加以整理出版"。《中外交通史籍丛刊》只出版三种，分别是《西洋番国志》《郑和航海图》和《两种海道针经》。现在，《中外交通史籍丛刊》是研究古代海上丝绸之路必读的基本文献。

在这一时期的中国台湾地区，对海上丝绸之路的研究也不是最引人关注的领域，但成果却不少，主要有董作宾的《中韩文化论集》（1955年）、刘百闵的《中日文化论集》（1955年）、郭廷以的《中越文化论集》（1956年）、黄正铭的《中国外交史论集》（1957年）、凌纯声的《中泰文化论集》（1958年）、刘百闵的《中日文化论集续编》（1958年）、张其的《中菲文化论集》（1960年）等成果。台湾学者对有些问题的研究，尽管角度不同，但得出的结论却与大陆学者非常相似。例如，陈文石在《明嘉靖年间浙福沿海寇乱与私贩贸易的关系》（1965年）表述，朱纨到了浙江福建沿海后实行了严厉的海禁政策，结果"衣食于海者失其凭依，士大夫家亦骤失重利，是故皆甚恶之""朱纨徒以严急执法，不能就海禁政策与广大沿海贫民生计根本问题上检讨议处，实为失策"。而同一时期大陆学者胡代聪等人也认为，朱纨的海禁政策一方面得罪了"豪门势族"，另一方面"使沿海地方居民的生计受到影响"。海峡两岸学者的说法，是多么的相似。在中国台湾的诸多学者中，有两位特别突出，一是方豪对中外文化交流史的研究、另一是全汉昇对海外贸易史的研究，成就卓著，影响深远。

四、繁荣阶段（1978—2000年）

1978年，中国大陆进入了改革开放的新阶段，关于海上丝绸之路的学术研究随之复兴并且迅速繁荣。在20世纪80年代的海上丝绸之路研究中，一个重要变化是"中外交通史"及"中西交通史"的概念被"中外关系史"所取代。与此同时,"海上丝绸之路"这一概念也开始在大陆学术界正式出现,成为"中外关系史"的一个主要研究领域。这一阶段大陆学术界对于海上丝绸之路研究的繁荣,还得益于几股力量的强劲推动:一是不断出现的考古新发现;二是联合国教科文组织的国际丝绸之路考察活动(1991年);三是1997年的香港回归与1999年的澳门回归。在这一阶段,大陆学术界老中青三代学者相继对海上丝绸之路进行多角度、全方位的研究,并且在许多学术问题上都取得了原创性的突破,受到了国际学术界的高度重视。

1980年陈炎先生在昆明举行的中国—东南亚研究会学术研讨会上,以《汉唐时缅甸在西南丝路中的地位》一文,开创性地在国内首次论述了"西南丝绸之路""西北丝绸之路"和"海上丝绸之路"的关系,并出版了《陆上和海上丝绸之路》和《海上丝绸之路与中外文化交流》两部著作,推动了学界对海上丝绸之路的关注与研究,越来越多的大陆学者投入海上丝绸之路的研究中,涌现出从不同的角度出发对海上丝绸之路各个方面进行研究的一大批学者。

值得注意的是,在海峡对岸的中国台湾,20世纪80年代后对海上丝绸之路的研究也进入了一个新阶段。特别是从1984年开始,连续召开以海洋发展史为主题的学术会议,并且出版《中国海洋发展史论文集》,大大强化了中国台湾学术界对海上丝绸之路的研究。

五、发展阶段(2001年至今)

进入21世纪后,关于海上丝绸之路的研究依然蓬勃开展,呈现如下特点:一是研究的深度和广度大大扩展,学术专著和论文大量涌现;二是社会关注度大大提升,除学术界外,各级政府和社会各界热情参与,并将这一研究与各地社会经济的发展联系起来,举办多次学术讨论会,而有关海上丝绸之路始发地点的讨论更是成为重点;三是海洋考古的有力助推,海内外学术交流的频繁开展。

这一时期，主要成果有陈良伟的《丝绸之路河南道》（2002年）、黄启臣主编的《广东海上丝绸之路史》（2003年）、泉州港务局和泉州港口协会主编的《泉州港与海上丝绸之路——纪念郑和下西洋六百周年论文集》（2005年）、王元林的《国家祭祀与海上丝路遗迹——广州南海神庙研究》（2006年）、李庆新的《海上丝绸之路》（2006年）、宁波市文物保护管理所等编著的《宁波与海上丝绸之路》（2006年）、吴传钧主编的《海上丝绸之路研究》（2006年）、刘凤鸣的《山东半岛与东方海上丝绸之路》（2007年）、顾涧清等的《广东海上丝绸之路研究》（2008年）、龚缨晏的《中国"海上丝绸之路"研究百年回顾》（2011年）与《20世纪中国"海上丝绸之路"研究集萃》（2011年）、广东省文物局的《广东文化遗产：海上丝绸之路史迹》（2016年）、中共海南省委党史研究室的《海南与海上丝绸之路》（2018年）、张开城的《广东海上丝绸之路城市历史文化》（2018年）、刘义杰的《中国古代海上丝绸之路》（2019年）等。

第三节　海上丝绸之路文化遗产界定

一、遗产

遗产（heritage）一词源于拉丁语，最早指"父亲留下的财产"，主要指私有的物质财富，也指的是可怀旧的纪念物、人类遗址、历史遗迹等。"遗产"在不同的国度有着不同的称谓，如日本把文化遗产称为"文化财"，爱尔兰则称之为"国家遗产"。尽管称谓不同，侧重点不同，但实际上都是指遗产及其所在地共同构成的吸引物。到19世纪中期以后，一些祖先遗留下的具有重要历史文化价值的公共财物也被视作遗产。从20世纪80年代起，"遗产"领域开始扩大，之前像一些声音、肢体语言、特殊符号、古老文字、艺术传承类作品等不被列入遗产领域的内容逐步被纳入遗产保护的范畴，标志着遗产从有形实体走向无形和有形共存的局面。

美国白宫会议在 1965 年提议设立"世界遗产信托基金",认为共同保护"世界杰出的自然风景和历史遗址"是全人类的责任,国际的良好合作是桥梁和纽带。到了 1970 年,美国首次将这一建议纳入《国家环境政策法》中,该法案强调了自然环境和人文环境都是生活环境的重要组成部分,共同保护历史遗迹、文化遗产和民族遗产。

联合国教育科学和文化组织于 1972 年 11 月 16 日颁布了以保护人类自然环境与人文环境为宗旨的《保护世界文化及自然遗产公约》和《各国保护文化及自然遗产建议案》,标志着世界各国在遗产观上已经形成了共识,共同而自觉的遗产保护开始正式实施。公约规定了"世界遗产大会审核和批准各缔约国递交的遗产清单,该清单由各缔约国自行确定本国或地区领土内的自然遗产和文化遗产。凡是被列入世界文化和自然遗产的地点,都由其所在国家或地区依法严格予以保护"。公约的颁布被看作是遗产概念在 20 世纪以来最大的发展进步,表明遗产逐步"由私人性质过渡到社会公共性质,并且对其中濒危的、具有重大文化传承意义和重要价值的部分,进行社会性、官方的明确认定保护"。

"遗产"的外延也是一个动态发展的过程,从最初的私人遗留下的物质财富到今天的抽象的、变动的依赖于人的观念、精神而存在的非物质文化遗产,从起初的国家保护到今天的全民参与发展保护的局面,都表明了遗产概念在范围和外延尺度上的变化过程。对"遗产"概念有清晰的阐述可以追溯到 1931 年的《雅典宪章》,之后的《海牙公约》《威尼斯宪章》《保护世界遗产公约》以及我国文物保护部门等对其做出了解释性的说明。遗产定义的演变见表 1-1。

在实践中,"遗产"的内涵不断延伸和扩大,从单体的历史古迹到民居生活整体环境区、从人工环境到有文化信息的自然环境或自然与人联合工程、从不朽的文学作品到工艺制作流程、从历史文化价值到社会环境价值、从古迹遗址到特色街区、从手工作坊到工业遗产、从物质到非物质遗产等,随着人们价值观念的变化,遗产外延的范围日益向深处细处延伸扩展,其性质从纯粹的保护对象逐步变为与社会现实相互关联的复杂体。

表1-1 遗产定义演变一览表

文件	遗产的概念	解释性说明
雅典宪章（1931）	（历史、古代）纪念物；（历史）场所、地点	具有艺术、历史、科学价值
海牙公约（1954）	文化资产	对每一民族文化遗产具有重大意义的可移动或不可移动资产，例如建筑、艺术或历史纪念物（无论其有无宗教性质）；考古遗址、作为整体具有历史或艺术价值的建筑群；艺术品；具有艺术、历史或考古价值的手稿、书籍及其他物品；科学收藏品和书籍或档案的重要藏品；上述资产的复制品
威尼斯宪章（1954）	历史古迹/历史纪念物	单项建筑作品，并能从中找出一种独特文明或重要发展或历史事件的城市或乡村场域（setting）纪念物既适用于伟大的艺术作品，也适用于随时光流逝而获得文化意义的过去平庸之作
魁北克遗产保存宣言（2008）	遗产（heritage）	包含了物质文化、地理与人类环境。结合自然与人类的创造物与生产物，构成了我们居住的整体环境。遗产既是一种实体，社区的财富；又是种可以传承的丰富继承物

二、文化遗产

"文化遗产"的概念在国外经常使用文化财产、历史建筑与环境、古迹等同义词，经常牵涉到文化景观、遗址遗迹、历史街区等许多有共同特质的不同名词。国内所认可的"文化遗产"的概念则是由"文物"一词延伸而来，近几年来已逐渐使用"文化遗产"或"大文物"一词，但所指范围较之以前有所扩大。"文化遗产"可以认为是为某一国家、地区或民族所拥有、受保护的，具有重大的历史、文化艺术、科学价值的并含有特殊的文化信息符号，以及其所依附的载体和景观环境所组成的，可以直接或间接带来社会经济利益的文化表现形式。

最先和最鲜明地表达出这种新的遗产观的是法国作家雨果。1832年，他在《对毁坏文物者开战》中，用激愤的语言斥责当时大肆破坏法国城市历史的人，昂首挺胸地捍卫着法兰西的历史文明："我们吁请全国注意。纵然有革命的破坏者，有唯利是图的投机者，尤其有传统的修复者加以毁坏，法国仍然富有法兰西的古迹。必须制止敲打国家面目的锤子。制定一条法律就行了；希望这条法律制定出来。不论业主有多大权利，不能允许这些不顾廉耻、利欲熏心的业主毁坏历史性的名胜古迹；他们是卑劣之徒，竟然愚蠢到连自己是野蛮人都不知道！一幢建筑物里有两样东西：一是用途，二是美；建筑物的用途归业主所有，而美属于大家。"

国际社会对文化遗产的关注与保护由来已久。1899年、1907年逐步通过的《海牙公约》和1935年通过的《华盛顿条约》中就确立了武装冲突中保护文化财产的各项原则。特别是联合国教科文组织成立之后，致力"文化遗产"的推广普及和保护文化多样性，发挥了不可替代的作用，集中体现于其颁布的文化遗产保护的公约、建议和建议案，包括1954年《关于发生武装冲突时保护文化财产的公约》、1956年《关于适用于考古发掘的国际原则的建议》、1972年《保护世界文化和自然遗产公约》以及2003年《保护非物质文化遗产公约》等，所有这些彰显着国际社会对文化遗产的保护态度。

1972年联合国教科文组织颁布的《保护世界文化与自然遗产公约》中第一条对"文化遗产"的定义包括文物、建筑群和遗址三大部分。

- 文物：从历史、艺术或科学角度看，有突出的普遍价值的建筑物、碑雕和碑画，具有考古意义的部件和结构、铭文、窟洞以及各类文物的组合体。
- 建筑群：从历史、艺术或科学角度看，因其建筑的形式、同一性及其在景观中的地位，具有突出、普遍价值的单独或相互联系的建筑群。
- 遗址：从历史、美学、人种学或人类学角度看，具有突出、普遍价值的人造工程或人与自然的共同杰作以及考古遗址地带。

2003年10月17日，联合国教科文组织第32届会议通过了《保护非物质文化遗产公约》，对非物质文化遗产的定义、内容、保护等方面作了标准化规定。

"非物质文化遗产"，指被各社区、群体，有时是个人，视为其文化遗产组成部分的各种社会实践、观念表述、表现形式、知识、技能以及相关的工具、实物、手工艺品和文化场所。这种非物质文化遗产世代相传，在各社区和群体适应周围环境以及与自然和历史的互动中，被不断地再创造，为这些社区和群体提供认同感和持续感，从而增强对文化多样性和人类创造力的尊重。"非物质文化遗产"包括以下方面：

- 口头传统和表现形式，包括作为非物质文化遗产媒介的语言；
- 表演艺术；
- 社会实践、仪式、节庆活动；
- 有关自然界和宇宙的知识和实践；
- 传统手工艺。

由此可见，联合国教科文组织对文化遗产概念内涵的认知也在逐步深化：从传统可移动古物、文物到不可移动的遗址、村镇或城市，形成了整体的物质文化遗产观；从仅仅关注物质文化遗产，到物质文化遗产和非物质文化遗产并重，兼及人类对自然进行文化建构的文化与自然复合型遗产；从关注遗产具有物质资源特性，即具有法律意义上的产权关联，具有经济价值，到关注遗产的精神资源作用，累积历史价值，具有传承意义等。

基于此，"文化遗产"可以认为是为某一国家、地区或民族所拥有、受保护的，具有重大的历史、文化艺术、科学价值的并含有特殊的文化信息符号，以及其所依属的载体和景观环境所组成的，可以直接或间接带来社会经济利益的物质或非物质文化表现形式。其按照表现形式的不同可分为物质文化遗产和非物质文化遗产。前者主要指的是具有历史文化科考等价值的，如艺术品等可移动文物，如古遗址遗迹、壁画、古墓葬、石窟、寺庙等不可移动文物和一些建筑以及在建筑结构、建筑布局或与环境景观结合方面具有突出普遍价值的历史文化名城。后者是指各族人民以口头或动作方式世代相传，与人民群众日常生活有密切联系的各类传统文化的外在表现形式（如民间文学、民俗活动、传统技能以及与之相关的器具、实物、手工制品等）和文化空间（如庙会、传统节日庆典等）。

三、海上丝绸之路文化遗产

海上丝绸之路文化遗产具有起始年代早、时代跨度大、数量众多、类型丰富、保存较好等特点，但是以往对其认识不清晰、不全面，其文化遗产价值也未能得到充分发掘。有学者提出"海上丝绸之路文物古迹的认定，要同时符合下面几个条件：与经常性的远洋航线有关；与国际交往有关；和平的；总体上平等互惠的；在当地海上丝绸之路活动时间上下限之内；实际存在，包括本体尚存或有遗迹存在的，占有独立地域范围，可与文献互证的不可移动历史文化遗存。同时符合上面几条的，可予认定"。

2012年编制的海上丝绸之路（中国段）申报世界文化遗产文本，基于6省（区）6市53处代表性遗存，将海上丝绸之路遗存分为三类，①"海港设施（包括海湾、码头、航标建筑、造船场、仓库、祭祀建筑、贸易管理机构、驿站、桥梁、道路、海防设施、商业街等）；②外销物品生产基地与设施（瓷窑、丝绸织造工场）；③文明及文化交流产物（宗教建筑、外国人聚居区及墓葬区、贸易市场等）"①。

2017年编制的海上丝绸之路（中国史迹）申报世界文化遗产文本，基于4省8市31处具有突出普遍价值的遗产点，将海上丝绸之路中国史迹分为基础设施类遗存、生产设施遗存和产物类遗存，其中"基础设施类遗存包括港航遗存（航标、码头、船厂等）、海神祭祀设施和管理设施等为古代

---

① 申报文本涉及广西壮族自治区北海市、广东省广州市、福建省福州市、泉州市、漳州市、浙江省宁波市、丽水市、江苏省扬州市和山东省蓬莱市。

风帆航行提供物质和精神保障的相关遗存,共计11处;生产设施类遗存由5处窑址组成,它们所生产的瓷器是中国在海上丝绸之路上最具代表性的出口货物之一;产物类遗存包括基于海上丝绸之路广泛的人员与文化交流而产生的相关宗教遗存、聚落和墓葬,以及作为祈风仪式特殊产物的九日山摩崖石刻等,共计15处"。①

两次申遗文本选取的只是海上丝绸之路中国段申报世界文化遗产的最精华部分,并未涵盖全部史迹类别,比如2012年申遗文本指出,"具有文化线路类型遗产特征的航线遗存(沉船等物证、重要地标等)、相关地理环境要素遗存、非物质文化遗产等,有待根据海上丝绸之路遗产价值研究和价值载体分析进行深化补充"。

按照这一分类原则,结合实地考察调研,我们将海上丝绸之路文化遗产分为以下七种主要类型。

(1)见证对外交通兴盛和繁荣的港口、码头、仓储、灯塔、造船工场等设施和遗址。

众所周知,浙江宁波是与海上丝绸之路有着密切联系的港口城市,它作为港口的历史从东汉末年延续至今。永丰库遗址就为这一史实提供了佐证。这是一个元代的衙署仓储,其主要作用是"收纳各名项断没、赃罚钞及诸色课程(税赋)"。永丰库是迄今国内发现规模最宏大,结构最独特,保存最完好的元代地方官府仓库,是研究宁波乃至全国仓储型建筑的活例证,同时反映了古代宁波在海上丝绸之路中的重要地位。

(2)见证中外使节、僧侣、商人等人员交往的实物遗存。

除丰富的大宗物资外,通过宁波向世界传播的还有文化和技术,包括佛教、制瓷、建筑、绘画、造船等,尤其对日本和朝鲜半岛产生极为深刻的影响。宁波的天童寺就被日本佛教曹洞宗尊为祖庭,据《天童寺志》记

---

① 申报文本涉及广东省广州市、江门市、福建省泉州市、漳州市、莆田市、浙江省宁波市、丽水市和江苏省南京市。

载：宋、元、明时期共有 33 位日本僧侣到天童寺参禅、求法，也有 11 位中国僧侣赴日传教。

（3）管理海外贸易的专门机构旧址——市舶司遗址。

"市舶"是中国古代对中外贸易所用船舶的通称。随着海外贸易的兴起，唐代即在扬州、广州等港口设有市舶司（海关）。北宋真宗咸平二年（999年），在杭州、明州（今宁波）两地各设市舶司。南宋至元代，只有明州设市舶司。市舶司（务）一般由市舶司的具体业务办公衙署与贮藏舶货的市舶库组成，外来舶货在来远（来安）亭经检核办理有关手续后，方可入市舶司，运至市舶司内的市舶库贮藏，之后，再通过月湖顺西塘河，经姚江沿浙东大运河、京杭大运河，运往全国各地。

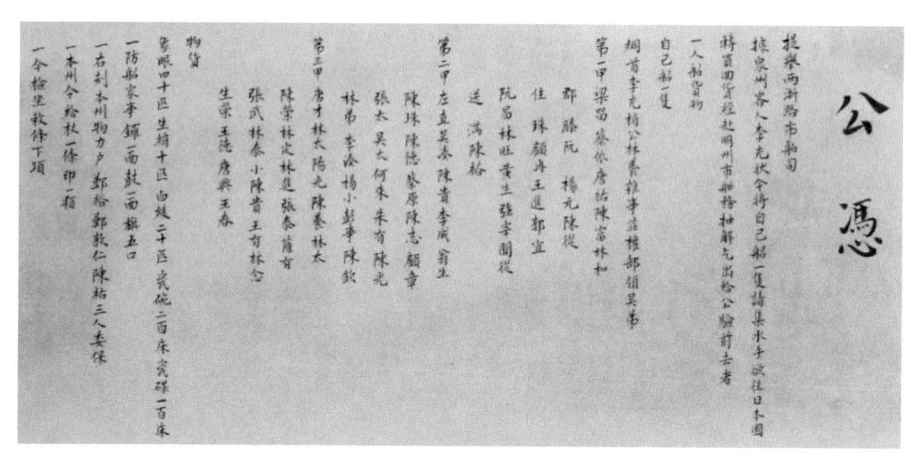

图 1-1　宋代明州市舶司签发的公凭（局部）

（4）见证中外文化和文明融合的实物遗存。

历史上通过"海上丝绸之路"进行的佛教交流也促进了建筑技术的传播，作为中国古代佛教建筑典范的宁波保国寺就对日本乃至东亚地区的寺庙建筑产生过较大影响。保国寺大殿不仅是 11 世纪中国南方木构建筑的唯一遗存，更见证了区域建筑文化通过海上丝绸之路传播的历史。保国寺的寺院建筑布局，完整地保留了对日本佛教建筑影响深远的"山门—佛殿—法堂—方丈"这一传统格局。因此，保国寺大殿堪称苏浙地区木构建筑文化影响日韩的实物例证，是东亚建筑文化交流圈建筑营造技艺的杰出典范。

（5）见证中外频繁贸易往来的大宗货物（如丝绸、瓷器、茶叶、书籍）产地的实物遗存。

如产于湖州的湖丝在明清时期是海丝贸易的大宗货物之一，除了大量销往日本和东南亚外，还销往英国等一些欧洲国家和南北美洲。湖州的桑基鱼塘系统循环、生态的生产模式为湖丝生产提供了优良的原料供应保证，是湖丝质量、数量与持久生产的物质保证。而影响更为广泛的还包括青瓷，从海外遗址出土瓷片和沉船出水瓷器看，浙江的越窑及龙泉窑是唐宋元明之际"海上丝绸之路"瓷业贸易的主要产地，越窑青瓷的出口对海外制瓷业尤其是高丽青瓷产生了很大影响。青瓷大量外销后，烧制外销瓷的窑口的命运也与海上丝绸之路紧紧联系在一起。在越窑和龙泉窑瓷器热销之后，周边地区的制瓷业迅猛发展，产品也与二者类似，这也是一些烧制粗瓷的窑厂在那个年代仍能生存和发展的原因。这些窑口的兴衰与海上丝绸之路的发展紧密相连，研究它们与港口之间的青瓷文化线路，包括与海上贸易直接相关的青瓷窑址、瓷器转运至海港的内河航道等，无疑是对海上丝绸之路价值内涵的进一步补充和完善。

（6）航路（线）遗存。

"海上丝绸之路"有多条航线，包括东海航线和南海航线两条主线路，其中东海航线源于春秋战国时期，齐国在胶东半岛开辟了"循海岸水行"直通辽东半岛、朝鲜半岛、日本列岛直至东南亚的黄金通道。唐代，山东半岛和苏浙沿海的中韩日海上贸易逐渐兴起；而南海航线源于先秦时期，岭南先民在南海乃至南太平洋沿岸及其岛屿开辟了以陶瓷为纽带的交易圈，经中南半岛和南海诸国，穿过印度洋，进入红海，抵达东非和欧洲，途经 100 多个国家和地区。因此需要持续关注历史时期连续固定的航线，厘清不同航线的发展脉络,包括远洋航线和近海航行路线。

(7)非物质文化遗产。

在海上丝绸之路上,非物质文化遗产作为无形的"活"的遗产,展示着海洋文明一脉相承的特性,它也是中华优秀传统文化的一部分。福船"水密隔舱"的制造技艺是非物质文化遗产,宁波上林湖越窑青瓷的技艺是非物质文化遗产,古港村代代相传的家训族谱是非物质文化遗产,南音、粤剧等戏曲、舞蹈、表演艺术是非物质文化遗产,口头、故事、传说和祭海、祭拜妈祖等民间风俗也是非物质文化遗产。

第二章　鄞州海上丝绸之路的前世今生

鄞州区海域主要分布于东南端，属象山港海湾的一部分，海岸线总长25.66公里，海域面积为53.5平方公里，其东北为北仑区海域，西南为奉化区海域，东南为象山县海域。"鄞"所处的区域，上古时期经历了一次较长时期的"卷转虫海侵"，海退以后才逐渐形成陆地。从"勾践之地，东至于鄞"之后的整个越族历史考察，"鄞"的存在已有2500多年。鄞州区（鄞县），以具有2500多年的历史地名——"鄞"字一脉相承。鄞县、鄞州、鄞邑、鄞城、鄞人、鄞水、鄞江（现改为奉化江）、鄞港（三江口或象山港）、鄞物、鄞味、鄞言与鄞籍，甚至华南地区的鄞氏，都有一个千百年来共同的文化符号——"鄞"，它是鄞地乃至宁波城区历史文脉的主根和主线。

鄞州区的西北端，为宁波海洋文化地标的三江口，甬江、姚江、奉化江三条江水在此汇聚，由甬江水道直达东海。自古以来，明州（宁波）始终是中国一个极其优良的对外开放的主要港口，特别是到唐朝，"海外杂国、贾船交至"，成为全国著名的对外贸易港，与扬州、广州一起成为中国对外开埠的三大港口；宋代，又与广州、泉州并列为我国三大主要贸易港；鸦片战争以后，宁波被定为"五口通商"口岸之一。在这一演变过程中，三江口一直扮演着宁波重要港埠的角色，这和三江口得天独厚的地理优势密不可分。京杭大运河一路南来，通过浙东运河直抵宁波三江口，再通达大海。

第一节　鄞州历史发展脉络

早在新石器时代，鄞州这块土地上，已有人群定居了。余姚河姆渡遗址，距今 7000 年左右，属于母系氏族繁荣阶段的农耕文明，是中华民族在长江流域发祥的摇篮，而河姆渡遗址紧靠原鄞州高桥镇。1973 年冬，在蜃蛟公社三联村（即今海曙区古林镇三星村）的卢家桥发现原始公社遗址，出土大量石刀、石斧、陶釜、陶罐等残片，还有大量动物骨骸和炭化稻谷，有成排的"干栏式"梁柱建筑。据考证，这一遗址属于新石器时代，已有 5000 余年的历史，其文化年代相当于河姆渡文化第二层。可知鄞州在史前时代，也同属于河姆渡文化的组成部分。说明早在原始社会的母系氏族公社时代，鄞州境内就有人类居住，并且开始了原始的农业和畜牧业生产。

夏商时期，整个鄞地属于"东夷之地"，相对于中原地区而言，鄞地尚属未开发之地。顾祖禹《读史方舆纪要》说："夏时有堇子国，以赤堇山为名，加邑为鄞"。《名胜志》也载："夏禹时有堇子国。"这里所说的堇子国，不是如今严格意义上的国家，它只是一个原始部落。春秋时期，鄞地属越国管辖范围。战国中期属于楚国。《国语·越语上》曰："勾践之地，东至于鄞。"1976 年，在鄞县横溪石秃山出土一把战国时期越人制造的铜钺（戈），这是我国迄今发现最早的铜钺，上面有一群划船的越人图案，他们的头上戴着高高的羽冠。这也是我国发现最早的关于划船的形象记录，被称为"羽人竞渡"，它佐证了越人对于船舶的娴熟驾驭，也符合鄞地早期在海退时形成的毗邻山麓和浅海滩涂的自然环境。

秦灭楚后，鄞地归秦国所有。公元前 222 年，秦在今浙东地区设置三个县：鄞县、鄮县和句章县。鄞县的县境约为今鄞州区南部和余姚南部，以及今奉化、宁海、象山三县的全部面积。县治设在今奉化境内的白杜。鄮县的疆域为今鄞州区东部及北仑全境、镇海区一部分，以及舟山海岛。县治设在今五乡镇的同岙山谷口，当时称"同谷"或"鄮廓"。句章县辖地为今江北区、慈溪全境，以及今鄞州西北角和今镇海一部分。县治设在今慈城附近的城山渡。秦时的鄞、鄮、句章三县，基本上就是如今宁波、舟山两个地级市范围。而三县之间没有明确的县界，只是大致的划分。

西汉初期，鄞、鄮、句章等县先属刘贾的荆国，后属刘濞的吴国。公元前154年，吴地削藩，鄞县复属会稽郡。新莽天凤元年（14年），王莽把鄮县改为海治县，把鄞县改为谨县，仍属会稽郡。东汉光武帝建武（25—56年）初年，废谨县名，复改为鄞县。秦汉两代，鄞县归会稽郡所辖，县治在白杜，其县境兼有今宁波城区、鄞县、奉化及宁海象山部分之地，重心在今奉化。东晋时浙东孙恩起义，起义军攻破句章县城城山渡（今慈城南郊）。隆安五年（401年），刘裕在鄞江桥修筑句章新县城，叫小溪镇（今鄞江镇）。西晋至六朝（孙吴、东晋、宋、齐、梁、陈）时期，作为历代政权的腹地，鄞、鄮、句章3县基本保持与汉相同的格局，其各自的属地在经济、交通乃至文化方面均有相当的发展。六朝时代的鄞地最大的文化事件，当数佛教的传入。首先在三国吴赤乌年间（238—251年），西域胡僧那罗延到句章的五磊山结庐修行，紧接着吴国的太子太傅阚泽舍其在句章的私宅建立普济寺。晋太康三年（282年），山西并州猎人刘萨诃（出家后法名慧达）在鄮县的玉几山乌石岙求得佛舍利，至此出家，为阿育王寺的建立作了奠基。西晋永康元年（300年），僧人义兴在鄮县的太白山结茅修行，这是天童寺的肇始。时属鄞县的雪窦山也建立瀑布院佛寺。鄞、鄮、句章都在相近时期里引进佛教，使鄞县日后成为浙东的佛教中心。

隋文帝开皇九年（589年），改会稽郡为吴州，设吴州总管府，废鄞县、鄮县、余姚县，而把鄞、鄮、余姚、句章之地总称为句章县。句章县区域极大，相当于今宁波、舟山两市，地方志上称为"大句章"，县治仍在小溪镇。

唐武德四年（621年），句章县被分析，以原鄮县地、鄞县地、句章地设鄞州，以原余姚县地设姚州。武德八年（625年），废鄞州，恢复鄮县名称，县治仍设在小溪镇，隶属于越州。这时的鄮县包括秦汉时鄞、鄮、句章三县，地方志上称为"大鄮县"。开元二十六年（738年），将鄮县分为慈溪、翁山（今舟山定海）、奉化、鄮县四个县，增设明州以统辖之。县治、州治均设在小溪鄞江桥。这是明州建州的开始。明州属江南东道。相传鄮县境内有大山，山心有石，石中四穴，可通光亮，号四窗，又名四明，故山名叫四明山，州名也称为明州。大历六年（771年），鄮县县治移到三江口（今宁波城区），州治仍在小溪镇，州、县分为两城。长庆元年（821年），浙东观察使薛戎认为明州治地形卑狭，建议移州治于鄮县（三江口），获得批准。于是明州刺史韩察就奉命在三江口筑城，这是宁波建城之始。最初的明州新城（三江口）叫"子城"，规模较小。周围420丈，城内主要是明州署。城北有姚江环绕，城南是民房。子城在今鼓楼至中山公园一圈，环子城一周大约1公里。明州治所已搬迁到三江口，同时鄮县治又从三江口迁到鄞江镇。

三江口成为明州治所后，居民大增，城内的民用饮涤、休闲景观、消防所需都要有充足的水源。明州城内有日、月两湖，天旱时，两湖常常会出现干涸的情况，再加上鄮县西乡（即如今鄞州区奉化江以西的鄞西平原）农田灌溉的需要，于是在唐太和七年（833年），时任县令的王元暐在鄮县治的西首修建了一座伟大的水利工程"它山堰"。它山堰横亘在鄞江之上，长42丈，左右石级各有36阶，工程浩大，形制宏伟。它抬高了樟溪的水位，逼使樟溪之水从南塘河流经西乡流入明州城区。它山堰起到阻咸蓄淡作用，"涝则七分入江，三分入溪"，以利泄洪；"旱则七分入溪，三分入江"，以供灌溉。同时王元暐又建乌金碶、积渎碶、行春碶三座碶闸，形成水利配套的设施，完善水利网络，既灌溉鄞西七乡之田，又引水入明州城，供城中居民饮涤之用。

五代十国时期，在浙江地区，钱镠建立"吴越国"，为南方十国之一。当时黄晟所割据的明州还不属于钱镠的吴越国，是一个割据的地方军阀政权。909年，黄晟死，钱镠乘机巡视明州，把明州收归到自己名下，明州逐渐归属于吴越国，同年把鄮县改为鄞县，县治从小溪镇迁到三江口，与明州治合治。这时鄮县治已改名为鄞县治，从此，这座州县同治的城市，成了鄞地其后1100余年的政治、经济、文化中心。

960年，北宋政权建立。北宋初期，鄞县的县境大约是今天的鄞州区加上海曙、江东、江北城区，以及镇海、北仑和海外岛山，共分为18个乡。不久，陆续划出5个乡，建立如今的舟山和北仑，划出后的鄞县还剩13个乡，县境就是如今的鄞州区加上宁波城区。当时县城仍叫明州城，州县合治，鄞县是州内大县，地位等级属于"望县"。

1047年，26岁的王安石到鄞县任职。他先历时14天，考察鄞县农村的生产情况和水利设施，摸清县内的基本情况；又动员老百姓修治水利，疏浚东钱湖；把县府官仓的粮食以低息贷给困难的农民和渔民，秋收后还贷付息，使困难群众免受高利贷者的盘剥，度过春荒。王安石重视教育和人才培养，创办鄞县第一所县学，聘请邻县慈溪的名师来任教。他整顿社会治安，设立"保"这一组织，10户为一小保，10小保为一大保，10大保为一都保，各级"保"均设保长，负责社会治安。这些措施，使鄞县的经济和人民生活得到恢复和改善。

北宋末年，因北方战乱，黄河流域居民又一次大规模南迁，大量人口涌入鄞县，刺激了鄞县经济文化的进一步繁荣。南宋定都临安（今杭州），使鄞县成为近畿之地，政治、军事地位上升，赋税负担增加。南宋宁宗庆元年间（1195—1200年），鄞县设大嵩巡检司，县城还驻守"禁军"5个指挥，每个指挥约500人，同时又有地方部队"厢军"9个指挥，禁厢两军合计5000多人，承担起京城的拱卫重任。南宋时期，由于鄞县地近京畿临安（杭州），属于天子脚下地盘，因而豪门巨族层出不穷，所谓"世族蝉联，重圭累组，庠声序音，洋洋邹鲁"（《延佑四明志》），县人子弟，"夙以衣冠鼎盛"。县人史浩及其家族，一门出了上百个名人，或研学为士，或从仕为宦，读书做官，风气极为昌盛。史氏家族"一门三宰相，四世两封王"，门庭显赫到了极点。汪洙的《神童诗》和王应麟的《三字经》流传全国，影响深远，是著名的蒙学读物。吴文英是婉约派词人大家，存词之多仅次于辛弃疾，被称为"如诗家之有李商隐"式的别开蹊径的人物。南宋时，鄞县的海运业发展到了一个新的水平，县城明州是全国三大外贸港口之一

（另两处是广州、泉州）。日本、朝鲜、南洋等国家和地区都有商船与明州来往。

元朝时，鄞县县城为庆元城，它又是庆元府、庆元路的治所，路、府、县合治于一城。同时庆元城还是著名的外贸口岸。元代散曲"清丽派"的代表张可久一生留下作品800多首，数量居元曲作家之首。戏剧家高则诚在栎社写下了被称为"南戏之祖"的名剧《琵琶记》。元代初期教育家程端礼所作的《程氏读书分年记程》被官方采纳，作为郡县学校的教学大纲。

明代初年，庆元又复改为"明州"。洪武十四年（1381年），因明州同国号，明太祖便以郡有定海县，海定则波宁，改名为宁波府。有明一代，县城宁波几乎一直笼罩在倭患的阴影之中。当时东南沿海又有元末起义军方国珍残部流窜，葡萄牙商人也滞留在浙江沿海，以双屿港为中心衍化为武装走私集团。洪武十九年（1386年），朝廷实行海禁，尽遣舟山群岛的秀、兰、岱、剑、金塘等岛民入内地，壮丁编入宁波卫。此时，宁波设有5卫10千户所26巡检司，包括县城的宁波卫和鄞县滨海的大嵩所，构成明代中国海防设施的重要据点。海禁时，中日之间实行"勘合贸易"，方式是官方的"朝贡"与回赏，宁波城为朝廷接待日本"贡船"的唯一口岸。嘉靖二年（1523年），日本贡使宗设谦道和鸾冈瑞佐、宋素卿使团先后携带勘合来宁波，因使团互争真伪，市舶司太监受贿包庇宋素卿，发生武装冲突，宗设杀瑞佐，焚毁镜清寺，劫掠市舶仓库，并大掠宁波，杀死备倭都指挥等官员，史称"争贡之役"，并由此挑起沿海第二次大规模倭害。其后，倭寇窜扰江浙各地，四出杀掠。至嘉靖三十五年（1556年），浙江总督胡宗宪以离间策略分化瓦解倭首，先后消灭徐海、陈东等海上集团，三十六年（1557年）诱诛王（汪）直，浙江海患才基本平息。

清代鄞县有一显著的社会现象是县内人口猛增。鄞县人口直到清前期，至多保持在十几万人。康熙朝颁布"摊丁入亩"，规定以后出生的人口"永不加赋"，这一政策极大地刺激了人口增长。到了乾隆末年，鄞县人口增加了三四倍，增至60万以上。人口的迅速增加必然带来区域开发的加快，同时也促进了经济的增长。乾隆朝时的鄞县，已是经济、文化、人口大县了。

1840年的鸦片战争使中国进入半封建半殖民地的近代社会。鸦片战争中，为了反抗外来侵略，鄞县人民舍生忘死，与英国侵略者进行殊死斗争。县人徐保等领导的民众自发抗英，组织黑水党，多次重创英军，显示了鄞县人民保家卫国的坚强决心和英勇气概。《南京条约》签订后，县城宁波成为全国最早的被迫开放的通商五口之一，并于1843年元旦"开埠"。

"五口通商"后，大批传教士成为西风东渐的第一潮声，给鄞地带来了西医、学校和报业等社会公共事业的新方式。美国浸礼会玛高温牧师于1843年在北门佑圣观施医传教，发华美医院之滥觞；1844年，英国基督教循道公会女传教士奥特绥首设的女塾，是中国最早的新式女子学校之一；1845年，美国长老会教士创办的崇信义塾，为浙江省最早的男子小学堂；1854年，美国基督教浸礼会传教士在县城创刊的《中外新报》为浙江省新闻报刊之始；1881年2月，英国牧师首创地方新闻报《甬报》；1898年，德丰洋行创办《德商甬报》，首创商务报道和评述。这些新方式也给鄞地传统教育文化注入了新的动力，使之涌现出如金雅妹、张寿镛、张申之、马衡、朱镜我等一批国内著名的科学、教育、史学、文学家。

1855年，鄞县人杨坊同英商达成协议，以7万银圆购入中国第一艘轮船"宝顺号"，开甬商经营近代轮船业的先声。其时，出入宁波港的有英、美、俄、挪威、瑞典等14个国家的轮船，轮船成为甬江航道上的主要船型。由于甬江河道平均水深6.25米，江面平均宽度290米，可供3000~5000吨级的轮船出入，港口的自然条件优于江厦码头。1862年，美商旗昌洋行建造趸船式浮码头。1874年，招商局建成靠泊能力约为1000吨级的栈桥式铁木结构趸船码头，后又扩建到3000吨级。这座码头的建成，标志着宁波港从帆船港到近代轮船港的转变。

民国初年废府置道，原宁波、绍兴、台州三府合并成会稽道（俗称宁绍台道），道治设在鄞县（宁波城），鄞县为会稽道所辖。民国十六年

（1927年），划出鄞县县城及城郊六七里地设立宁波市。宁波市直属于省，鄞县也属省辖，二者互不录属。民国二十年（1931年）1月，撤销宁波市建制，并市入县，归属于鄞县，宁波重新成为鄞县县城。1941年4月19日，侵华日军攻占县城宁波，鄞县沦陷。中共鄞县县委积极在鄞西开辟抗日根据地，建立抗日民主政权，在错综复杂的环境中，艰难困苦的条件下，新四军系统的"三五支队"与鄞县广大人民群众一道，团结奋战，一致抗日，终于迎来了抗日战争的胜利。

1949年5月25日，宁波解放。宁波从鄞县析出，设宁波市。同时设立浙江省第二专区，鄞县属第二专区管辖。同年11月，第二专区改称宁波专区，鄞县为宁波专区辖县。1958年12月29日，鄞县建制撤销，所属地域均划归宁波市。1961年12月15日，鄞县又恢复建制，从宁波市划出，归宁波专区管辖。1970年，宁波专区改为宁波地区。1983年，宁波地区与宁波市合并，实行以市领县制，鄞县属宁波市辖。

2002年2月1日，国务院正式批复同意撤销鄞县设立宁波市鄞州区。截至2004年底，鄞州区共有17个镇，1个乡，4个街道，共22个镇乡级行政单位。2016年9月，经国务院批准调整行政区划，奉化江以西9个镇乡（街道）划归海曙区管辖，奉化江以东区域与原江东区合并，成立新的鄞州区。

第二节　鄞州海丝文化发展环境

明州港（宁波），一个具有千年历史的古老港口，历史上一直与国外保持着往来，即使是在明朝的海禁时期，也扮演了十分特殊的角色，成了朝廷特殊的朝贡港。世界各地的货物由此进入中国，并通过浙东大运河、京杭大运河运到内地，同时沿途的货物再运出来，经过明州港被送到世界各地。文献中描绘此时宁波外贸的繁荣景象曰："虽非都会，乃海道辐辏之地，故南则闽广，东则倭人，北则高丽，商舶往来，货物丰衍"。

一、区位条件优越

诸多历史典籍都曾对宁波（鄞州）的区位条件有过记载。宁波府不仅是"东南要会，东渐巨海，西通五湖，南畅无垠，北渚浙江。负滨渤，控扶桑，倚巨镇，通长江。抱负沧海，枕山臂江。水陆并通，太湖漫其西南，大江带其东北"。《宝庆四明志》卷一《叙郡上分野》中亦有"为会稽之东部"的说法。元代成书的《延祐四明志》卷八《城邑考上·公宇》中就有"明三垂际海，扶桑在其东；瓯粤在其南，且控扼日本诸蕃，厥惟喉襟之地"的记载。

从地理位置来看，明州（庆元）拥有发达的水运条件，这种水运条件具体包括海运、内河运输以及江海联运。

明州地处我国海岸线的中端。明州城内的余姚江、奉化江、甬江将州城分为三部分，即如今的江东、海曙、江北。余姚江、奉化江交汇处形成甬江，甬江流向大海。而在三江（即余姚江、奉化江、甬江）交汇处则是明州（庆元）城的中心位置——三江口。这里又是各路商船的云集之处。宋、元时期，明州（庆元）大量水利工程的兴修，使得明州（庆元）地区的水运条件得到进一步的改善，水网分布更加密集。城乡之间的联系通过便捷的水运变得更加密切。明州水利事业的大发展主要集中在南宋宝祐二年（1254年）至开庆元年（1256年）、元延祐年间（1314—1320年）、至正年间（1341—1368年）等时段。这些水利工程的兴建不仅有利于农业的发展，同时也极大地改善了明州（庆元）地区的航运条件，使得货物在城乡之间的流通更加快捷。以鄞县西乡的水运为例，据《至正四明续志》卷四《山川·鄞县西乡》记载：（它山堰）"自堰之上，北入于溪百余丈，折西东之，经新安、许家，会普宁寺前小溪、唐家堰、新堰面，此前港也；自普宁寺东分流，北入慧明桥，经仲夏，此后港也。仲夏之水，至新堰面合流，经北渡、栎社、新桥入南城甬水门，潴为二湖：曰日，曰月，畅为支渠，脉络城市，出西城望京门，至望春桥，接大雷、林村之水，直抵西渡，其间支分派别，流贯诸港……舟通货物，公私所赖，为利无穷。"由此可见，它山堰及其水流经的城乡之间已经形成水运网络。当然，诸如它山堰这样的水利工程还有很多。

除了明州（庆元）本土水利工程的修建为航运条件的改善起到积极作用之外，沟通明州（庆元）水系的浙东运河开通之后，使得明州（庆元）的水系不仅与京杭大运河连在一起，还与长江水系连成一片。浙东运河，又名杭甬运河，是江南运河向浙东地区的延伸。早在春秋战国时期，浙东运河绍兴到曹娥江的一段可能已经形成。浙东运河西起杭州钱塘江西岸的西兴镇，流经萧山、绍兴、上虞、余姚、明州等地，在定海（今镇海）城南注入东海，全长250余公里。这条运河是浙东平原的一条大动脉，它沟通京杭大运河和浙江境内的钱塘江、钱清江、曹娥江、慈溪江、甬江等水系。"唐以后运河沿线建起了官塘、纤道、埭堰等航运配套设施，使之成为一个完整的水利工程。浙东运河又是沟通宁波港与海外进行商品贸易、文化交流的一条重要通道。"

宁波三江口优越的地理区位因素，对鄞州海上丝绸之路的发展起着关键而持久的作用。三江口距海20余公里，经甬江直通大海。甬江水位随潮涨落，远洋大帆船可以溯江抵达三江口；而内河舢板借运河之便，可抵达中国内地绝大部分地区。可以说，三江口地带能够形成港区的关键，不仅在于三条大江的沟通腹地，而且在于海道与河道的沟通。河海联运，使浙东地区乃至长江沿岸广大地区获得物资的流通，遂使三江地域水上交通枢纽逐步形成，成为江海内外物资的集散地。

值得注意的是，早期的海上航行使用风帆作为行进动力，因此十分依赖于季风之便。宁波（鄞州）属于亚热带季风气候区，季风交替规律显著。冬季受蒙古高压控制，盛行西北风或北风，受其影响近海洋流方向由北向南；夏季受太平洋副热带高气压控制，以东南风为主，受其影响近海洋流调转方向，改为由南向北。明人早已指出，要"悬渡大海，经以旬月，非风候不行"。这样的地理位置和条件给海上航行创造了优越的条件。

二、造船、航海技术发达

鄞州海上丝绸之路的发展与其重要的运输载体——舟楫的发展及罗盘针等航海技术的进步有很大关联。可以说，航海业的发展是宁波（庆元、明州）港保持持续发展的动力及其支持点所在。

据考古发掘证实，早在7000多年前，在今天宁波余姚河姆渡一带的先民就已经能制造和使用舟楫，并进行着原始的航海活动。到周代，舟楫在宁波的使用更加普遍，且造船技术有了进一步发展。《艺文类聚》卷七十一引《周书》中就有"周成王时，于越献舟"的记载。经过之后长时期的发展，到唐代时，明州及其周边一带的越（今绍兴）、温州、台州等地最终成为国家固定的官办造船基地之一。进入宋代以后，随着明州地区内部市场完善，海外贸易繁盛，有着悠久传统的造船业更是获得长足的发展，并进入了一个高峰阶段，其造船技术及水平在全国占有突出地位及影响。

明州造船有官办及民间建造两种。据《宝庆四明志》卷三《叙郡下·叙府两司仓场库务并局院坊园等》载："造船场，城外一里，甬东厢。""甬东厢"就是现在三江口余姚江南岸江心寺到江东庙一带，即后来名战船街的地方。当时还设立船场官负责管理造船事宜。《宝庆四明志》载：

> 国朝皇祐中，温、明各有造船场。大观二年，以造船场并归明州，买木场并归温州。于是，明州有船场官二员，温州有买木官二员，并差武臣。政和元年，明州复置造船、买木二场，官各二员，仍选差文臣。二年，为明州无木植，并就温州打造，将明州船场兵级，买木监官前去温州勾当。七年，守楼异以应办三韩岁使船，请依旧移船场于明州，以便工役。寻，又归温州。宣和七年，两浙运司乞移明、温州船场，并就镇江府奏辟监官二员，内一员兼管买木。未几，又乞移于秀州通惠镇，存留船场官外，省罢从之。中兴以来，复置监官于明州。

从上述史料中，我们可以看出：管理造船的官员主要分为造船、买木两种，并由文官担任。宋代，明州是重要的造船基地，尽管这其中也曾有过变动。

除了姚江南岸这个大型造船场之外，在明州下辖的镇海招宝山下的甬江口北岸还有一处大型的造船场，这里是朝廷专门打造出使船只的定点造船场。宋元丰五年（1078年），朝廷命安焘、陈睦二学士出使高丽，勒令明州造万斛船两只，命名为"凌虚致远安济"和"灵飞顺济"神舟。据《四明谈助》载，此二舟皆造于明州的招宝山下。到了徽宗宣和五年（1123年），朝廷又派路允迪出使高丽，并复诏明州造两艘更大的船只，名曰"鼎新利涉怀远康济"神舟与"循流安逸通济"神舟，也是打造于此地。如今，招宝山造船场已成为海上丝绸之路的重要历史文化遗存。

明州市舶司也有直属的造船、修船港，其主要承接过往船只的修理业务。其地点约在今天江厦码头区和灵桥一带靠奉化江的地方。清人徐兆昺在《四明谈助》卷二十九《东城内外（下）》中也曾提到这个船场，"灵桥门外下番滩头，又名'寺湾'"。除了官办的造船场外，在民间还有很多私人造船场。这些私人造船场多是一些无固定场所和人员的比较松散的民营造船工场，其规模比较小，主要由造船主自备材料，聘请造船匠师，选择适宜的海滩或江岸打造小客舟、货舟与渔舟。经过考古证实，当时船的种类很多，且分工很细。仅以鄞县、镇海例，就有大对船、小对船、墨鱼船、大蒲船、淡菜船、冰鲜船等。此外，还有溜网船、拉钓船、张网船、闵渔船、小钓船、串网船、元蟹船、海蜇船、抛钉船等。宋元时期，明州的造船规模及造船技术都上了一个新的台阶。宋建炎三年（1129年），"己卯，帝次明州。提领海船张公裕奏已得千舟，帝甚喜"。这么多的海船能在很短时间内完工，这不能不说明州造船业的发达。据《开庆四明续志》卷六《三郡隘船》统计，庆元府六县共管船数有7916只，其中一丈以上有1728只；一丈以下有6188只。由此可见，当时民间造船能力还是比较雄厚的。

造船用的木材主要来自温州一带。据鄞州区集仕港附近的一所庙中发现的两块宋碑记载:"政和八年六月十九日奉御笔。明州先拘拦兑买过提举后苑作、制造御前生活所温、处州(今丽水)置买到方木,本州打造入贡坐舡,使用了当,可令楼异将已椿下买木价钱,依拘拦借使过方木尺径大小、色额、数目,疾速计置,起发上京,付本所,付楼异。"

宋元时期,明州(庆元)建造的海船已具有良好的航海性。1979年,在宁波东门口发现了宋代海运码头及宋代古船一艘。经过考古工作者鉴定,证实了一项惊人的发现:该船竟装有现代海洋船舶经常装设的减摇龙骨。出土的这艘海船说明,我国在北宋末年,就已经应用了减摇龙骨技术,比国外大概要早七百年。此外,该船还设有水密舱壁,大大地提高了船只的抗沉性。《宣和奉使高丽图经》载:

> 客舟……上平如衡,下侧如刃,贵其可以破浪而行也……船首两颊柱中有车轮,上绾藤索……下垂碇石,石两旁夹以二木钩船。位入洋,近山抛舶,则放碇著水底,如维缆之属,舟乃不行。若风涛紧急,则加沈碇。其用如大碇而在其两旁。遇行,则卷其轮而收之。后有正舵,大小二等,随水深浅更易……从上插下二棹,谓之三幅舵。惟入洋则用之。又于舟腹两旁缚大竹为橐,以拒浪。装载之法,水不得过橐,以为轻重之度……大樯高十丈,头樯高八丈,风正则张布帆五十幅;稍偏则用利篷,左右翼张,以便风势;大樯之巅,更加小帆十幅……风息则用之其立竿以鸟羽候风所向…海行不畏深,惟惧搁浅……故常以绳垂铅唾以试之。

从这段文字中,我们可以看到当时的海船抗风、拒浪性都大大提高。更可贵的是当时的海船使用多樯多帆来充分借用各方来风,以提高航行的速度。

宋元时期,明州(庆元)建造的船只还装有指南针。北宋宣和元年(1119年)朱彧所撰《萍洲可谈》卷二"甲令"条载:"舟师识地理,夜则观星,昼则观日,阴晦观指南针,或以十丈绳钩,取海底泥嗅之,便知所至。"这是目前传世文献中关于中国海商将指南针应用于航海的最早记录。《宣和奉使高丽图经》卷三十四《海道》云:"半洋焦……是夜,洋中不可住,惟视星斗前迈。若晦冥,则用指南浮针,以揆南北。"这一时期,明州（庆元）前往高丽、日本等东洋航线的船只已能熟练运用季风从事航行。北宋《宣和奉使高丽图经》"自元丰以后,每朝廷遣使,皆由明州定海放洋,绝海而北,舟行皆乘夏至后南风,风便不过五日。"

除此之外,大约到了元明时期,我国天文航海技术有了很大的发展,已能观测星的高度来确定地理纬度,这就是过洋牵星术。牵星术是通过专门的牵星板来测量的,牵星板最大一块为十二指板,最小为一指板。使用时,左手拿牵星板一端中心,手臂伸直眼看星空,使牵星板板面与海平面垂直,观测星体离海平面的高度。牵星板用优质的乌木制成,一共十二块正方形木板,最大的一块每边长约二十四厘米,以下每块递减两厘米,最小的一块每边长约两厘米。另有用象牙制成一小方块,四角缺刻,缺刻四边的长度分别是上面所举最小一块边长的四分之一、二分之一、四分之三和八分之一。比如用牵星板观测北极星,左手拿木板一端的中心,手臂伸直,眼看天空,木板的上边缘是北极星,下边缘是水平线,这样就可以测出所在地的北极星距水平的高度。高度高低不同可以用十二块木板和象牙块四缺刻替换调整使用。求得北极星高度后,就可以计算出船舶所处的地理纬度。指南针与过洋牵星术大大提升了中国的船舶在海上丝绸之路上顺畅通行。

造船及航海技术的进步与发展为鄞州（庆元、明州）历史上海外贸易的大发展提供了坚实的支撑点。性能优良的船只更加密切了鄞州区域与海内外各地的物资、人员交流,有力地推动了城市的发展。

三、富庶经济腹地

除了优越的区域交通、发达的造船及航海技术,明州周边农业、手工业以及贸易的快速发展也大大推动了海上丝绸之路的繁荣。《史记·货殖列传》记载:"浙江南则越……东有海盐之饶,章山之铜,三江、五湖之利,亦江东一都会也"。清人嵇曾筠撰修《浙江通志》时引用汉晋唐宋典籍对浙江评述的内容,详细叙述了浙江优越的区位优势和丰富的海洋物产:

《汉书·严助传》曰:会稽东接于海,南近诸越,北枕大江。《晋书·诸葛恢传》:今之会稽,昔之关中。左思《吴都赋》:江湖陂险,物产殷充。《唐书·天文志》:自南河下流,南涉江淮为吴越,负海之国,货殖之所阜也。《宋史·地里志》:(两浙)东际海,西控震泽,北又滨于海。苏轼《表忠观碑》:吴越地方千里,带甲十万,铸山煮海,象犀珠玉之富甲天下,大城其居,包络山川,左江右湖,控引岛蛮。欧阳元《江浙行省兴造记》:北枕江淮,西放彭蠡,南极于海,供给当天下半。《图书编》:浙江,古扬州地,崇山巨岭,所在限隔,然嘉湖与江淮相表里,严衢以徽饶为郭郭,左信都,右闽关,大海东蟠绕出淮扬之域,四通八达之区也。

唐末之后,随着北方的战乱,大量民众南迁。史书对此也曾有记载:"天宝末,安禄山反,天子去蜀,多士南奔,吴为人海。"诗人李白也在《为宋中丞请都金陵表》中大发感慨:"今自河以北,为胡所凌;自河以南,孤城四垒也……天下衣冠士庶,避地东吴,永嘉南迁,未盛于此。"北宋末年"靖康之乱"后,又一次北方人大规模的南迁开始了。"建炎末,士大夫皆避地……衣冠奔路于道者相继。"经过这几次大规模的移民,大量南下的民众为南方经济的发展带来了充足的劳动力及北方先进的农业种植技术和丝织等手工技术。这些在很大程度上推动了南方农业、手工业的发展。与此同时,南方的海外贸易也呈现迅速发展的势头,在此背景之下,经济重心开始发生南移。此时的南方已成为富庶之地,而江浙则显得更加富有。元祐六年(1091年)九月甲寅,刑部侍郎王觌上言:"伏见东南诸路,曩岁财用最为足,故自祖宗以来,军国之费多出于东南。"

浙江学者张瀚论及浙江经济发展概况时就言:"浙江右联圻辅,左邻江右,南入闽关,遂达瓯越。嘉禾边海东,有鱼盐之饶。吴兴边湖西,有五湖之利。杭州其都会也，山川秀丽，人慧俗奢，米资于北，薪资于南，其地实啬而文侈。然而桑麻遍野，茧丝绵苎之所出，四方咸取给焉。虽秦、晋、燕、周大贾，不远数千里而求罗绮缯币者，必走浙之东也。宁、绍、温、台并海而南，跨引汀、漳，估客往来，人获其利。严、衢、金华郛郭徽饶，生理亦繁。而竹木漆柏之饶，则萃于浙之西矣。"

宋元时期，大批中国商船从明州等港口出发，将物资运往海外，参与到国际市场的贸易之中。从明州（庆元）进出口的物品来看。其出口产品主要有陶瓷、丝绸、茶叶等。

宁波境内山脉主要为四明山脉和天台山余脉，多丘陵山地，现有山地面积2400多平方公里，最高峰近千米，平均海拔四五百米，植被良好，山地肥沃。四季分明，气候宜人，雨量充沛，目前年平均气温为16.2摄氏度，年平均降水量1300至1400毫米，具有较好的种茶环境，各地多有野生茶资源，是浙江也是中国绿茶的主要产地。陆羽在《茶经》四之器、七之事及《顾渚山记·获神茗》中，先后三次转引《神异记》故事："余姚人虞洪，入山采茗，遇一道士，牵三青牛，引洪至瀑布山，曰：'予，丹丘子也。闻子善具饮，常思见惠。山中有大茗，可以相给，祈子他日有瓯牺之余，乞相遗也。'因立奠祀。后常令家人入山，获大茗焉。"《茶经·八之出》将余姚大茗美名为"仙茗"："浙东，以越州上（余姚县生瀑布泉岭曰仙茗，大者殊异，小者与襄州同）。"

宋代时，浙江的茶叶种植也是很普遍，并且在一些地方出现了颇有名气的茶叶。宋人高似孙在《剡录》中曾说道："越产之擅名者，有会稽之日铸茶、山阴之卧龙茶、诸暨之石笕茶、余姚化安之瀑布茶、嵊县之西白山瀑布茶……"诗人苏东坡曾用"白云峰下两旗新"的诗句来形容杭州西湖山区产的名茶。明代，浙江茶叶的大量种植，如所属杭州府的于潜县，"县民之仰食于茶者十之七"；杭州等地所产茶叶，"四方所珍，无地不售"；而新城的山坑茶更是远销辽东等地。浙江丰富、优质的茶叶资源，奠定了海上丝绸之路上中国茶叶大量输出海外的坚实基础。唐代日僧最澄、空海带到日本的茶树、茶籽,即是包括四明山在内的浙东茶树、茶籽;清代刘峻周受俄国皇家采购商波波夫邀请,带领宁波茶厂的12位同事,将宁波茶树、茶籽带到格鲁吉亚,开该地区种茶之先,被尊为"茶叶之父""红茶大王"。

宁波的余姚、慈溪、鄞州等地还是历史上越窑青瓷的主要产地。1987年,陕西法门寺唐塔地宫出土了13件瓷器,其形状规整,造型精美,晶莹凝润。釉色有湖绿、青绿、青灰、青黄和淡黄,其中两件为银棱金银平脱鸟纹瓷碗。另有碗5件,盘4件,碟2件。据同时出土的地宫《物帐碑》记载:"真身到内后,相次赐到物一百二十件⋯⋯瓷秘色碗七口,内二口银棱。瓷秘色盘子、迭子共六枚⋯⋯"。经专家考证,这就是千百年来人们梦寐以求的浙东上林湖越窑秘色瓷,是迄今所见唯一能与实物相互印证的有关"秘色"瓷的记载,清楚地说明了这批瓷器的来源、件数以及唐人对其称谓。而这些出土的陶瓷中,除了有产自越窑的青瓷之外,还有大量产自处州(今丽水)龙泉窑的瓷器。龙泉青瓷是在仿烧越窑青瓷基础上所发展和创新的产品。南宋以后,龙泉青瓷的发展进入了鼎盛阶段,在元代更是取代越窑青瓷而成为出口的主打产品。南宋赵汝适的《诸蕃志》和元代汪大渊的《岛夷志略》等书对宋元龙泉青瓷的外销情况均有所记载。

宋代浙江的纺织业已很发达,其品种有丝织、麻织、棉织等。其中丝织业的发展水平在全国更是首屈一指。据学者统计,北宋时,两浙路每年征收的丝织品在全国所占的比重分别为:罗65.42%,绢36.79%,绸26.51%,丝绵63.20%,四项合计为35.30%。南宋时期,临安的织丝技术达到了精妙绝伦的地步,时人曾这样描述道:"衣则纨绫绮绯,罗绣谷绯,轻明柔纤,如玉如肌,竹窗轧轧,寒丝手拨,春风一夜,百花尽发。"进入元代以后,浙江依然是全国重要的丝绸产区,并且很多地方设有织染局。即便是产丝较少的庆元路,一年上供岁额也是六庹长的缎匹3291段。此外,湖州、杭州、婺州等地的私营丝织业也很兴盛,多设有手工作坊,其技术也大多接近或超过当时的水平。从明中叶开始,杭嘉湖桑蚕丝织业已居全国之冠。

明代湖州地区"比户养蚕","蚕月,夫妇不共榻,贫富彻夜搬箔摊桑","丝绵之多之精甲天下。"而桐乡县更是"人稠地窄,农无余粟,所赖者蚕利耳。"

到了明后朝,浙江已成为全国重要的财赋重心之一。"江南财赋,甲于天下。"明代两浙区域已经雄踞江南财赋之首:

> 以今观之,浙直又居江南十九。而苏、松、常、嘉、湖五郡又居浙直十九也。今天下夏税秋粮以石计者,总二千六百七十九万余,而浙江布政司二百五十一万余,苏州府二百九万一千余,松江府一百三万一千余,常州府七十六万一千余,此一藩三府之地,其民租比天下为重,其粮额比天下为多,今国家都燕,岁漕江南米四百余万石以给京师,而此五郡者几居江西湖广南直隶之半。

四、海商与漕粮海运繁荣

历史上,鄞人外出经商的传统深远。比如,范蠡的传说天下皆知,在宁波地区更是广为流传,而东钱湖的陶公山据说就是范蠡的隐居地。"范蠡三徙,成名于天下",成为后世宁波地区很多商人的座右铭。公元前222年,秦在今宁波辖境内设置鄞县,因当地有鄞山而得名,而据《四蕃志》载:"有海人持货贸易于此,故名。"据考证,鄞县所在正是今天鄞州区五乡、宝幢一带,可见鄞人商贸活动之早。在重商、惠商思想的长期熏陶下,鄞人的商贸活动在晋代已有相当大的发展,《宝庆四明志》称,"居民喜游贩鱼盐,颇易抵冒,而镇之以静,亦易为治,南通闽广,东接倭人,北距高丽,商舶往来物货丰溢……实一要会也"。到了唐代,今天鄞州区境内的明州城已成为国内三大贸易港口之一,日本遣唐使来中国多次在此登陆。高僧鉴真东渡日本,第二次从明州城出发,随去的还有明州、扬州的雕塑师。晚唐至五代的百余年间,明州港一直是中国与日本、高丽、印度和东南亚各国通商贸易的三大港口之一。在晚唐和北宋时期,明州还是通向南亚、中近东和非洲东岸"海上丝绸之路""瓷器之路"的启航之地,而此时鄞州东钱湖四周正是越窑青瓷的主要产地之一。由于海运便捷,中外商船往来不绝,元代明州海外贸易进一步发展，紧靠大海的地缘关系使元代明州民众对海洋的依存度进一步提高，"五谷之生，随地所宜，郡居海陬，民趋渔业，况山硗地确，种蓺辛苦，民无终岁之蓄，计之户口，藉贩籴者半之"。在元代经由海上来明州的物品种类繁多，据王元恭撰《至正四明续志》记载，经由明州的市舶物货有：

> 珊瑚、玉、玛瑙、水晶、犀角、琥珀、马价珠、生珠、熟珠、倭金、倭银、象牙、玳瑁、龟筒、翠毛、南安息、苏合油、槟榔、血竭、人参、鹿茸、芦荟、阿魏、乌犀、腽肭脐、丁香、丁香枝、白豆蔻、荜澄茄、没药、砂仁、木香、细辛、五味子、桂花、诃子、大腹子、茯苓、茯神、舶上茴香、黄芪、松子、榛子、松花、黄熟香、粗熟、黄熟头、□香、沉香、暂香、蓬香、虫漏香、没斯宁、蟹壳香、蓬莱香、登楼眉香、旧州香、生香、光香、阿香、委香、嘉路香、吉贝花、吉贝布、木棉、三幅布罩、番花棋布、毛驼布、袜布、鞋布、吉贝纱、胡椒、降真香、檀香、糖霜、苓苓香、麝香、脑香、人面乾、紫矿、龙骨、大枫油、泽泻、黄蜡、八角茴香、金颜香、朱砂、天竺黄、桔梗、麻□山香、锉香、鹏砂、新罗漆、笃耨香、乌黑香、搭泊香、水盘香、肉豆蔻、水银、乳香、喷哒香、龙涎香、栀子花、红花、龙涎、修割香、硇砂、牛黄、鸡骨香、雌黄、樟脑、赤鱼鳔、鹤顶、罗纹香、黄紧香、赖核香、黑脑香油、崖布、绿矾、雄黄、软香、脊岭皮、三泊、马鸦香、万安香、交趾香、土花香、化香、罗斛香、高丽青器、高丽铜器、荜拨、沙鱼皮、桂皮。

至明代中叶，诚如《鄞县通志·商业篇》记载，本地"民性通脱，务向外发展，其上者出而为商，足迹几遍国中。""至五口通商后，邑人足迹遍履全国、南洋、欧美各地，财富日增。"《定海县志》也说："国内北至蒙古，南至粤桂，西至巴蜀；国外日本、南洋，以及欧美，几无不有邑商足迹。"明成化四年（1468年）夏，有日本使臣来进贡，其通事（翻译）有三人，自称原为鄞人，幼时被掠至日本，此行是借道回乡祭扫祖墓。

近代以来鄞商的发展历程与整个宁波商帮的形成是同步的，均起始于 19 世纪中叶。第一次鸦片战争后，中英签订不平等的《南京条约》，使得鄞县县城——宁波被辟为五口通商口岸之一，逐渐半殖民地化。一方面各国列强在宁波控制海关，垄断海外贸易，另一方面宁波的商业贸易、金融业也随之兴起。当时，大批鄞人涌入上海从事商贸活动。由于他们刻苦自励，善于经营，重视商业信誉，故在弱肉强食、竞争激烈的上海很快站稳脚跟。自此，鄞人"商旅遍天下，如杭州、绍兴、苏州、上海、吴城、汉口、牛庄、胶州、闽广诸路贸易荟多，或岁一归，或数岁一归，携带各处土物馈送亲友，甚至东洋日本、南洋吕宋、新加坡，西洋苏门答腊、锡兰诸国亦措资结队而往，开设廛肆，有娶妇长子孙者。"

海外宁波商帮的主要发祥地亦是鄞州，近代以来鄞人向海外迁移有两次高潮。第一次是在 19 世纪末 20 世纪初，由于社会苦难，迫于生计，很多鄞人漂洋过海谋生，主要是谋生求食的农民、渔民以及俗称的"三把刀"（即从事理发、厨师、裁缝的手工业者），另外还有少数的海员和水手。他们虽然出身大多比较低微，但经过长期的艰苦奋斗，也不乏颇有建树的鄞商，如姜山镇定桥村的陈纪麟（德国）、茅山镇胡家坟村的胡嘉烈（新加坡），以及鄞西樟村镇的闻儒根。第二次则是在 20 世纪中期，由于受战争及大时代变更的影响，很多鄞人经由上海辗转移至港澳或南北美洲、澳洲及西欧生活、创业及发展。这其中颇多为从事工商实业的鄞商，很多都在移居地经商成功，成为有名望的企业家、实业家。到 20 世纪 90 年代后期，根据统计，分布在美、加、欧、非、日、东南亚及我国港澳台等 40 多个国家和地区的鄞籍同胞有 2 万人左右。而鄞商所从事的具体行业非常广泛，覆盖了绝大多数产业，举凡金融、地产、建筑、轮船、百货、食品、木材、纺织、制药、银楼、出版等行业都有涉及。

清乾嘉之际，宁波地区出现了颇为活跃的经营海上航运业的热潮，这也就是蜚声一时的宁波南号和北号商帮。经营南方贸易的称"南号"或称

"南帮"。主要采购福建木材，同时还夹带烟叶、白糖、药材等土产到宁波转口发售；回去，又把绍酒、螟蜅鲞、棉花等宁波土特产销往福建的南台、泉州、厦门等地。经营北方贸易的称"北号"或称"北帮"。采购山东特产的红枣、核桃、豆油等，经过宁波销往南方各地；而以宁波所产之茶叶、毛竹、黄酒、鱼胶、海蜓、海蜇等，运往营口、青岛、烟台、上海等地出售。清胡德迈《甬东竹枝词》这样描述当时的情景："巨艘帆樯高插天，危楼簇簇见朝烟，江干昔日荒凉地，半亩如今值十千"，作为中国沿海贸易的商品中转枢纽组成部分的鄞州经济已相当发达，吸引了大量客商，同时也刺激了土地价格的上升。

浙江漕粮海运实施后，宁波南北号的疍船开始发挥重要作用。浙江首次海运漕粮，受雇出运的北号商船约 130 余只，其中一家单独派船 6 只以上的就有 11 家。由于浙江的海运运米量保持在六七十万担的水平，需船较多，而承运的商船不仅可以获得数十万两银子的运费和数万石的耗米收益，并且按规定每次出运漕米可得二成免税货物（约合 10 万多担）；商船运漕米抵津卸空后，又可以前往辽东装载油豆等北货南归（约 100 万担），获利颇多。宁波南北号商家皆"自置海舶，大商一家十余号，中商一家七八号，小商一家二三号。"随着获利的丰厚与积累，为更好地团结协作谋求利益，清咸丰三年（1853 年），宁波所辖的鄞、镇、慈三邑九户北号船商，便捐资修建了"辉煌恒赫，为一邑建筑之冠"的庆安会馆。

庆安会馆内所存的《甬东天后宫碑记》上有载："吾郡回图之利，以北洋商舶为最巨。其往也，转浙西之粟达之于津门。其来也，运辽燕齐莒之产贸之于甬东。"业务繁盛可见一斑。由此可见，商帮与漕粮海运对沿海区域经济的发展起到了积极的推动作用，成为鄞州走海上丝绸之路繁荣的重要因素。

五、古刹名寺众多

佛教在鄞州（县）历史久长，影响深远，有"古鄞三佛地"之称。佛教传入鄞州（县）始于西晋，僧慧达在太康三年（282年）鄮山得佛舍利，僧义兴在永康元年（300年）"结茅"于太白山，开创了阿育王寺和天童禅寺两大名刹，时距佛教传入中国汉族地区仅200余年时间。

唐代是鄞州佛教与日本佛教广泛接触的肇始时代。其时，处于水陆交通要道的鄮县是对外往来的一个重要港口。邻国日本为吸收优秀的中国文化，不断派遣唐使入唐。遣唐使走南北二路，南路的到达点为苏州、扬州、明州、楚州（今淮安）等接近长江口的地区。日本仁明天皇于承和五年（838年）停止派遣遣唐使，而唐舶却频繁地往返于中日之间。自唐开成四年（839年）至唐末（907年）的近70年内，"张支信、李邻德、李延孝、李达、詹景全、钦良晖等唐船来往不绝。他们都从唐朝的明州出发，横渡东中国海，经过肥前国松浦郡值嘉岛入博多津，在那里经营贸易"，仅在史籍上记载的就达30多次。日僧搭乘遣唐使船舶和唐商船从明州入唐，入唐日僧的最大目的在于求法。他们一到唐土，历访高僧，学习新教，力求带回新的法门回日本传播。唐代的佛教中心在长安，日本使团往来长安的交通航路，在明州港上下岸要比在山东半岛的登州港或莱州港进出距离为近，又可利用大运河水运。这使明州成了日僧入唐和返日的落脚点，并使唐鄮县的佛教与日僧有了接触交流的机会。

宋代，鄞州（鄮县）佛教与日本佛教的交往到达了鼎盛时期。首先，由于明州（鄮县县治所在地）是中日交通的门户。南宋高宗时期，为了管辖海外贸易在秀州华亭县（今松江）设两浙路市舶司，统辖临安（杭州）、庆元（明州）、温州、秀州和江阴军五个市舶务。到乾道二年（1166年）两浙路市舶司撤销，绍熙元年（1190年）杭州市舶务撤销，庆元元年（1195年）又撤销了温州、秀州和江阴军的市舶务，只保留了明州市舶务，明州成为中日往来的唯一港口。其次，由于中国的禅宗到宋代日趋昌盛，至南宋已达到成熟时期。入宋日僧大多为参禅、求法而来，而禅宗名刹几乎全集中在江南地区，"天下禅宗五山十刹"中的鄮县天童禅寺和阿育王寺便成为入宋日僧最先熟悉和最早住过的禅院。据《天童寺志》《育王山志》

《鄞县宗教志》记载，两宋期间，来鄞县参禅求法的日僧共计22批次，鄞县僧人应邀赴日传教8批次。南宋时期，日本国僧人道元入明州参学，从曹洞宗第十三世、天童禅寺住持如净习禅，得法后回国创立了日本佛教曹洞宗，从此天童禅寺被日本曹洞宗尊为祖庭，在中日佛教友好交往史上增添了千秋传颂之一页；名僧大慧宗杲住持阿育王寺提倡看话禅与宏智正觉住持天童禅寺倡导默照禅，在中国佛教史上影响极为久远。

明代，高僧密云圆悟开法天童，弟子12人俱主诸山名刹，法雨遍被四方，被称为"临济中兴"。清代，天童禅寺与镇江金山寺、扬州高寺、常州天宁寺共称为禅宗四大丛林；天童禅寺方丈敬安改革住持继承制度，将十方传法丛林改为十方选贤丛林，这是丛林住持史上一次改革、一大进步。

作为海上丝绸之路文化东传的门户，除最澄为日本佛教天台宗创始人之外，更有多位日本、高丽僧人经宁波（鄞县）东传：

最澄（767—822年），唐代日本学问僧最澄受命来浙江学习佛教，自明州入境去天台山学禅归国，后又来明州学禅后归国创日本天台宗教义，成为日本天台宗的创始人。

空海（774—835年），日本高僧，804年与最澄同船从明州入唐，后到长安青龙寺随密宗惠果（746—805年）学佛。806年学成从明州回国时，除带去大量佛经外，还带回茶籽献给嵯峨天皇。今奈良宇陀郡佛隆寺，仍保留着由空海带回的碾茶用的石碾。

义通（927—988年），高丽（朝鲜）王族高僧。后晋天福（936—947年）年间游学中国，留学天台山，北宋干德五年（967年），从明州归国前得到官员挽留，住持城内宝云寺，成为中国天台宗第十六祖师，并弘扬天台宗20年。圆寂后葬于阿育王寺。

义天（1055—1101年），高丽（朝鲜）王族高僧。元丰八年（1085年）自明州入宋，上表哲宗皇帝，求华严教法、天台教法，受到哲宗接见。在华大量搜集经书，从明州归国时，挂锡延庆寺，祭扫义通塔，参拜雪窦寺。

回国后创立高丽天宗,寺院建筑仿效国清寺建造,成为高丽佛教天台宗祖师。

明庵荣西(1141—1215年),日本高僧。于宋乾道四年(1168年)4月搭商船到明州,先后在阿育王寺、天台山万年寺学佛,不久回国。淳熙十四年(1188年)第二次入宋,绍熙二年(1191年)7月回国,在宋4年多,到天台山万年寺拜临济宗黄龙派八世法孙虚庵怀敞为师,后师到天童寺服侍两年多回国,是日本临济宗创始人。在天童时,他把日本周防国的大批木材运到明州,助建天童寺千佛阁,今遗址尚存。他回国时带去了中国的饮茶文化,著有《吃茶养生记》,被尊为日本茶祖。

希玄道元(1200—1253年),荣西再传弟子,日本曹洞宗祖师。宋嘉定十六年(1223年)3月入宋,4月到明州,参礼天童寺如净禅师三年,其间不仅学佛,也学习寺院茶礼。回国后在永平寺按中国唐代《百丈清规》和宋代的《禅院清规》,制订出《永平清规》,使饮茶成为僧人的日常行为,对日本佛教和茶道产生了深远的影响。

第三节　以鄞州为核心的海上丝绸之路发展历程

采取通使等手段开创对外交往与贸易,最早始于汉代。据《汉书·地理志》卷二十八下记载:

> 自日南(中国古代行政区划,在今越南中部地区)障塞,徐闻、合浦船行可五月,有都元国(古国名,在今印度尼西亚苏门答腊岛东北部,或在今马来西亚马来亚西部);又船行可四月,有邑卢没国(古国名,在今缅甸勃固附近);又船行可二十余日,有谌离国;步行可十余日,有夫甘都卢国(古国名,在今缅甸伊洛瓦底江沿岸,为古代东西方交通线所经的重要地区)。自夫甘都卢国船行可二月余,有黄支国(古国名在今印度马德拉斯西南的康契普腊姆 Kanchipuram 附近,或在今印度尼西亚苏门答腊岛西北

部亚齐附近），民俗略与珠崖相类。其州广大，户口多，多异物，自武帝以来皆来献见。有译长，属黄门，与应募者俱入海市明珠、璧流离、奇石异物，赉黄金杂缯而往。所至皆廪食为耦，蛮夷贾船，转送致之。亦利交易，剽杀人。又苦逢风波溺死，不者数年来还，大珠至围二寸以下。平帝元始中，王莽辅政，欲耀威德，厚遗黄支国，令遣使献生犀牛。自黄支船行可八月，到皮宗（古地名，在今新加坡西面的皮散岛，或在今印度尼西亚苏门答腊岛东部宽坦河口的皮散岛，或在今苏门答腊岛北部，或在今马来半岛克拉地峡的帕克强河口）；船行可八月，到日南、象林（在今越南岘港以南武嘉河之南）界云。黄支之南，有已程不国（古国名，在今印度半岛南部，或在今斯里兰卡），汉之译使自此还矣。

汉武帝平定南越后，曾在日南、徐闻、合浦等地派出黄门译长远航至印度，带去黄金、杂缯，换来明珠、琉璃璧（蓝宝石）、奇石等异物。这是迄今有记载的中国对外进行"海上丝绸之路"的先导。

"明之为州，实越之东部。观舆地图，则僻在一隅，虽非都会，乃海道辐辏之地。故南则闽广，东则倭人，北则高句丽，商舶往来，物货丰衍。东出定海，有蛟门、虎蹲天设之险，亦东南之要会也。"这是对以鄞州为核心的宁波海上丝绸之路繁盛景象的最好描述。宁波的海洋活动最早可追溯到史前的河姆渡时期。到了公元前5世纪，越王勾践在甬江边建立句章港，这也是宁波真正意义上的港口。汉代，水晶、玛瑙、琥珀、玻璃等舶来品陆续通过海上丝绸之路输入宁波，以鄞州为核心的宁波海上丝绸之路开始形成。

关于宁波海上丝绸之路历史分期问题，林士民等学者在一系列的论著中指出，宁波的海外贸易应当发端于东汉晚期，分为几个时期：开通期或吸纳开通期（东汉晚期至西晋时期）；交融发展期或发展进期（唐代）；繁荣鼎盛时期（宋元）；持续发展时期或后续发展时期（明清）。龚缨晏教授认为，宁波海上丝绸之路要早于东汉晚期，甚至可以上溯到西汉（公元前

202—公元 8 年）与东汉（25—220 年）之际，即公元元年前后，也可分为以下五个时期：孕育时期（从公元元年前后开始，至 737 年明州设立之前）；形成时期（始于 738 年唐朝设立明州，终于 978 年吴越国纳土降宋）；兴盛时期（始于 960 年宋朝建立，终于 1368 年元朝结束）；衰落时期（明朝统治时期）；停滞时期（清朝统治时期）。依据相关研究成果，本书将以鄞州为中心的宁波海上丝绸之路发展分为四个阶段。

一、海上丝绸之路发轫期：两汉时期

东汉末年，南方长江中下游地区的制镜业得到迅猛发展，出现两个制镜中心，即会稽郡的山阴（今绍兴市）和江夏郡的武昌（今鄂州市），这一地区正是三国吴的属地。吴地铸镜工匠创作出了画像镜和神兽镜这两类新的铜镜。神兽镜以东王父、西王母为神像和龙、虎等兽形为主纹；画像镜除神像和兽形外，还有车马、歌舞、历史人物、传说故事等图像。吴地铸镜工匠从宁波东渡日本传授铸镜技艺，使得日本出现了极富特色的三角缘神兽镜并广泛流行，迄今为止在日本已经发现了 500 多枚这类铜镜。这从一个侧面证明，东汉末年至三国时期的宁波，已发展成为东南沿海颇具规模的海内外贸易集散地，是吴地东渡日本的最佳出海口。

这一时期，舶来品已通过海路传至宁波地区。1998 年，宁波鄞县高钱村钱大山东汉墓葬中出土了 269 颗琉璃珠，为一串项链，其中还有一枚胸坠，蓝色透明，小巧精致。这类琉璃珠实际上就是早期的玻璃器，我国在当时还不能制造如此精致纯洁的项珠。那么，这些玻璃装饰品是从何而来，又是通过什么途径来到这里的呢？据考古专家分析，应该是通过海路传入的舶来品。

三国东吴至西晋时期，宁波先后建有五磊寺、普济寺、天童寺、阿育王寺等寺院，印度佛教从海路传入宁波并落地生根。而早期越窑青瓷也开始销往朝鲜半岛、日本列岛等地。

二、海上丝绸之路发展期：唐朝

至唐长庆元年（821年）明州迁治三江口后，构建州城，兴建港口，置官办船场，修杭甬运河等一系列重大举措，使明州成为我国港口与造船业最发达的地区之一，跻身于四大名港（另外三港为广州港、扬州港、泉州港）之列。唐开元年间，随着海外贸易的发展，在广州设立了专门管理海外商舶贸易的市舶使，主要职责为登记外国商船运载的货物，收纳关税，查禁唐朝不许进口的货物。随后发展成为专门管理海上对外贸易的机关——市舶司。发现于浙江临海的明万历元年（1573年）李岱墓志铭文，追述了李岱的远祖李素立曾担任过唐明州刺史，又兼管舶务，并经常在台州临海、黄岩、海门一带港口管理外商的贸易事务。这一史料被许多学者认为是唐代明州设立市舶使（司）的有力证据。

唐时，明州港、朝鲜半岛莞岛港（清海镇）、日本博多港（博多津）是东亚贸易圈中三大贸易港，以新罗张保皋商团和明州李邻德、李延孝、张友（支）信等海运商团为主，沟通三国贸易。

作为唐代对日本往来的门户，明州港在唐晚期以后，更多地成为日本北九州来往中国的固定口岸。之所以如此，一个关键的因素就是九世纪中叶以来，以明州港为基地的民间海上贸易十分活跃，当时把活跃在东亚海上进行贸易的中国商人称作"唐商"。这一时期，作为"唐商"核心的"明州商团"开始登上舞台并扮演重要角色，李邻德、李延孝、张支信等海运商团都是明州海商中著名的海运商团，是东亚贸易中的骨干力量。

伴随着明州商团的日趋活跃，以上林湖为中心的越窑瓷器通过贸易被销往海外，为王公贵族所追捧。唐代中后期，形成了从明州通向海外的"陶瓷之路"，北达高丽（朝鲜），东至日本。南经广州，通向两条路线，一是向南，通往菲律宾、马来西亚诸国；另一是向西南，沿海岸至越南达泰国、缅甸，经孟加拉湾，到印度、巴基斯坦，以至直抵波斯湾和地中海沿岸的伊朗、埃及等。"陶瓷之路"是中世纪中外交往的海上大动脉。因瓷器的性质不同于丝绸,不宜在陆上运输,故择海路,这是第二条"亚欧大陆桥"。在这条商路上还有许多商品在传播,如茶叶、香料、金银器、书籍……

宁波不仅将越窑青瓷输出海外,也将越窑青瓷制作技术向海外传播。大约在10世纪初,宁波越窑青瓷产区的工匠,来到高丽全罗南道的康津郡,指导并参与砌造龙窑,使得朝鲜工匠很快掌握了制瓷技术,生产出了与越窑青瓷文化内涵相近的高丽青瓷。

现在,在日本的博多港(博多津)与值嘉岛港还保存了张友(支)信驻地的城堡、祭祀堂、水井、码头等遗址、遗迹。在博多鸿胪馆遗址有遣唐使船舶的舶寄地碑刻、古航塔,以及遣唐使、商旅使用的井和张友(支)信商团打造的大型海船、经营海运活动的遗迹等,在遗址中还出土了大量从明州运去的唐代越窑青瓷和长沙窑彩瓷。

三、海上丝绸之路鼎盛期:宋元时期

宋代是中国古代市舶司制度最健全、功能发挥得最正常的时期,它使万千舟船、各路客商的活动变得井然有序。雍熙四年(987年),杭州设置两浙市舶司,淳化元年(990年)迁至明州,次年又迁回杭州。咸平二年(999年),于明州再设市舶司,杭州、明州市舶司并存时代由此开始。宋熙宁九年(1076年),神宗令杭州、明州、广州三司共议,并令修改明州和广州市舶条例,这说明了在北宋时"三司"的并列地位。到了公元1085年,朝廷下令"诸非杭、明、广州而辄发过南海船舶者,以违引论"。元至元三十年(1293年),元廷下令"并温州舶司入庆元",来往于温州港的海商也需赴庆元办理进出关手续,庆元市舶司管理海域扩大。成宗大德三年(1298年),元政府"又并澉浦、上海入庆元市舶提举司,直隶中书省",不但庆元的辖区、权利扩大,而且海外贸易被置于朝廷直接控制下。至此,全国港口设立市舶司的只剩下庆元、广州、泉州三处,庆元又取得了宋两浙路市舶司的地位。

北宋明州孙忠、朱仁聪商团 17 人，从熙宁五年到元丰五年的 10 年中（5 年侨居日本），先后 6 次来往于明州与日本之间进行海运贸易，明州商人陈亮和台州商人陈维绩商团 147 人与高丽国进行海运贸易。据统计，到北宋后期 55 年中，明州商团到高丽经商有文献记载的就达 120 多次，南宋时明州进口货物 160 余种。明州（庆元）海外贸易之盛居两浙路之首。

政和七年（1117 年），宋朝政府在明州创设"高丽司"，管理与高丽有关事宜，并建"高丽使馆"，以应使者往来之需。东海之滨的明州，一度成为两国使节往来的唯一港口。高丽使馆是宁波"海上丝绸之路"的重要文化遗产。宣和五年（1123 年），由路允迪、傅墨卿率领的北宋使团，乘坐明州打造的巨型"神舟"，出使高丽国，这是两国官方交往中规模最大的一次。宋代明州依靠连通内陆运河和陆路交通，连接长江黄金水道等区位优势，为海外交通贸易发展奠定了良好的基础条件，不仅是中央政府面向东亚的政治交流门户，也是商品经济从内陆向海洋，从区域市场向近海市场扩张的桥头堡。从北宋末期到南宋一代，明州港迅速发展成为中国三大海外交通港口之一，成为中国东南的国际大码头。

在宋代，明州港与南洋阇婆（爪哇）、占城（越南）、逞罗（泰国）、勃泥（加里曼丹）、三佛齐（苏门答腊）以及大食（波斯）等都有贸易往来。宋代阿拉伯、波斯商人寓居明州，并驻有"波斯团"。城内从宋代开始至清光绪时，尚存阿拉伯、波斯商人聚居的"波斯巷"，并建立起他们信仰的"回回堂"（清真寺）。

元帝国建立后，元世祖忽必烈曾再三派遣使者诏谕日本来元朝贡，日本自恃与中国远隔大海，对傲慢的蒙古人根本不加理睬，这使忽必烈十分恼怒，两次出兵东征日本。其中一次是 1281 年，忽必烈命令元军分东路军和江南军两路向日本进发，而江南军共 10 万人分乘 4000 余艘大小战舰，从庆元（今宁波）出发，进攻日本。两次东征日本都因遭遇巨大台风而失败。后来，元改用怀柔政策，允许与日本贸易，希望使其"慕华自朝"。1976 年发现于韩国新安海底的元代沉船，是一艘由庆元港（今宁波）开出，途经朝鲜，前往日本京都东福寺的贸易船，这是迄今发现的元代东亚最大的贸易船。发掘打捞的遗物总共有 23 502 件，是 20 世纪世界考古史上一次惊人发现，再次证实元代庆元府（宁波）是"海上丝绸之路"的始发港。元代，朝廷派周达观于 1295 年从庆元出使真腊（今柬埔寨），带去了庆元著名的草席，翌年返回庆元，著有《真腊风土记》。

四、海上丝绸之路衰微期：明清时期

明初的海禁政策使得私人"寸板不得下海"，外商艰于来华经商，港城宁波在明代的海禁中扮演了十分特殊的角色，宁波港是中日勘合贸易的唯一港口，再加上以双屿港为代表的走私贸易，推动着海上丝绸之路继续发展。

由于国家明令禁止私人出海贸易，故迅速发展的民间海上贸易实际上是"非法"的走私贸易。据王世祯《弇州史料》《明通鉴》和葡萄牙人品笃的《远游论》等记叙，明代中期，当时结集走私贸易基地双屿港内常有中外商人万余，停靠船舶千余艘。后来明廷派了大批水军，一举把这个走私贸易基地夷为平地。17 世纪时，许多中国（宁波）商人去日本贸易，大多泊宿于长崎，"唐人屋敷"就是在这样的背景下形成的。在明代"海禁"下，日本国与明朝互派使节进行外交活动，文化交流仍在继续，其中雪舟、策彦与宁波关系特别密切。

雪舟为了探求中国文化真谛，千方百计找机会入明，在日本西海岸整整等了 4 年，明成化三年（1467 年）作为日本使团成员入宁波，在天童寺修禅，后升为"天童山第一座"。这位日本"画圣"不但在宁波走访了四明大地，创作了以宁波港为题材的许多作品，而且广交徐璘等著名人物。他的足迹在浙东大地留下了深深的印痕。策彦于明嘉靖十八年（1539 年）任日本副使入明，二十年归国；嘉靖二十六年（1547 年）任正使入明，住 3 年后归国。均由宁波港出入，与宁波文人交情甚深，关系密切。例如策彦的《城西联句序》，由明州书法家、藏书家丰坊为之题词，还为他作《谦斋记》；明宁波书画家柯雨窗为其题《衣锦荣归图》等，这些作品都成为日本珍宝，目前均为日本妙智院收藏。

清代中晚期海禁废弛后，宁波港海运发达，贸易兴盛，当时舟楫所至，北达山东，南抵福建、广东，并沿长江，将四川、湖北、江西、安徽等地的商品，运集宁波，商人们仿效元代海外贸易的做法，重兴海运。清代设在宁波的浙海关是当时全国四大海关之一。清廷于康熙二十四年（1685年）实行开放政策，正式在宁波设立浙海关。自后，宁波与日本的通商贸易获得了很大发展，促进了"海上丝绸之路"的发展。

长崎港与宁波港对口贸易发展迅猛。长崎港是日本锁国时唯一的通商口岸。公元1685年至1688年宁波开往日本长崎的商船占总数19%。《唐船方日记并配铜帐》还详细记载了宁波商船活动的详细情况。大批商人、工匠赴日，把宁波的建筑技术也全盘移植到长崎。如长崎的崇福寺，系专门供奉航海保护神妈祖的寺庙，就是承唐宋之传统，把建筑成套地输出的典型实例。寺内大殿、护法堂、钟楼、鼓楼都是明末清初的"宁波式"典型建筑。其中崇福寺"第一峰"山门为宁波建筑师在宁波完成构件全套制作后，于清康熙三十六年海运至崇福寺并组装完成。现存的"第一峰"山门为日本国宝。

第三章　鄞州海丝文化遗产的内涵

第一节　鄞州海丝文化遗产主要内容

宁波等地的古港是记载古丝绸之路历史的"活化石"。以鄞州为中心的宁波是海上丝绸之路网络中东亚版块内中国与日本列岛、朝鲜半岛长期来往的核心港口，是开展海上丝绸之路商贸、文化、技术交流的地区中心。鄞州作为宁波乃至中国海上丝绸之路历史、文化发展的主要区域，众多乡村与海上丝绸之路相关联的遗存遗迹和传统工艺，全面反映了鄞州恢宏的历史和文化积淀。

一、"羽人竞渡"与海上丝绸之路标志

"羽人竞渡"纹铜钺于 1975 年在鄞县（今鄞州区）云龙镇甲村石秃山一座春秋墓中出土。金黄色，高 9.8 厘米，刃宽 12.1 厘米，锋利如新。器身一面光洁没有纹饰，另一面沿器身四周铸刻了一个"风"字形边框，上方刻了两条竖立的龙，双龙昂首相对，前肢弯曲，尾向内卷；下方以弧形边框线表示舟船，舟上坐着的四个人排成一排，四个人都戴着高高的羽毛头冠，双手持桨奋力划船，头冠上的羽毛迎风飘扬，让人想象到船速飞快。正因为这件铜钺上有四个头戴羽毛的人奋力划船的纹饰，所以宁波文物工作者把它取名为"羽人竞渡纹铜钺"。羽人竞渡纹饰的文物目前在全国也仅见此一件，非常珍贵和罕见。

从距今 4000 多年的杭州良渚文化遗址出土的玉钺来看，"钺"很早就演变为一种礼器，是统帅武力、握有生杀予夺大权的象征，它往往作为军事的令牌、王者的权杖来使用。这件"羽人竞渡纹铜钺"，体积太小，不像

作战使用的武器,也没有实用痕迹,应该是代表王权、王法的器物。由此可见,这件在鄞州出土的"羽人竞渡纹铜钺"表明,春秋时期宁波地区有代表王权、王法的统治者。

图 3-1　羽人竞渡纹铜钺

"羽人竞渡纹铜钺"上的"羽人",反映了百越民族的"鸟图腾"崇拜。7000 年前的河姆渡人是越族最早的祖先,河姆渡文化遗址出土的"陶鸟形盉""鸟形象牙匕""双鸟异日""象牙雕刻蝶形器""鹰形陶豆",均反映了越族一直尊崇鸟图腾。越人因崇鸟、尊鸟而仿鸟。《史记·越王勾践世家》中,勾践被描述成"长颈鸟喙"的模样;东汉赵晔撰的《吴越春秋》讲述继承越王事业者,作"鸟禽呼";许多越王刀剑,都刻有"鸟篆文"。而那些头插羽毛、身披羽毛的仿鸟人,则被称为"羽人"。关于羽人、羽人国的记载和传说,《山海经》是古籍中最早提到"羽人"的著作,如其中的《大荒南经》记载:"有羽人之国,其人皆生羽。"《海外南经》记载:"海外有西南陬至东南陬者……羽民国在东南,其人为长头,身生羽。"

羽人竞渡纹铜钺,在"羽人"上方有两条龙,这让人想起今天的民俗"赛龙舟"。越人地处水乡泽国,出行多驾舟,以舟代车。《吕氏春秋·贵因篇》说:"如秦者,立而至,有车也。如越者,坐而至,有舟也。"有学者指出现今的龙舟演变自古越的独木舟,因为古越的独木舟是以蛟龙为图腾的。南朝时的《述异记》中叙述:"吴王夫差作天池,池中有龙舟,日与西施戏水。"说明龙舟在春秋时已出现于吴越之地。专家认为吴和越是一族两国,古籍文献也多次提到吴、越习俗相同。《吴越春秋》说:"吴与越,同音共律,上合星宿,下共一理。"《吕氏春秋·知化篇》则说:"吴之与越也,接土邻境壤,交通属,习俗同,语言通。"

综合来讲,这件羽人竞渡纹铜钺,集中反映了宁波地域文化的内涵:宁波先民属于"越"民族,宁波在春秋时已经有代表"王权"的统治者,宁波人自古勤劳勇敢、崇拜鸟,地处水乡泽国的古代宁波人善手造舟驾船。"羽人竞渡"充分证明了古代鄞州越人水上活动的状况,也充分体现了奋力拼搏、开拓创新的海上丝绸之路精神。因此,羽人竞渡铜钺,既是宁波海上丝绸之路的标志性文物,也是宁波先进文化的见证,更反映了宁波先民龙腾虎跃、劈波飞渡、奋发进取的精神,可以说是宁波人的精神象征文物。

宁波作为国家历史文化名城,经历了从渡口(河姆渡)—溪口(小溪镇)—江口(姚江、奉化江、甬江三江口)—海口(东海)的城市发展史。从河姆渡的独木舟到宋时出使高丽的万斛神舟,再到现代的万吨巨轮,宁波人正像"羽人"一样,在生生不息地"竞渡",向世人昭示着一种开放的胸襟和探索奋进韵勇气。

二、鄞州海上丝绸之路文化内涵

海上丝绸之路,是指古代中国与世界其他地区进行经济文化交流交往的海上商业贸易通道。从历史上看,丝绸原产于中国5000多年前的黄河流域,在西周及春秋战国时期,几乎所有的地方都能生产丝绸,因而丝绸是中国历史上海外贸易最早输出的工业品。从秦汉一直到隋唐时期,中国海外贸易的主要商品只是丝绸,所以,人们才把连接东西方贸易的通道叫作"丝绸之路"。当然,贸易产品并非丝绸一种,不同历史时期主导贸易产品不同。综合鄞州地方史料,其内涵主要表现为以下几点。

（一）鄞州（宁波）"海上商贸之路"

自唐代始，借助优越的地理位置，凭借成熟的航海、造船等技术，明州（宁波）与日本值嘉岛港、博多港、长崎港和新罗清海镇共同形成著名的东亚商贸圈，明州则成为其南路的核心港口，开辟著名的宁波"海上商贸之路"。

唐中叶，明州对外贸易繁荣，大贾商帮云集，其中以张友（支）信、李延孝等为代表的商帮在日本值嘉岛寄泊遗迹为证。南宋时，居住在日本博多津的明州籍居民丁渊、张宁、张公意等为故里做善事而立下石刻功德碑。明末清初，清朝实行开禁，自宁波开往日本长崎港（日本唯一对外贸易港）的宁波船为数甚众，仅康熙二十七年（1688年）就达37艘，占全部中国船只的19%，并留下诸如信牌、唐船方日记并配《铜帐》等大量宁波商船活动及货物详情的实物。

（二）鄞州（宁波）"海上佛教文化之路"

"海上佛教文化之路"是宁波"海上丝绸之路"的主要内容和组成。

1. 佛教宗派的传入

中国高僧鉴真于8世纪中叶在第三次东渡日本受挫后，曾挂锡明州阿育王寺传教讲学。抵日后，在奈良建造唐招提寺弘扬律宗，遂成为明州与日本佛教渊源之肇始，1998年唐招提寺入录世界文化遗产。日本延历二十三年（804年），日本高僧最澄入明州赴天台山求法，归国前在明州开元寺（即天宁寺）受戒。两年后，最澄在比睿山创立日本天台宗，其中大本山延历寺于1994年入录世界文化遗产。日本仁安三年（1168年），日本高僧荣西由明州入宋，参谒天童寺、阿育王寺诸禅宗名刹。日本文治三年（1187年）再度入宋，随释虚庵怀敞潜身悟法并居天童寺，归日后，创立日本临济宗，建仁寺为日本临济宗建仁寺派大本山，列京都"五山"之第三。建长寺为日本临济宗建长寺派大本山，列镰仓"五山"之第。宋高僧兰溪道隆为其开山，后有无学祖元、一山一宁、明极楚俊等多位自明州天童寺等赴日的禅僧继任住持。日本贞应二年（1223年），道元禅师入宋求法师从明州天童寺长翁如净并得印可，回国创立日本曹洞宗。永平寺系道元遵如净遗嘱创建，为日本曹洞宗大本山，道元遂成为完成从中国禅到日本禅的著名禅僧。圆觉寺为日本临济宗圆觉派大本山，于日本弘安五年（1282年）由赴日传禅曾任天童寺首座的鄞县人无学祖元开创。

2. 佛教建筑的影响

由日僧重源担任大劝进，招请南宋明州著名工匠陈和卿于日本养和元年（1181年）主持重建现存的日本东大寺南大门，大佛殿、开山堂、法华堂、礼堂、净土堂等乃具有唐式建筑遗风的中国宋式佛教建筑。位于长崎的崇福寺为日本17世纪唯存的中国传统佛教建筑，其第一峰门为宁波工匠在本地成套制成后，于日本元禄九年（1696年）经海运至该寺组装而成，堪称宁波清代建筑精粹，现为日本国宝。

3. 禅宗书法的兴盛

宋元时期，随着禅宗对日本的传播与影响，明州天童寺得法的中日著名禅僧诸如兰溪道隆、一山一宁、无学祖元、兀庵普宁、荣西、道元、梦窗疏石等为开拓"海上禅宗书法之路"作出了不朽的贡献，并对日本书法产生重大影响。

（三）鄞州（宁波）"海上绘画之路"

自宋至明，明州的浙派山水及明州画风对日本颇成影响，"海上绘画之路"因之而成。元时期，由明州（庆元）车轿、石板巷一带职业画师绘制的佛画大量舶载入日，在日本广为流传，现存精者颇多。宋元时由日僧通过明州（庆元）携入"佛师顶相画"和山水画，对日本镰仓时代的肖像画与水墨画具有影响，其中现存日本的《送海东上人归国图》和《策彦归朝图》等则均与宁波关系密切。明代日本水墨画一代宗师雪舟，素享"天童第一座"尊称，他的作品诸如《育王山图》《宁波府图》《唐土胜景图》等均以宁波山水为题材。

（四）鄞州（宁波）"海上雕刻工艺之路"

宁波雕刻工艺源远流长，经久不衰，自唐宋以来经海路传播日本，影响卓著。由陈和卿、伊行来等为代表的明州匠师东渡把南宋时期雕刻艺术传入日本，现存日本京都东大寺南大门一对石狮就是由陈氏采用明州鄞县梅雨石雕刻的精品。日本奈良般若寺的十三重石塔即由南宋赴日匠师伊行末建造，为镰仓时代重要文物。位于日本神奈川县镰仓市高德院的日本第二大佛——阿弥陀如来生像（铜铸），为南宋淳祐十二年（1252年）由南宋工匠承袭明州陈和卿传入铸造技术而成。南宋淳熙十二年（1185年），由明州陈和卿修复的京都东大寺大佛，现为日本国宝。

（五）鄞州（宁波）"海上瓷器之路"

举世闻名的越窑青瓷，不仅是宁波对外贸易的大宗商品，更是宁波对日、韩文化交流的重要载体。9—14世纪期间，明州的越窑青瓷制作工匠、技术及大量成品等传入朝鲜半岛，对高丽青瓷的形成与发展举足轻重。现存韩国康津等地的窑场，从其窑炉结构，烧制工艺，乃至瓷器造型、纹饰等均受到越窑的诸多影响。在日本博多港大宰府遗址及鸿胪馆遗址出土的唐代、五代由明州上林湖、东钱溺烧制的越窑青瓷。在高丽木浦港附近沉没的元代庆元（宁波）启航的贸易船（系元代东亚最大商贸船，韩国曾于20世纪70年代组织水下打捞发掘）出土的器物与品种之盛为世界考古史上奇迹，其中铸有"庆元路"铭文的铜权，"使司帅府（即元代浙东道宣慰使司帅府）公用"铭文器系庆元府官署衙门公用器物，专由龙泉窑定烧。

（六）鄞州（宁波）"海上思想学说之路"

思想学说对东亚地区的辐射与影响，乃宁波"海上丝绸之路"最高层面意义上的文明传播形式。顺治十六年（1659年），余姚人朱舜水流寓日本，将中国的礼制、建筑、农事、园林等传播日本并付诸实践，其儒家思想学说在日本影响深远，朱氏被奉为思想学术界之翘楚。由朱舜水参与设计，现存于东京小石川的后乐园，汇集中国园林艺术之精华，被日本确定为特别古迹和特别名胜。

（七）鄞州（宁波）"海上茶叶之路"

唐中叶，日僧最澄自天台山经明州携茶种返日，成为茶禅入日始祖。日本建久二年（1191年），日僧荣西从浙东带茶籽种植于日本背振山，并著《吃茶养生记》上下两卷，将中国饮茶风习与方法介绍到日本，荣西被尊为日本的"茶祖"。日僧道元回国时带去从天童寺得法的茶禅清规，后在日本永平寺创立《永平清规》，为日本茶道推波助澜。

（八）鄞州（宁波）"海上书籍之路"

由于宁波刻书业的繁盛也使得一大批"明州刻本"流传海外。宋元的刻本在东亚被视为极其珍贵的善本，其中又以浙江所出的"浙本"最佳，明州本又是"浙本"中的上佳品。明清以来，宁波港时开时禁，私人贸易更加活跃，出现了"宁波书舶"，大量中国本汉籍、和刻本、朝鲜本在三国间通过"宁波书舶"直接或间接加以流通，带动了前所未有的文化交流，尤其是在文学艺术、小说唱本和地方文献上最为突出，阳明学亦随着朱舜水传入日本，影响朝鲜。

第二节 鄞州海丝文化遗产类型及其文化特征

一、港口码头与航线

2010年12月10日，由中国文物学会、浙江省文物局、政协宁波市委员会等单位主办的"大运河与海上丝绸之路"宁波论坛确认陆上丝绸之路的起点由西安延伸至大运河古都洛阳，中国大运河的终点由杭州延伸至东方"海上丝绸之路"核心城市之一——宁波，宁波是中国大运河最南端的出海口，连接"海上丝绸之路的起点，是两条文化线路的交汇点。由此，人们找到了陆上丝绸之路—大运河—海上丝绸之路三条文化线路贯通的脉络和节点，宁波被定位为大运河出海口地段城市，在世界文化史上具有独一无二的重要性。中国大运河中的浙东运河（宁波段）是推动宁波城市发展的一条重要运输动脉。它西起杭州市萧山的西兴，连通钱塘江，途经钱清、柯桥、绍兴、上虞，在宁波市余姚汇入姚江，此后沿自然水道经过宁波三江口，在镇海口汇入东海。浙东运河最早可上溯至春秋晚期越国开凿的"山阴古水道"。根据历史文献记载，这条古运河从绍兴东郭一直延伸到曹娥江旁，全长20余公里。在此基础上，晋代人沟通了姚江与萧绍平原河道的联系，使它的功能得到进一步发挥。历史上，浙东运河曾经承担了重要的漕运功能。南宋时，福建漕粮经由海路运往宁波，再经浙东运河运往都城临安。元代实行漕粮海运，各地漕粮通过浙东运河出海抵达大都。南宋时日本、越南、高丽等地的产品从浙东运河输往临安，海外各国使节也多从宁波登陆，再经运河前往内地。

2013年1月底，中国大运河联合申遗文本正式提交联合国教科文组织世界遗产中心。在中国大运河申遗文本名单中，共包括大运河河道遗产27段、运河水工遗存、运河附属遗存运河相关遗产共计58处遗产，其中，宁波市列入正式文本的为"二段一点"：第一段为浙东运河上虞—余姚段中的宁波段，从五夫升船机至曹墅桥，始建于宋代，是利用当地的湖泊沼泽经人工整理后形成的运河；第二段为浙江运河宁波段，从余姚丈亭三江口经慈城，向南抵小西坝，总长约23公里；一点，即宁波三江口和庆安会馆，这是大运河连接海上丝绸之路的连接点。自古以来，明州（宁波）始终是一个优良的对外开放港口，特别是在唐代，"海外杂国、贾船交至"，明州与扬州、广州并列为我国三大主要贸易港。清末时，宁波更是五口通商口岸之一。宁波三江口和庆安会馆入选的理由是，浙东运河在宋代全线贯通后，到达宁波的内河航船，一般从三江口换乘海船经甬江出海。同样，东来的海船，在宁波三江口驻泊后，改乘内河船，经浙东运河至杭州，与大运河对接。这其中，宁波庆安会馆更有着特殊的历史文化地位，它是浙东运河沿线在水运交通便利、商业发达经济繁荣的地区自然兴起的商业设施，反映了大运河沿线因运河而发展繁荣的贸易和工商业情况，代表了大运河的衍生影响。会馆同时又是祀神的庙宇，供奉航海保护神妈祖，反映了与海上丝绸之路文化线路连接的重要节点上受到外来影响的传统习俗的传播与发展。

（一）近海（境内）航线

沿海航线又分为南、北洋航线。

南洋航线指的是从明州（庆元）港出发前往台州、温州、福州、泉州、广州、海南等中国南部沿海港口线路。宋王明清《挥麈前录·卷四载》："大中祥符九年，奉召按察岭外。尝经合浦郡，沿南滨而过海康（今雷州），历陵水（今化州），涉恩平（今恩州），往南海（今广州）迤由龙川（今惠州），抵潮阳（今潮州），泊乎出会稽，移莅句章。是以诸郡，皆沿海滨。"

宋元时期，明州（庆元）与福建、广州等地的商贸活动比较频繁。在明州（庆元）港进口的货物中，就有很多是从海南、泉州、广州等地运来或转运而来的。据《至正四明续志·卷五·土产器用》记载，"生铁出闽广，船贩常至，冶而器用。"《至正四明续志·卷六·〈赋役·市舶〉》也有"本司每遇客商于泉、广等处兴贩，已经抽舶物货，三十分取一"的记载。

北洋航线主要指的是从明州（庆元）港出发前往苏州、扬州、登州、蓬莱，甚至到渤海湾等地。北宋时期，在北方还开辟了自长江口进入江淮直至荆、襄的航运线。南宋时期，从明州出海，经昌国，走东海沿岸航线北上，入长江口，沿江到扬州，溯长江、湘江到长沙。相对应的，当时从北方抵达杭州湾的海上航线也有两条：一是"抛大洋至洋山、二孤、宜山、猎港、岑江，直至定海县，此海道一也，系浙东路"；一是"自通州、南沙、北沙转入东签、料角、黄牛垛头放洋至洋山，即今天的洋山港，沿海岸南来至青龙港，又沿海岸转徘徊头至金山入海盐县、澉浦镇、黄头湾直至临安府江岸，此海道二也，系浙西路。"走沿海航线，虽然省却了由浙东运河经临安转大运河或其他航道的舟车劳顿，但是遇到台风或触礁之类的风险将增大。

总体来看，南、北洋航线属于近海航线，随着南、北洋航线的发展，南、北方的货物在明州（庆元）得以周转，这为明州（庆元）成为南北货物集散地奠定了基础。而南北洋航线的发展又为日后宁波历史上南北船商帮的诞生提供了基础与可能。

（二）日本航线

宁波与日本列岛的航线很早就存在，最早可追溯到原始社会。据地质学研究表明，早在旧石器时代，日本列岛与亚洲大陆是相连的，到了第四纪冰川期结束后，日本列岛与中国大陆被海洋隔开。宁波地处东海之滨、中国大陆海岸线中段，与日本隔海相望。在新石器时代，浙东一带已成为原始先民的出海口。春秋战国时，宁波成为全国九大港口之一。到了秦朝，以徐福为代表的秦民相继东渡日本，到三国吴时，宁波一带已成为先民东迁日本的始发地。

宋人张津等人撰的《乾道四明图经》卷一《总叙·分野》载："明之为州，实越之东部。观于地图……乃海道辐辏之地，故……东则倭人。"从这则史料中可以看出明州（庆元）与日本之间的交往存在着地理位置上的优越性。事实上，宁波（明州、庆元）与日本的交往由来已久。有学者推测，可能在日本绳纹前期就曾有河姆渡先民漂流到日本。经过之后漫长时间的交往，到了宋元时期与日本之间已形成了一条比较固定的交通线路。据《新唐书·卷四三》记载，明州港的北上出海航线是由明州至登州，然后从登州海口出发，经大榭岛（今长山岛）、龟歆岛（今驼帆岛）、末岛（今大小歆岛）、乌湖岛（今南城皇岛）、马石岛（今老铁山）、都里镇（今旅顺市附近）、清泥浦（今大连湾）、桃花浦、杏花浦、石人汪（今石城岛）、橐驼湾（今鹿岛以北的大洋河口），达乌骨城（今安东市）……其中从明州到朝鲜、日本的路线后半程记载得相当详细。相比较而言，日本学者藤家礼之助在《日中交流两千年》中论述的唐宋时期中日、中朝东海海上航路大致有北路、南路和南岛路三条，其中北路的中国境内路线考证是比较清晰的，就是沿"江南运河—临安—平江—润州（今镇江）—扬州—楚州

（今淮安）—汴州（今开封）—曹州（今菏泽）—兖州—青州（今益都）—莱州—登州—朝鲜—日本"。稍后的南岛路大致从明州或翁州—奄美（今奄美大岛）—夜久（今屋久岛）—日本种子岛。更具体地说，就是"由日本筑紫的博多（今福冈）扬帆，沿九州西岸南下，经过萨摩循种子岛、屋九岛、奄美岛等岛屿，在奄美岛附近横渡中国东海，在明州登陆。"这一固定的线路形成后，中国商船出发和返回的地点一直这样，而且后世也同样，是在明州或越州等杭州湾沿岸或长江口一带。

宋辽关系紧张以后，中日、中朝之间大多走的是南路与南岛路。元丰三年（1080年），宋廷"非明州市舶司而发过日本高丽者，以违制论"的政策颁布之后，正式确立了明州对日本贸易的法定港地位。以后，从日本横渡东海前往明州（庆元）等港口贸易的南岛路成为中日之间贸易的主要线路。

元代，中日之间的关系非常紧张，中日之间的官方关系并未建立。但就是在这样的情况下，中日之间的商船贸易往来依然很频繁。据统计："元代八十九年间（1279—1368年）仅史料中有明确记载的，或是已由考古证实的，往来于宁波与日本间的商船有二十四次之多，是其余港口之和（温州五次、福建四次、太仓两次）的两倍。"林士民先生对元代中日两国商船往来情况作了统计：在港口明确的22次贸易往来中，有15次是进出庆元港的。由此我们可以看出，庆元港在元代的中日贸易中占有重要的地位。

（三）高丽航线

中国至朝鲜半岛的航路始于木帆船时代的唐代，当时中国与朝鲜半岛的航线有多条，而唐代开拓的从朝鲜半岛、济州岛至明州的航线就是其中比较重要的一条。

宋元时期是我国"海上丝绸之路"发展的繁荣鼎盛时期，而位于中国海岸线中端的明州（庆元）港则成为江南地区与高丽交往的主要港口。据考证前往高丽的航线为,从明州定海启航,越东海、黄海,沿朝鲜半岛南端西海岸北上,到达礼成江口。《宋史·卷四八七·〈高丽〉》记载,"自定海遇便风,三日入洋,又五日抵墨山(或"黑",因今济州岛西北有黑山岛),入其境自黑山过岛屿,诘曲礁石间,舟行甚驶,七日至礼成江,江居两山间,束以峡,湍激而下,所谓急水门,最为险恶。又三日抵岸,有馆曰碧澜亭,使人由此登陆,崎岖山谷四十余里,乃其国都云。"《续资治通鉴长编》曾记载了元丰六年(1083年),高丽使者从明州返回高丽的路线:"自明州还,遇便风四日兼夜抵黑山,已望其国境。但从黑山入岛屿,安行便风,七日至京。"从《宋史·高丽》《续资治通鉴长编》这两份文献中有关明州到高丽航线记载中来看,从明州的定海(今镇海)到高丽礼成江的航行时间大约需要十来天。

宋徽宗宣和五年(1123年),宋人路允迪随使前往高丽,回国后将其所见所闻撰成书。在这本书中,作者对明州到高丽的路线做了详细的记述。据《宣和奉使高丽图经·卷三十四·〈海道〉》记载:"宣和五年五月,自明州出发十九日达定海县招宝山。二十四日,自招宝山启航,二十五日抵沈家门,二十六日入梅岑候风,二十八日过大驴礁蓬莱山(今大衢山)、半洋礁(今黄龙山之半洋礁),二十九日过白水洋、黄水洋,横渡黑水洋(今东海、黄海),六月抵夹界山,三日过五屿(今大黑山岛西南五小岛)排岛、白山(今荞麦岛)、黑山(今韩国济州岛西北的大黑山岛)、月屿(今朝鲜境内前后曾岛)、阑山岛、白衣岛、跪苫。四日过春草苫,经槟榔礁、菩萨屿,至竹岛,五日到苦苫(今扶安西南之猬岛),六日到群山岛(今群山群岛),七日到横屿。八日自横屿出发,过富用山(今元山岛),洪州山(今承产里)、鸦子苫(今贾谊岛附近)、马岛(今安兴),九日,过九头山、唐人岛、双女礁(今安兴以北的海域),午后过和尚岛(今大舞衣岛)中心屿(今龙游岛)聂公岛小青屿(今永宗岛以南小岛)至紫燕岛(今仁川西之永宗岛),十日,自紫燕岛起航,午后至急水门(今朝鲜礼成江口),抵蛤窟(急水门铺地)抛泊,十一日,经分岭,至龙骨(礼成江口锚地)再抛泊。

十二日，随潮至礼成港（今开城西礼成江之畔），旋入碧澜亭。十三日，遵陆至于王城（今开城）。"

两宋之时，宁波（明州、庆元）与高丽之间的交往因北方辽、金等国的崛起而受到影响。熙宁以前编的《编敕》就明确规定："客旅商贩，不得往高丽、新罗及登、莱州为界，违者，并徒二年，船物皆没入官。"南宋时期，由于北方大部分地区被金兵占据，政府对于前往北方的船只予以更加严格的限制，禁止前往登州以北的地区。即便是这样，宁波（明州、庆元）与高丽之间民间的交往仍频繁进行。入元之后，随着全国的统一，庆元到渤海湾、辽东一带的海上路线得以恢复。但由于元代恢复了中国与高丽的陆上交通，因此这时期高丽到庆元船只相对减少，但由于海运便捷的特点，其在元与高丽的交往中依然起着重要的作用。

（四）南海航线

南海航线指的是从宁波（明州、庆元）港出发，前往东南亚诸国或西亚、东非等国"的线路。大量的文献和出土文物证实，早在1世纪前后中国与东南亚就存在着互通商贸易的历史，当时这种商品交换大多是通过"朝贡"和"回赐"等形式来实现的，即"朝贡互市"，实质上就是一种有无相通、互利于市的官方贸易方式。

唐宋以来，东南亚和波斯湾地区与浙东的明州交往频繁，尤其是在东南亚贸易圈的孕育形成到开拓发展阶段，明州港成为这一贸易区的一大重镇。波斯、阿拉伯地区人民从唐代开始就来到东方的明州，波斯陶的出土，波斯巷的存在，清真寺的建立，都表明明州港是他们开拓营生的大埠之一。

宋代明州（庆元）港南下最远可达东南亚，甚至西亚。《宋史·卷四百八十九·〈外国五·阇婆〉》："阇婆国在南海中……先是，朝贡使贡汛泊船六十日至明州定海县，掌市舶监察御史张肃先驿奏其使饰服之状，与尝来人贡波斯相类。"《外国五·占城传》："占城国在中国之西南，东至海，西至云南，南至真腊国，北至欢州界……东北至两浙一月程。"宋末元初周达观《真腊风土记》载:"……自温州洋行丁未针,历闽、广海外诸州港口,过七洲洋,经交趾洋到占城。又自占城顶风可半月到真腊……"

目前,根据各地出土的越窑青瓷也证实了唐宋时期明州(宁波)港南下航路非常繁忙,其路线是"从宁波出发……经过泉州,到达广州并由广州南下经南沙群岛,可达越南、加里曼丹岛、菲律宾群岛、印尼等。穿过马六甲海峡沿孟加拉湾航行可达缅甸、孟加拉国、印度,向南至斯里兰卡,横穿印度洋穿过阿拉伯半岛的亚丁,由亚丁沿阿拉伯半岛南岸经阿曼进入波斯湾,或沿海航行,由马拉巴海岸出发,顺印度西海岸北上,经巴基斯坦印度河河口的班布尔进入波斯湾;由亚丁穿过红海到达埃及,往东南可达东非。"

宋时,中国人把东南亚、非洲东岸以及阿拉伯半岛的广大地区的国家,通称为"南海诸国"或"南海藩国",在《宝庆四明志·卷六·〈叙赋下·市舶〉》中的记载还出现"外化蕃船"的字样。这里的"外化蕃船"指的是波斯湾阿拉伯、北非等国家和地区。元代,庆元港的航线相对于宋代来说,有所扩展,但在对外海上交通方面变化不大,基本上沿袭南宋以来的航线。

二、宗教交流

随着海上丝绸之路的形成和初步发展,商品贸易的繁盛、人员往来的频繁,佛教作为海上丝绸之路的一个重要内容也逐渐通过日益繁荣的明州港传播到日本等地。其中,鄞州作为宁波乃至浙东地区佛教的中心,在海上丝绸之路佛教文化交流中发挥着举足轻重的作用,来自日本的求法僧人在明州港登陆,然后乘船沿着后塘河来到他们心中的佛教圣地天童寺、阿育王寺参禅学法,天童寺、阿育王寺的高僧也从寺院出发,来到三江口,然后乘船东渡,弘传佛法。

(一)天童寺与中外宗教交流

天童寺在宁波海上丝绸之路史迹中有非常独特的地位,它的历史价值和文物风貌得天独厚,是海丝申遗中的重要砝码。在海上丝绸之路历史上,宁波是日本佛教的发源圣地，而天童寺则是这一圣地的象征。据日本学者木宫泰彦《中日文化交流史》中的"南宋时代入宋僧一览表"统计共109人，除了不明参访地点的10多人之外，有明确记载到天童寺参访的日僧达20多位。尤其是明庵荣西与希玄道元，先后在天童寺接受恩师衣拂，回归东瀛，传灯续焰，开山立派，创建了日本佛教禅宗的临济宗与曹洞宗。可以说，天童寺是海上丝绸之路历史上宗教文化交往的标志。

天童寺系僧义兴于西晋惠帝永康元年（300年）始创，初名"太白禅师寺"，后毁于兵燹，唐开元二十年（732年）在原址上重新修复。宋真宗景德四年（1007年）获赐"景德"寺额，称"天童山景德寺"。宋高宗绍兴初年，宏智正觉禅师增广伽蓝，寺院规模得以扩大。淳熙五年（1178年），孝宗赐天童寺了朴禅师"太白名山"四字。嘉定年间（1208—1224年），天童寺与阿育王寺一同被列入禅院五山。

淳熙十四年（1187年），荣西第2次入宋，访天台山万年寺，参谒虚庵怀敞大师。其后，跟随怀敞移驻天童寺。怀敞欲修天童寺千佛阁，荣西回国运来大批良材，使工程得以顺利完成。楼钥《天童山千佛阁记》对此事有详细记载：

（淳熙）十六年，虚庵怀敞自天台万年来主是刹，百废俱举，追迹二老，而千佛之阁岁久寖圮，且将弗支，犹以前人规模为未足以称上赐，欲从而振起，更出旧阁及前二阁之上，金以为难，师之志不回也。先是，日本国僧千光法师荣西者，愤发愿心，欲往西域求教外别传之宗，若有告以天台万年为可依者，航海而来，以师为归，及迁天童，西亦随至。居岁余，闻师有改作之意，请曰："思报摄受之恩，糜躯所不惮，况下此者乎，吾忝国主近属，他日归国，当致良材以为助。"师曰："唯。"未几，遂归，越二年，果致百围之木凡若干，挟大舶泛鲸波而至焉，千夫咸集，浮江蔽河，辇致山中。师笑曰："吾事济矣。"于是鸠工度材，云委山积，列楹四十，多日本所致，余则取于境内之山。始建于绍熙四年季秋之甲申，才三载告毕，费缗钱二万有奇。

宁宗嘉定十六年（1223年），荣西的弟子明全、道元渡海至天童寺。根据虞樗《日本国千光法师祠堂记》，明全曾于荣西忌辰向天童寺捐楮券千缗，并且设斋向百姓供食。明全与道元在天童寺初随临济宗大惠派的无际了派学禅，1224年无际禅师圆寂。1225年，道元转赴杭州径山寺，明全则逝于天童寺了然寮。道元游历了天台山万年寺、镇江能仁寺等诸寺之后，又重回天童寺师从长翁如净研习曹洞宗，归国以后在京都之南的深草开创兴圣寺，成为日本曹洞宗始祖。

理宗端平二年（1235年），圆尔辨圆入宋，参谒天童寺痴绝道冲禅师，后又赴径山寺师事无准师范大师，得其衣钵正传。1241年，辨圆返回日本，在北九州创建太宰府崇福寺、博多承天寺弘扬禅法，1243年应关白九条道家之邀北上京都，于京都东山创立东福寺。辨圆回国时，带回一批天童寺和阿育王寺碑刻拓片，将之与其他舶载回国的数千卷释儒典籍一同藏于东福寺普门院。这批拓本包括：苏轼书《明州阿育王山广利寺宸奎阁碑》、宋高宗书《明州阿育王山佛顶光明塔碑》、宋孝宗书《太白名山四字碑》《御制颂碑》《和灵隐长老偈碑》、范成大书《赠佛照禅师诗碑》、释道潜书《明州天童山景德寺天轮藏记》、释正觉书《明州天童山景德寺新僧堂记》等，这些拓本应系辨圆挂褡于天童寺时所获之物。

之后，日本入宋僧无象静照、无修圆证、彻通义介、樵谷惟仙、寂庵上昭、约翁德俭、玉山玄提等先后登访天童寺。关于无象静照、约翁德俭、樵谷惟仙，上文已有介绍。无修圆证系圆尔辨圆弟子，13世纪中叶入宋，旅华期间曾参访天童寺西岩了慧禅师，得其印可；彻通义介是道元主持越前永平寺时的弟子，理宗开庆元年（1259年）入宋，登天童山瞻礼舍利塔，归国后任永平寺第三代住持；寂庵上昭为京都南禅寺龙山德见之师，与无象静照、樵谷惟仙等人的在宋时间大体一致，归国后居镰仓寿福寺与大休正念分座说法；日本文永年间（1264—1275年）入宋，师事天童寺直翁德举，归国后成为日向大慈寺的创建人。

图 3-2　天童寺

此外，南宋赴日传法禅僧兰溪道隆、西涧士昙、无学祖元、静堂觉圆等人，在东渡之前也曾驻锡于天童寺。兰溪道隆先后在径山寺无准师范、天童寺痴绝道冲门下习禅，1246 年东渡日本，1253 年成为镰仓建长寺首任住持，向以北条时赖为首的镰仓武士集团讲授宋风禅，1279 年圆寂于建长寺；西涧士昙系天童寺石帆惟衍的弟子，1271 年石帆应当时的日本执权北条时宗之请，派遣士昙赴日，士昙时年 23 岁，在京都、镰仓游历 7 年归宋，1299 年又与一山一宁同船东渡，住于圆觉、建长等寺；无学祖元出身于庆元府（宁波），赴日之前在天童寺环溪惟一会下为首座，1279 年祖元渡抵日本，初居镰仓建长寺。1282 年北条时宗创建圆觉寺，祖元应时宗之请，成为该寺开山；静堂觉圆是天童寺环溪惟一的法嗣，与祖元一同赴日，先后在禅兴、净智、圆觉、建长、建仁等寺弘扬禅法。兰溪道隆等人传扬纯中国式禅法，主张肃正丛林规矩、提倡勤俭修持，给当时的日本佛教界带去了一股新风。

进入元代以后，天童寺依然是日本来华僧侣频繁叩访之地。到过天童寺的日本入元僧难以计数，其中较为有名的有：龙山德见、嵩山居中、无云义天、中庭宗可、天岸慧广等。龙山德见系赴日元僧一山一宁的日本弟子，1305 年入元，曾参禅于天童寺东岩禅师会下，回国后赴京都布禅，先后住于南禅寺、天龙寺；嵩山居中出于一山一宁和西涧士昙门下，1309 年第一次入元，参谒了天童寺东岩禅师，1318 年第二次入元，又拜会了天童寺云外禅师，归国后传禅于京都南禅、建仁等寺；无云义天是赴日宋僧静堂觉圆的弟子，入元时间不详，回日本后在南禅寺、建仁寺修法授业；中庭宗可入元时间不详，曾登天童南山（位于今宁波市鄞州区天童下三塘村一带），瞻礼长翁如净禅师之塔，并置希玄道元牌位于南谷庵祖堂之内（长翁如净塔院旁侧）；天岸慧广入元时间疑为日本正中二年（1325 年），曾巡礼天童、径山、天台等地，著有《东归集》。

在明代，访问过天童寺的日本僧侣也不乏其人，其中较有影响者有：绝海中津、伯英德俊、湖海中珊、雪舟等杨。绝海中津系京都天龙寺开山之祖梦窗疏石的弟子，1368 年入明，访杭州中天竺、灵隐以及宁波天童等诸寺，受到过明太祖的接见，1376 年归国后先后住于京都等持、相国、南禅等寺院传法；伯英德俊大约于 1368 年前后入明，曾参禅于天童寺了堂长老座下，回国后转徙于圆觉、建长、南禅等寺；湖海中珊系日本曹洞宗僧侣，1434 年入明，挂锡于天童寺，在华修行长达 19 年之久，回国后居越后慈光寺；雪舟系日本著名画僧，1467 年雪舟作为从僧随日本遣明使团入明，以画技博得明宪宗赏识，被任命为"天童第一座"。关于雪舟获赐"天童第一座"称号之事，可从北京大兴隆寺鲁庵大师的《送雪舟诗序》中得到明证，鲁庵序文曰："日本僧扬雪舟者，天性善画，于佛菩萨罗汉等像，援笔立成，生意逼真，绝无计划。凡求索者，偏应无拒，故人皆德之，自去岁游四明，升天童山第一座。兹因朝京，诣余丈室，察其有志道，故以山偈为赠，聊以壮行色云：大道分明不覆藏，何须描画作商量。传心既过真师范，具眼何妨验大方。二树喷香荣老挂，一枝垂广接扶桑。无生曲调回乡去，万象森罗听举扬。"

荣西（1141—1215 年）为镰仓时代前期僧，被称之为千光国师。13 岁登比叡山出家受具足戒，19 岁跟随比叡山有辩师修学天台教义。荣西虽深入经藏，却深感日本佛教界之不足，便萌生了到中国学习佛法的念头。

日本仁安三年（1168年）四月，28岁的荣西为求佛法，随商船从博多出发抵达明州。初到明州，他参访了广慧寺，并与那里的知客禅师进行笔谈，询问禅宗法旨。知客与之对答："久闻日本佛法流通，幸逢吾师，须奉笔语。然人有华夷之异，而佛法总是一心。一心才悟，唯是一门。"（荣西：《兴禅护国论》）知客不但热情地接待了荣西，还鼓励他，不必拘泥于"华夷之异"，佛法总是一心的。不久，荣西在明州遇见了重源。重源（1121—1206年）是修复被平重衡烧毁的东大寺的僧人，担任劝进一职。此时，重源48岁，荣西28岁，重源比荣西大20岁。异国他乡相遇，二人分外激动，泪流满面。他们一起参拜了阿育王寺和天童寺等众多寺院，巡礼圣地，参学求法。之后，二人结伴相行，参拜天台山。那里优美的自然环境感动了荣西，他喜舍净财，供养修行僧。过石桥，拈香煎茶，参拜了五百罗汉。荣西和重源在中国停留了约半年时间，同年（1168年）秋九月，二人同道回国。

荣西第二次渡海来中国，与第一次相隔19年，时年47岁。文治三年（1187年），三月辞乡，再赴宋域，夏四月十九日放洋，二十五日到达。荣西此行的目的是经中国赴印度，拜见八塔，也就是释迦舍利塔。一到临安，他立即向官府提出前往印度的愿望。但是，通往印度之路被金和辽国占领，关塞不通，未能获得许可。无奈，荣西又踏上了归国之路。然而，途中遭遇逆风，漂泊至温州瑞安，再度返回中国。印度之行未果的荣西，首站选择了万年禅寺，拜时任住持虚庵怀敞为师，受传临济心印修"看话禅"，次年随师转到天童寺手传临济单传心印。荣西在天童寺跟随虚庵怀敞学习禅法将近4年，对天童产生了浓厚的感情。这在中日历史上都有所记载。如《宝庆四明志》中"僧怀敞来主寺，欲改建千佛阁，摹画甚广。先是日本国僧荣西从敞游，辄辞归，致百围之木鲸波以至。经始于绍熙四年之季秋，历三载，始就梵宇，宏丽遂甲东南。"楼钥在《攻媿集》中还对建成的千佛阁进行了描述。"凡为阁七间，高为三层，横十有四丈，其高十有二丈，深八十四尺。众楹俱三十有五尺，外开三门，上为藻井，井面上十有四尺，为虎座。大木交贯，坚致壮密，牢不可拔。上层又高七丈，举千佛居之……

登览四山，瞰河汉星斗，如在栏槛。御书金榜巍乎中峙。翊以祥龙，护以绛绡，高出云霄之上，真足以弹压山川，传世千古。"1191 年，荣西返日并正式创立了临济宗。

在中日佛教交流史上，荣西不仅在佛教方面做出了重大的贡献。同时他还被认为日本茶道真正的奠基人，在传播茶文化方面起了决定性的作用。众所周知，日本茶道起源于中国，主要是以浙江为通道并以佛教传播为途径而实现的。荣西留学时，正值南宋经济以临安为中心向南发展时期，江南各地均有茶叶，饮茶风已扩展到一般的庶民，制茶饮茶到处可见。因此，荣西在学禅同时，受寺院茶文化影响很大，形成了饮茶习惯并深谙茶的提神保健功效，在研究佛学之余以极大的兴趣埋头于茶的研究，跟中国禅师学会了茶的品制技艺，且得到悟禅宗茶道之理，体会到"茶禅一味"的真谛。荣西归国，不仅带回了许多佛教经典，也带回了大量的茶树种子和宋代的饮茶法及茶具，进而根据宋代寺院的饮茶方法制订了日本寺院饮茶礼仪。《吃茶养生记》是荣西在他 71 岁的时候（1121 年）写的茶书，也是日本最早的一部茶书。

道元（1200—1254 年）是日本曹洞宗的鼻祖。他 13 岁出家，24 岁入宋，参礼天童山如净禅师，随学三年，成为洞山第十四代法嗣，把曹洞宗传回日本。著作有《正法眼藏》《普劝坐禅仪》《永平广录》等，对日本佛教产生了深远的影响。

道元原是荣西门下，但荣西当时年事已高，所以，道元基本上是跟随荣西的高徒明全学习佛法。由于一直仰慕中国的禅法，道元终于在 1223 年随宋日贸易商船抵达了南宋的明州。道元先随明全挂锡天童寺，在临济宗无际了派门下参禅两载，接着游学杭州径山寺、台州万年寺等，又于 1225 年 5 月回到天童寺，恰逢明全病逝。此时，曹洞宗嫡系传人如净住持天童寺，弘扬宗风。他在修持上偏重打坐，认为参禅是身心脱落，只要打坐，离五欲除五盖，便是和佛祖相见，不用烧香礼拜念佛修忏看经。据道元所著《宝庆记》所记载，道元于初见面时曾向如净呈文说："道元幼年发菩提心,在本国访道于诸师,聊识因果之所由。虽然如是,未明佛法僧之实归,徒滞名相之怀懔。后入千光禅师之室,初闻临济之宗风。今随全法师而入炎宋,航海万里,任幻身于波涛,遂得投和尚之法席,盖是宿福之庆幸也。和尚大慈大悲,外国远方之小人,所愿者不拘时候,不具威仪,频频上方丈,欲拜问愚怀。生死事大无常迅速,时不待人,去圣必悔。本师堂上大和尚大禅师,大慈大悲,哀悯听许道元问道问法。伏冀慈照。小师道元百拜叩头上禀。"对道元这样认真的恳求,如净亦批复说:"元子参问,自今以后,不拘昼夜时候,着衣袈衣,而来方丈,问道无妨。老僧一如亲父之恕子无礼也。"此书中详细记载了师徒间的一问一答,从中可以知道,道元当时好像是一张白纸一样,小即从衣食住行起,大即如佛法经论等问题,无所不问。

道元跟随如净禅师在天童寺得到真传,可以看出道元的佛法源流是离不开天童寺的,没有在宁波天童寺的经历,道元的开悟与佛法也就不可能存在。如今,道元传播到日本的曹洞宗,其大本山在福井县吉田郡的永平寺。寺院布局仿照天童寺的风格,中轴线呈天王殿、佛殿、法堂等,素有明州"小天童"之称。

图3-3 日本曹洞宗在天童寺内竖立的"日本道元禅师得法灵迹碑"

雪舟（1420—1506年）是日本伟大的画僧，被人们称之为画圣，是日本水墨画的代表人物。1956年在雪舟逝世450年之际，维也纳世界和平大会公认他为世界性的代表画家、十大文化名人之一。可见，其在世界范围内的知名度和认可度。

雪舟是日本近现代一流画家中唯一曾经到过中国学习绘画的人。雪舟出生在备中赤浜（现冈山县西部）。1431年，他离开了故乡来到了京都相国寺正式成为一名禅僧。除去学禅论道，雪舟在相国寺里还跟着画僧周文学习绘画，直接受到了水墨画的指导。由于学画的因缘，雪舟一直希望来到水墨画的源头中国求学，最终他的梦想得以实现并在中国停留了三年左右的时间。

1467年，雪舟随同遣明使在宁波上陆之后，按惯例随即来到天童寺参拜。雪舟与天童寺有着不解的渊源。在日本禅界一直只能以知客身份存在的雪舟，在天童寺却被赋予"天童第一座"（仅次于住持）的称呼。对作为禅僧的雪舟来讲，不能不说是一个至高无上的荣誉。从雪舟画作可以看出，他经常使用"四明天童第一座"这一落款，说明这是他引以为荣的称号。在中国逗留期间，雪舟去过北京，跟随李在、长有声学过"设色之旨和破墨之法"。但是，当时的北京画派尊崇南宋院画之画风，只重模仿不重创作，令雪舟感到很失望。最终他回归到了风景如画的中国风景，游览着各地的优美山色，这些自然风景在以后也就构成他山水画的主要源泉。五山文学家彦龙周兴在《半陶文集》的《四景图一景一幅杨知客笔》中的"冬图赞"中记载了雪舟的话。"大唐国内无画师，不道无画，只是无师，盖泰华衡恒之为山，江河淮济之为水，草木鸟兽之异，人物风化之殊，是大唐国之有画也。而其泼墨之法，运笔之术，得之心而应之手，在我不在人，是大唐国之无师也。"从这里可以看出雪舟对中国山水的赞赏程度。

雪舟在中国期间画了很多珍品，更有许多描绘宁波山水的作品。如《唐土胜景图卷》《唐山胜景图卷》《宁波府图》《镇海口图》《育王山图》等。在《唐山胜景图卷》中有一个局部画面上画有一座富庶繁华的城邑，城门下题为"宁波府东门也"。很显然，这里就是天童寺所在的宁波府。可以由上看出，雪舟最热爱的中国风景就是江南的风景、宁波的风景。这些美丽的自然风光给了雪舟无限的创作灵感。1992年，阿育王寺重建五十三米高八面七层的东塔时，正是参照雪舟当时画的《育王山图》。

图 3-4 雪舟《育王山图》

雪舟是位画家，但他同时又是位禅僧，所以在讨论雪舟的时候是不能把他从佛教和禅中隔离开来的。作为一名禅僧，参禅也是雪舟的必修科目。当然，雪舟在绘画上的成就远远高于他作为禅僧的业绩。但是，在体会雪舟的画的时候，却常常可以品味到禅的真谛。看雪舟的画，首先感受到的是"清静""稳重""质朴"。这些都是禅的精神本身的体现。参禅悟道本不拘泥于形式，只要有心，日常生活起居中有禅，画中自然也有禅。对于雪舟而言，画正是他通往参悟的最重要途径。雪舟的画，不是重于形而是重在心。这也证实了他是一位有着多年禅修经历之人。雪舟将自己的一生奉献给了绘画事业，依靠手中的笔，得到了内心真正的自由。

据《天童寺志》记载，宋元明期间共有11位僧人赴日弘法传教，其中，义翁绍仁、西涧士昙、无学祖元、镜堂觉圆、一山一宁、明极楚俊、东陵永屿、隐元隆奇等 8 位僧人获日本天皇敕赐"国师"封号。

寂圆智深（1207—1299 年），长翁如净的法嗣弟子，尊奉师命，在道元东归次年赴日，他也是宋代第一位东渡扶桑的中国僧人。寂圆陪伴道元，先住兴圣寺，继居永平寺，共同弘法行禅。道元示寂后，他远赴大野郡（今大野市）万福山银杏峰麓坐禅修持。后得信徒资助建寺，他特地以赴日时的南宋年号"宝庆"来命名，以示不忘祖国。寂圆住持该寺长达 30 余年，直至 1299 年入灭。寂圆对于道元门下的影响，在于形成了接受中国曹洞宗的流派。宝庆寺因此成了日本曹洞宗第二道场。1988 年，日本大野市政府及宝庆寺组织"寂圆禅师回乡探亲团"参访天童寺。1990 年在天童寺立《寂圆禅师参学灵迹碑》。

无学祖元（1226—1286 年），天童寺首座。1278 年兰溪道隆示寂，天童寺应幕府将军请求，再派无学祖元赴日。祖元出任建长寺住持，开堂演法时，"万众云臻，欢声雷动"，幕府执政北条时宗"钦承法海，执弟子礼"。1282 年，北条时宗在镰仓开创圆觉寺，又请祖元入主，为"开山第一祖"，赠号"圆满常照禅师"。祖元在圆觉寺主持建造舍利殿，将他从中国带来的一颗佛牙舍利珍藏于此。他所开创的"佛光派"，号称日本禅宗史上最有影响力的禅宗流派，且在之后分出"规庵派""佛国派"等众多流派。1286 年九月，无学祖元在建长寺示寂，伏见天皇敕谥"佛光国师"。在日期间，无学祖元在大力弘扬禅风的同时，还推动了日本禅林文化的发展，开创的"佛光派"成为日本五山文化的主导力量。所谓"五山文化"，是指从镰仓至江户初期，日本五山禅僧模仿南宋"五山十刹"建制而兴起的汉文化运动。五山禅僧们一改往昔专修佛业、打坐念禅的修道模式，逐渐形成修习儒学、研究汉典、吟诗作画、聚众论辩等诸种修业方式。日本禅僧对中华儒学和道家学说都有极大兴趣和不浅的汉学识见。他们热衷于汉文、汉诗。甚至入五山为僧的都要学习汉语，汉语考试及格后方能入山为僧。在日本汉文化史上具有不朽的意义，对日本中世文化的形成和展开有很大的影响。

隐元隆琦（1592—1673年），嗣法天童寺方丈费隐通容。后来住持黄檗山万福寺，前后达17年。1655年东渡弘法，先后住持长崎兴福寺和崇福寺、摄津普门禅寺。他在京都创建寺院，"仍以福清黄檗山万福寺之名"。其禅法与日本所传的临济宗有显著差别，大振临济、曹洞之势，故被称为黄檗派或黄檗门派。在日期间，隐元与费隐通容一直保持密切的联系，曾把乃师在国内被判毁板的《五灯严统》拿到日本重刻。今之所见《五灯严统》，就是日本覆刻版本。1673年四月，隐元隆琦示寂。天皇敕赐"大光普照佛慈广鉴国师"谥号。而黄檗山万福寺自隐元开始，连续十四代住持，皆是来自中国的汉僧，培养了众多弟子，将中国明清佛教文化乃至寺院建筑艺术、书画、篆刻等介绍到日本，产生了重大影响，时至近代，正式称为黄檗宗，从而在日本禅宗原有的临济宗、曹洞宗之外，又新增了黄檗宗。

（二）阿育王寺与中外宗教交流

阿育王寺，也是海上丝绸之路上一个对外文化交流的重要窗口，是宁波"海上丝绸之路"申遗的重要文化遗址。阿育王寺是中国佛教"中华五山"之一，也是禅宗名刹"中华五刹"之一，在海上丝绸之路的佛教史及中日文化交流史上有着重要地位，并因寺内珍藏佛教珍宝释迦牟尼真身舍利而闻名中外。

阿育王寺始建于东晋安帝义熙元年（405年），梁武帝赐阿育王寺额。到了唐代，阿育王寺声名益彰。唐天宝二年（743年）十二月，鉴真第二次东渡经舟山列岛渡海未成，一行为岛民救回，被送至明州鄞县阿育王寺安置。鉴真第三次东渡是从明州海域的下屿山（舟山群岛中的五屿，或谓指下川岛）起航，在往桑石山（今宁波港的大榭山，或认为大衢山北的一个岛）。途中，按日人所著《唐大和上东征传》所述："舟破，人并上岸……海官来问消息，申谍明州；明州太守处分，安置鄞县阿育王寺。"鉴真一行要到日本去，从明州港出发，但却被越州的和尚向州官告发，把聘请鉴真的日本僧荣睿逮捕起来。于是，鉴真作第四次东渡准备时，把鄞县阿育王寺作为一个决策指挥所，而出航港计划放到福州去。先派出法进等人去福州买船，正如日人所记："天宝三载（744年）……大和尚（鉴真）依次巡游、开讲、授戒，还至鄮县阿育王寺……乃遣僧法进及二近事，将轻货往福州买船，具办粮用。"准备工作完成之后，鉴真便以到天台山国清寺礼佛为名，告别鄮县率众南下。但正当他们从黄岩县禅林寺出发向温州继续旅行时，被官方追到，把鉴真等人押回扬州。第四次东渡就此失败。鉴真第五次东渡因风浪把船飘到海南岛失败后，他让普照从广东重返鄮县，住进阿育王寺等待时机，等到鉴真第六次东渡从扬州出发时，普照才又从鄮县赶去。这就是日人记载的："普照师从此辞和上向岭北去，至明州阿育王寺。是岁，天宝九载也。"

鉴真寓居阿育王寺之事载于《唐大和上东征传》，是日人真人元开所著，成书于779年，依据的材料是鉴真的行状以及随鉴真一同东渡的唐僧思托所撰《大唐传戒师僧名记大和上鉴真传》。《唐大和上东征传》对于明州阿育王寺的由来以及掌故有相当详细的叙述，书中这些有关阿育王寺的介绍实际上就是鉴真一行客居阿育王寺时的真实见闻。自此，明州阿育王寺之名也开始传诸日本。《唐大和上东征传》对阿育王寺作了如是介绍：

> 其育王塔者，是佛灭度一百年时，有铁轮王，名阿育王，役使鬼神，建八万四千塔之一也。其塔非金非玉，非石非土，非铜非铁，紫乌色，刻镂非常。一面《萨埵王子变》，一面《舍眼变》，一面《出脑变》，一面《救鸽变》。上无露盘，中有悬钟，埋没地中，无能知者。唯有方基，高数仞，草棘蒙茸，罕有寻窥。至晋泰始元年，并州西河离石人刘萨诃者，死到阎罗王界，阎罗王教令掘出。自晋、宋、齐、梁，至于唐代，时时造塔造堂，其事甚多。其鄮山东南岭石上，有佛右迹。东北小岩上，复有佛左迹，并长一尺四寸，前阔五寸八分，后阔四寸半，深三寸。千辐轮相，鱼印文分明显示。世传曰："迦叶佛之迹也。"东二里，路侧有圣井，深三尺许。清凉甘美，极雨不溢，极旱不涸。中有一鳞鱼，长一尺九寸，世传曰："护塔菩萨也。"有人以香花供养，有福者

（即见），（无福者）经年求不见。有人就井上造屋，以七宝作材瓦，即于井中水涨流却。

《唐大和上东征传》还提到，鉴真师徒一行离开阿育王寺之际，"辞礼育王塔，巡礼佛迹，供养圣井护塔鱼菩萨"。由此可知，鉴真对育王塔、佛足迹、鱼菩萨圣井等三处阿育王寺灵迹崇敬备至。

图 3-5　阿育王寺

天宝十二年（753 年），鉴真第六次渡海终获成功，此次带至日本的物品中有"阿育王塔样金铜塔一区"。抵日以后，鉴真又先后在奈良县东大寺、栃木县药师寺、福冈县观世音寺建立戒坛，戒坛最上层安置阿育王塔。这些行为无疑有利于加深当时日本社会对于阿育王塔及阿育王信仰的理解。正如王勇先生所指出的那样，鉴真对阿育王塔的特别关注，与鉴真滞留阿育王寺的经历有必然的联系。

根据《宝庆四明志·卷十三·〈寺院〉》，阿育王寺之阿育王塔和佛足迹相距不远：

> 寺之东北半山间有佛左足迹，入石二寸余，距寺一二里。传者谓："迦叶佛之迹"，循佛迹而上，有东塔院，即刘萨诃所礼舍利塔涌出之处。

今阿育王寺后山腰上有"佛迹岩",岩上有亭,额为"佛迹亭",佛迹亭左侧石上镌刻"佛迹"二个篆字。亭前右方有一左足印,趾朝山崖,入石寸余,大于常人足迹,即历代史籍所说的"佛左足迹"。自佛迹岩攀山而上,可达"上塔",该塔据传始建于晋,历经多次毁建,现存塔身为1991年修复之物,此处应即鉴真所见阿育王塔的塔迹所在地。

北宋真宗大中祥符元年(1008年),阿育王寺得赐广利禅寺额,阿育王寺大致于此时开始成为一座禅宗寺院。仁宗时期,高僧怀琏主持阿育王寺,阿育王寺声名逐渐显扬。南宋初年,阿育王寺住持净昙将仁宗赐予怀琏的手书颂诗尽数献给高宗,高宗降旨称许,并为寺院书写"佛顶光明"题额。南宋孝宗时期,深受孝宗敬慕的佛照德光禅师曾一度入主阿育王寺。此外,南宋中期以降,航抵明州港的外国舶商和僧侣不断增多,阿育王寺在海内外的影响也日益增大。

成书于13世纪前期的日本古典名著《平家物语》(著者不详),记述了大臣平重盛派遣宗像氏国之子妙典(许斐忠太)前往阿育王寺布施黄金之事。根据《平家物语》记载,日本安元年间(1175—1177年),平重盛发愿植善根于异国,交付妙典3500两黄金,命妙典留其中500两自用,其余3000两中的1000两施与育王山僧侣,所剩2000两进呈宋朝皇帝。其后,妙典渡海入宋,拜会了阿育王寺住持佛照禅师德光,说明来意,德光甚为感叹,随即代寺院收下千两,将其余2000两上呈皇帝,皇帝感慨之余,向育王寺寄赠田亩500町。

南宋时期,挂锡或巡礼于阿育王寺的日本僧侣不胜枚举。在此,首先应当言及的是俊乘坊重源。重源于宋孝宗乾道三年(1167年)至淳熙三年(1176年)之间3次来华,修行于天台山和育王山,曾从日本周防国(今山口县一带)运来木材,协助营建阿育王寺舍利殿。旅宋期间,重源除了礼佛求法之外,对于江南地区佛寺建筑的营造法式也有深入的了解。1181年,重源受命主持奈良东大寺的重建,他从中国请来铸造师陈和卿、石雕匠伊行末等能工巧匠帮助施工,先后完成大佛铸造、大佛殿建造以及南大门雕像制作等工程，于1203年使东大寺恢复一新。重建之后的东大寺，不仅在建筑样式上采用富于中国江南地方特色的"天竺样"，而且在绘画、雕刻上也体现出鲜明的宋风。这些无疑与重源的入宋经验有着直接关联，同时也要归因于中国工匠在工程中扮演的重要角色。这批工匠中，雕刻师伊行末出身明州，学界对此已有定论，虽然关于陈和卿的出生地尚有疑问，但从文献中来看，陈和卿是育王山佛教圣迹的热忱崇奉者。《吾妻镜》记载，陈和卿曾于建保四年（1216年）向将军源实朝提议渡海参诣阿育王山，并于当年亲自督工制造了大船，但次年船只下海时，由于船体过重而无法浮起，参拜阿育王山之旅最终未能成行。

宋孝宗乾道四年（1168年），被尊为日本禅宗始祖的千光法师荣西首次入宋。荣西在明州与早一年入宋的重源邂逅，一同参拜了天台山、阿育王山。同年归国时，荣西除了带去天台新章疏30余部60卷，还将茶种带到了日本。

孝宗淳熙十六年（1189年），日本禅宗达摩派创始人大日能忍，派遣弟子练中、胜辨入宋，向阿育王寺佛照禅师德光呈递书信、馈赠礼品，德光以法衣和亲笔题赞的达摩画像回赠，练中、胜辨将德光所授之物带回日本，大日能忍教团权威性得以树立。在此之前，大日能忍以摄津三宝寺为根据地传播禅法时，曾因师承无门而遭到其他各派诟病。

南宋晚期嘉定年间，宋廷"品第江南诸寺，以余杭径山寺、钱唐灵隐寺、净慈寺、宁波天童寺、育王寺，为禅院五山。"阿育王寺居于天下禅院五山之列，其权威地位从政治层面得到巩固。此后，瞻礼阿育王寺的日本入宋僧络绎不绝，见诸史料的包括希玄道元、心地觉心、无象静照、约翁德俭、樵谷惟仙、桃溪德悟等人。其中，道元在宁宗嘉定十六年（1223年）抵宋，居天童寺修法，其间亦参诣过阿育王寺；心地觉心于宋理宗淳祐九年（1249年）入宋，先后挂锡于杭州径山寺、护国寺、明州阿育王寺。理宗宝祐二年（1254年）东渡回国后，心地觉心入主纪州西方寺（后称兴国寺），并将寺院改为禅寺，并开创临济宗法灯派；无象静照系京都东福寺开山之祖圆尔辨圆的弟子，理宗淳祐十二年（1252年）入宋，修学于径山寺、阿育王寺和天台山。1265年返回日本后，创建佛心寺、兴禅寺等寺庙，著《兴禅记》一卷；约翁德俭是旅日宋僧兰溪道隆的弟子，于日本文永年间（1264—1275年）来华，游学于阿育王、天童、净慈、灵隐等各大禅寺，其资赋品行受到诸寺长老的赏识。归国后，先后居于建仁、建长、南禅等寺，备受后宇多上皇的敬慕与信赖；樵谷惟仙入宋年代不详，疑为日本文应、弘长年间（1260—1264年），旅宋期间修学于育王、天童等寺，回国后隐于信州崇福山，开创安乐寺；桃溪德悟也是兰溪道隆弟子，入宋年代不详，先拜于阿育王寺顽极行满门下，之后游历诸刹。日本弘安二年（1279年）随明州僧人无学祖元一同东渡，1282年北条时宗请祖元为镰仓圆觉寺开山，桃溪也入住圆觉寺，后移住博多圣福寺。

入元以后，阿育王寺仍是日本来华僧侣参拜的主要寺院。曾经修学或礼佛于阿育王寺的入元日本僧侣包括：月山友桂、礼智、钝夫全快、东林友丘、无我省吾等等，这些入元僧前往阿育王寺，大都是为了拜会德高望重的月江印禅师。入元僧多为禅宗僧侣，虽然他们在中日禅林的影响已大不如入宋僧，但其中也不乏出类拔萃的人物。例如，月山友桂曾经做过月江印禅师的书记僧，东林友丘则在月江印的座下执掌藏钥。

到了明代，宁波成为中日勘合朝贡贸易的政府指定港口，对于随遣明使团来华的日本僧侣而言，宁波寺院是最为近便的礼佛之所。在访问过阿育王寺的日本入明僧中，首先应当言及的是佛日禅师了庵桂悟。入明之前，了庵桂悟曾先后执掌伊势安养寺、京都南禅寺和京都东福寺，明正德六年（1511年），了庵以87岁高龄作为足利氏遣明正使率团入明。抵明之后，受到武宗敬慕，钦赐金襕年袈裟，命主持阿育王山广利寺。了庵在华期间结交了不少中国的文人墨客，正德八年（1513）四月，提督浙江司舶司事黄相撰《日东了菴禅师转职育王寺疏并序》记载：

了菴,异域丛林之彦也……顷啣国王之命,远使中华,得窥声名文物之盛。闻宁波有阿育王寺,琳宫梵宇,金碧煜煌,乃转职此寺。而居者久之,大修教典,寺之懽腾,宁波府卫诸官僚,亦喜其能不坠迦叶而像教之中有人矣……况日本乃扶桑之邻壤,而徐仙讬蓬岛以潜形,间生异士,今在了菴。飞锡瑞龙山,究一乘五律之道。浮杯育王寺,了八藏三箧之文。

(三) 七塔寺与中外宗教交流

初建于唐大中十二年(858年)的七塔禅寺,距今已有一千一百余年历史。北宋时期,延庆寺的四明知礼大师中兴天台宗,影响深远,日本学问僧频繁前来参学。明嘉靖年间,日本僧人策彦周良出使中国,其间五次参访七塔禅寺,详细记录了日本使团在宁波的文化交流活动,反映了当时中日文化交流的实态。清光绪年间,慈运长老出任七塔禅寺住持,开创临济宗七塔寺法派,声闻远至南洋、印度、日本等地。

图 3-6　七塔禅寺

唐大中十二年（858年），时有江西分宁宰任景求舍宅为寺，敦请天童寺退居住持心镜藏奂禅师居之，是为开山始祖，寺初名"东津禅院"。藏奂禅师是马祖道嫡传法子、五泄山灵默大师的弟子，故东津禅院属于禅门洪州宗一脉。藏奂禅师深通禅宗心法，在甬城大开法筵，广设禅席，接引十方英灵衲子奋志冲关，直参本来面目。《宋高僧传》称其"凡一动止，禅者必集，环堂拥榻，堵立云会。（藏）奂学识泉涌，指鉴歧分。诘难排纵之众，攻坚索隐之士，皆立褰苦雾，坐泮坚冰；一言入神，永破沉惑。"咸通元年（860年），浙东裘甫率兵起事，攻城略地，四明亦遭荼毒。一日裘甫率领二千多叛军闯入寺院，欲行抢掠。寺众惊骇逃散，唯心镜禅师临危泰然，在殿中瞑目禅定，神色不变。众兵惊异慑服，作礼而退，寺院得以保全。第二年，郡守以此事奏闻朝廷，盛称师德，懿宗诏改"东津禅院"为"栖心寺"。

宋大中祥符元年（1008年），真宗敕改栖心寺额为"崇寿寺"。此时，寺院已成四明地区的著名道场之一，与同处市区的天台宗山家派延庆寺相并立，并为山家派提供了不少优秀人才，如广智法孙明智中立、神照法孙智连觉云、以持律闻名的戒度法师等。政和八年（1118年），宋徽宗因受道士林灵素之惑，崇迷道教，下旨将佛教寺院改为道观，崇寿寺随之改为神霄玉清万寿宫。宣和二年（1120年），仍还原为栖心崇寿寺。乾道三年（1167年）三月，日本国派遣使节致书四明郡庭问佛法大意，郡庭太守召集众僧研读使函，无人敢出来应命。栖心（崇寿）寺维那忻然而出，逐条进行分析解答，同时指出日本来书的7处错误，使日本来使惭惧而退。栖心寺维那为国争光，为佛教争光，太守尊称其为"天下维那"。

元代时，栖心崇寿寺仍然以弘扬《法华经》教义为主，为甬城重要的天台宗道场。其中比较知名的天台学家有剡源法嗣允则法师，善继法嗣是乘法师，弘道法嗣净珠法师等。

明洪武二十年（1387年），信国公汤和为抗御倭寇侵扰，实行坚壁清野政策，将海岛居民迁徙内地，焚毁普陀山宝陀寺（即普济寺前身）殿舍300

余间，迎千手千眼观音菩萨圣像于宁波府崇寿寺内供奉，寺院住持惟摩禅师舍地以建宝陀寺；寺东三分之一面积，复建栖心寺。第二年，诏改寺额为"补陀寺"，从此遂成观音菩萨道场，人称"小普陀"。七塔寺与普陀山历史渊源匪浅，即因此故。永乐四年（1406年），栖心并入补陀，两寺合一。永乐二十二年（1424年），住持汝庆建圆通宝殿。宣德七年（1432年），永诜建毗卢阁。天顺二年（1458年），文彬建藏经宝阁、大悲弥陀殿及廊庑等。嘉靖年间（1522—1565年），建十王殿。

明末清初，天童密云圆悟法孙、浮石通贤法子拳石沃禅师及其弟子自天育先后住持寺院，弘扬圆悟一派所传的临济宗禅法。顺治年间（1644—1661年），七塔寺建成住持殿。康熙年间（1662—1722年），寺院重修佛殿、山门、钟楼等。康熙二十一年（1682年），修建大悲殿，超育建云来庵塔院。因寺前建有7座佛塔（喻示过去七佛，为禅宗法脉源头表征），故俗称"七塔寺"。咸丰十一年（1861年），寺经洪杨之役（即太平天国革命），惨遭兵火，遂成废墟。同治十年（1871年），宁波江东迎春弄周文学医生母子发心重修佛殿，早磬晚鱼，募化不倦，最终建成大佛殿及山门等。光绪十六年（1890年），天童寺退居住持慈运长老应地方绅董之请，出任七塔寺住持。自此广集净资，大兴土木，重修了大雄宝殿，重建了天王殿、三圣殿、中兴祖堂、藏经楼、法堂、禅堂、念佛堂、云水堂、大钟楼、门前七佛塔等，塑千手观音圣像，梵宇一新，衲僧云集。光绪二十一年（1895年），慈运长老晋京请颁《龙藏》一套，并蒙光绪皇帝敕赐寺额为"报恩寺"，因此全称"七塔报恩禅寺"。慈老为禅门临济正宗第39世传人，住寺期间，大弘临济禅法，传法嗣48人，皆一时之法门龙象，其中以圆瑛、道阶、溥常等最为著名。七塔禅风因此广传海内外，分布在湘、滇、蜀、陕、闽、浙、苏、赣、皖、豫、台等地区，乃至南洋、日本、韩国等地，形成了具有一定规模的"七塔寺法派"，七塔禅寺因此成为中国近代临济宗中兴祖庭之一。后人缅怀慈老之功德，建"慈荫堂"以纪念之，尊其为七塔禅寺中兴之祖。

三、生产遗存

（一）东钱湖青瓷遗址

距今大约 2000 年前，东钱湖先民利用得天独厚的自然条件，开始人工砌窑搭棚，伐树挖土，烧制日用瓷器。之后，经过工匠们的不断实践，制瓷工艺日臻成熟。鼎盛时，东钱湖沿岸瓷窑林立，这里制造的大批青瓷通过水路源源不断销往各地，甚至漂洋过海远销世界各国。

越窑是中国持续时间最长、影响范围最广的窑系之一。据专家考证，东钱湖越窑青瓷，自东汉开始，历经三国、二晋、南北朝、隋唐、五代，一直至北宋，延续千余年历史。特别是北宋时期，东钱湖依托明州港的优势，极大地刺激了当地越窑青瓷的发展。据史料记载，随着青瓷的需求陡增，东钱湖越窑青瓷，无论是产品数量，还是精美程度都达到了顶峰，郭家峙、上水、下水、韩岭均建窑烧瓷，而且，一直扩展到周边的东吴、五乡一带。当时，越窑青瓷通过"海上丝绸之路"远销全世界，北达高丽（朝鲜），东至日本，南经广州，再通向菲律宾、马来西亚诸国，再由此向西南，沿着海岸至越南、泰国、缅甸，然后，经孟加拉湾，到印度、巴基斯坦，最后，直抵地处波斯湾和地中海的伊朗、埃及等国。

据不完全统计，目前在东钱湖周边已发现东汉至唐宋时期越窑青瓷窑址不下 55 处，沿湖遍布众多的窑区，如栎斜的玉缸山、郭家峙、郭童岙、韩岭、马山、上水、窑岙、下水、官驿河头、蛇山等。2007 年，宁波市文物考古研究所曾抢救发掘过郭童岙窑址群，共清理龙窑 8 座、砖瓦窑 3 座，出土各类青瓷器物和窑具标本数千件（套）。

因遭破坏，发掘时仅见有上水岙窑场的烧成区——窑炉遗迹，而备料区、成形区、上釉区、存储区等作坊遗迹和配套设施已被早期平整农田和修筑沙山公路时损毁。窑炉遗迹均为依山而建的龙窑，砖砌而成。两条窑炉窑头部分皆保存较好，但中段均遭破坏。一号窑炉窑尾部分已被破坏，二号窑炉窑尾尚存。每条窑炉从窑头由南往北收缩的三处火膛遗迹看，应是同一窑炉的三次重修再利用，每条窑炉系不同时期的三座窑，共六座窑。从瓷器标本特征看，其主体遗存时代应在北宋中期，少量遗存年代可能早到 10 世纪晚期，且总体上具有六个方面的特点。一是种类丰富，包括碗、盘、杯、盏、盏托、盒、罐、壶、钵、香薰、瓶、套盒、水盂、枕、洗、砚台、五管灯、唾盂等越窑青瓷产品和匣钵、垫圈、复合型垫具等烧窑用具。二是造型别致，发现了以往越窑考古中少见的器形，如仿青铜礼器的越窑青瓷花口尊和镂雕凤纹、龙纹香熏等。三是装饰工艺繁复，集多种工艺于一身，刻划花、浅浮雕、镂雕、堆塑等工艺大量运用，使器物呈现多层次的立体浮雕感。四是纹饰精美多样，既有莲瓣纹、牡丹纹、荷叶纹、莲蓬纹、云草纹等植物花卉和海波纹样，也有凤纹、龙纹、摩羯纹、雀、鸳鸯、鹦鹉、鹤、鱼等动物纹样，形象逼真，栩栩如生。五是器物上大量刻划文字，如"大""内""千""十""弟子曾……""……申日……下庙""周置""大吉""曾州""上清"等，为研究越窑提供了珍贵的文字资料。六是出土的各式窑具上大量粘附各类器物，为研究越窑的烧制工艺提供了实物资料。从以上出土遗物特征看，上水岙窑址主体遗存时代应在北宋中期，少量遗存年代可能早到 10 世纪晚期。

图 3-7 上水岙窑址出土的花口樽

上水岙窑址的发现，不仅为研究北宋时期越窑的窑炉结构、布局和建造技术等提供了新的案例，更重要的是，其出土的瓷器产品大多制作精美，胎质、釉色均属上乘，透雕、刻划花工艺精湛，且产品档次多元化，大体可分为以下三类。第一类是普通日用瓷，如数量众多的碗、盏、杯、盘、盒等，其工艺纹饰相对简单。第二类是高级定烧瓷，又可分两种：一种如净瓶、刻划"弟子曾"的杯状盏托、内壁刻划"……申日……下庙"的碗和镂雕凤纹、龙纹的香薰等，可能是寺庙定烧用瓷；一种如内外壁刻划莲瓣纹的盏和一些内底刻划"大""内"字款的器物等，其釉色莹润、胎质细腻、纹饰精美、制作精细，或为仿"官样"烧制的官府用瓷。第三类是出口外销类瓷。上水岙窑址出土的部分青瓷器，和日本鸿胪馆遗址、印尼井里汶沉船、埃及福斯塔特遗址中出土的一些越窑青瓷，在釉色和纹饰方面极为相似，这对北宋时期东钱湖窑场的产品外销，以及我国古代海外交通史、陶瓷贸易史，特别是宁波古代"海上丝绸之路"研究具有重要参考价值。

东吴镇花园山窑址在2017年的考古发掘中出土了大批越窑青瓷残件、窑具和制瓷工具等，窑址最早年代可追溯至五代，主流器物为北宋时期，下限至南宋早期。出土瓷器有粗品和精品两大类，粗品主要是民间普通日用瓷，种类有碗、盘、杯、盏、钵、罐、洗、盒、韩瓶、执壶、灯盏、唾壶、水盂、器盖、脉枕、灯管、花盆等十多种器形。其中以碗、盘数量居多，盏、碟次之。精品如细线划花"内坊"款盘、高圈足龙凤团花纹碗、鹦鹉纹、团花纹碟等可能为越窑贡瓷，部分产品与上林湖窑场相似，但亦有本地特色。值得一提的是，出土的北宋早期瓷器上装饰纹样题材丰富，涵盖了宋代流行的珍禽异兽、奇花异草、海波鱼跃等深受百姓喜爱的图案，纹样有龙凤、孔雀、鹦鹉、乌龟、荷花、团菊、梅花、海波等各种题材，其中龙凤纹、团菊纹、孔雀纹、鹦鹉缠枝花卉纹等图案的瓷器曾在台湾澎湖列岛海底沉船上发现过，瓷器上的孔雀纹图案也成了台湾学者著作《五代越窑在澎湖》的封面。这说明了那个时期东吴生产的瓷器，不仅进贡，而且外销，与海上丝绸之路有密切联系，证明该地北宋时期是一处重要的越窑青瓷产区，为研究越窑贡瓷、越窑系工艺及空间分布和海上丝绸之路提供了一批宝贵的实物，具有重要的历史文化价值。

（二）和丰纱厂

百年和丰，记录着宁波三江口的百年风云。鄞州商帮爱国人士带给近现代中国工业的影响散落在海内外诸多城市，而和丰纱厂是在宁波本地成长起来的产业明星，牢牢带动着沿江工业集群，从未离开过每一代宁波民众的视野和念想。和丰纱厂的烟囱是宁波著名的"三支半烟囱"（和丰纱厂、太丰面粉厂、永耀电力公司各占一支，通利源榨油厂因季节性生产，烟囱只有半年冒烟，故称半支）中的一支。

明末以来，宁波就是浙东手工棉纺织业的中心。宁波附近各县农村普遍栽培棉花，各地农村市镇里的弹花、纺纱、织布等行业亦较发达，并且形成了专门从事纺织业的"腰机户"和"染坊"。

1842年，清政府与英帝国主义者签订了《南京条约》，宁波作为"五口通商"之一对外开放。洋货洋布充斥宁波市场，一斤洋纱几乎等于一斤棉花的价格，使手纺业受到沉重的打击。"巡行百里，不闻机声"，成了手工棉纺织业和"机户"破产的真实写照。尽管洋纱洋布在大量输入，可是辽阔的中国市场，绝非进口纱布所能完全垄断的。1887年，李鸿章的幕僚，曾经做过河南省盐务督销的道员严信厚，联络专做日本生意的新生泰洋布店汤仰高，集资银五万两，在宁波北郊湾头创办"通久源轧花厂"，这是我国第一家机器轧花厂，有四百台日本踏板轧花机。为了牟取更大的利润，严信厚在1894年再一次集资45万银圆，在轧花厂的基础上创设了浙江省最早的一家纱厂——通久源纺纱织布局，股东有汤仰高、戴瑞卿等沪甬巨商富贾。经过两年时间的筹备，1896年，这家拥有11 000多枚纱锭和230台布机的纺织厂投入生产，每月出纱2500担，畅销宁波、绍兴、温州、福建各地，每年获利甚丰，厂内设备也陆续增加。可是好景不长，洋纱汹涌而来，帝国主义又在中国大量设厂，我国的民族工业受到排挤与打击。

1904年，鄞县商人戴瑞卿退出"通久源"而另起炉灶。1905年恰逢日俄战争，布销大畅，纱利大增，通久源重新活跃起来。这就促使戴瑞卿更加热衷于建立新的纱厂。当时宁波招商局总办顾元琛，正在竭力提倡"抵制外溢之利，供给内地之用，以养地方食力之民"的主张，对戴瑞卿筹备创建新的纱厂一事大加支持。于是招集周熊甫、郑岳生等463户为股东，集资60万银圆，在1905年3月组成"和丰纺织股份有限公司"。股份分6000股，戴瑞卿1人占1000股，为最大的股东，并被推为总经理。该厂厂址设在冰厂跟（鄞州区江东北路317号）。厂基面积80多亩，建筑面积12630平方米，其中车间占5684平方米，纱锭为11200枚。楼下为轧花、清花、筒纱等一二道并粗工序车间。楼上为三道粗纱、摇纱、细纱、打包工序车间。全厂设备齐全，厂内各交通要道设有小铁轨，通向江边码头。锅炉、引擎等设备，也足够3万枚纱锭之用。1907年初，粗大的烟囱和二层的红砖厂房落成，机器设备亦陆续安装，花费7000元聘请来的日本技师也同时到厂。是年3月6日，正式试车投产。

图3-8 和丰纱厂旧址

由于第一次世界大战（1914—1918年）的影响，帝国主义国家无暇东顾，暂时放松了对我国的经济侵略，使国产纱的销路大增。1919年，又爆发了"五四"爱国运动，举国掀起了抵制日货的热潮。宁波也与其他各地一样，开展轰轰烈烈的抵制日货运动。一时市场上洋纱大减，国产纱的价格日夜高涨，成本每包150元的棉纱，可卖200元，净赚50元。这给民族纺织工业的发展带来难得的机遇，成为民族工业发展的一个黄金时代。在高额利润的刺激下，和丰纱厂日夜开工，全年的棉纱产量由2万多包增至3万包。仅1919年这一年，就获净利140多万元。1920年增至150万元以上，这与和丰纱厂前十年（1907—1917年）总盈利50多万元相较，可谓空前未有。

1922年以后若干年，和丰纱厂每年虽也有盈余，但数量已经不多。1926年至1927年，一度亏损35万元。这是洋纱重新倾销，时局不稳，国产纱销售呆滞所带来的结果。1931年，我国民族工业也被卷入世界资本主义经济危机的漩涡之中，加上连年内战，农村经济萧条，工商业均遭受摧残。和丰纱厂与全国其他民族工业一样，处于日益困窘的境地。由于洋纱的倾销，统税和营业税负担的加重，棉贵纱贱情况的出现，和丰纱厂生产的棉纱，每包亏近30元。这样，和丰纱厂在1932年上半年，就亏损44万元。抗日战争爆发，上海、杭州等地先后沦陷，许多工厂、机关、学校纷纷迁往内地，大后方人口激增，加上战争消耗，物资供应紧张，尤其是棉纱、棉布等生活必需品更为短缺，迫切要求外地接济。因此，和丰厂的生产迅猛发展起来。至1937年，纱锭增加到26 000枚，拥有员工近3000人，其规模之大、设备之新，在浙东工业界无出其右，几十年间位居第一，被宁波人公认为"工厂之王"。

1941年2月2日晨，和丰纱厂因引擎车间失火而停办。1946年5月，停办了五年的和丰纱厂，在废墟上重新开工生产了。1949年后，和丰纱厂走上新的道路。直到1950年5月，花纱布公司与和丰纱厂订立合同，采取代纺形式，使和丰纱厂彻底摆脱了困难局面。1952年开始，和丰纱厂逐年有了盈余。到 1980 年，和丰纱厂的纱锭，已从 6000 枚增至 42 000 枚。到 1982 年，和丰纱厂已增至 72 000 枚纱锭，并拥有 672 台阔幅布机。到了 20 世纪 90 年代，和丰纱厂出现亏损，与宁波当地的几家纱厂重组成了"维科家纺"。目前，和丰创意广场已经成为宁波的工业设计中心和文商旅核心地块，没有落下时代需求的迭代步伐。

2011 年 1 月，和丰纱厂旧址被浙江省人民政府公布为第六批省级文物保护单位。

四、商业往来

（一）庆安会馆（安澜会馆）

从上虞梁湖发源的姚江和从奉化斑竹发源的奉化江，两江流经市区东门口处与甬江汇合，然后折向东北，再经招宝山汇入东海。"大海泱泱，忘记爹娘"，早期的宁波商人，正是在这三江汇流之处，沿着一条"沙船之路"驶向上海，走向全国乃至全世界，从而造就了天下闻达的宁波商帮。也是这三江汇流之处，自古就是我国海上"丝绸之路""陶瓷之路"的出发港，成为宁波对外贸易的中心。千百年来，三江口不知经历多少风云变幻，演绎多少动人的故事。见证着宁波这非凡历史的庆安会馆就坐落在三江口东岸江东北路 156 号。

庆安会馆，又名北号会馆，始建于清道光三十年（1850 年），迄今已有一百七十多年的历史了。庆安会馆名列我国七大会馆之一、八大天后宫之一。庆安会馆还有两个与众不同的地方——它在全国现存的所有会馆和天后宫中，是唯一一处"宫馆合一"建筑制式的实例，也是全国会馆类国家级文保单位中唯一一处海运业会馆，堪称近代宁波"商贸文化"与"海洋文化"的经典。在浙江省内，庆安会馆还是目前唯一一处保存完整的会馆建筑群，同时也是规模最大的天后宫。正是由于它这些独特的历史价值，2001 年 6 月，被国务院公布为第五批全国重点文物保护单位。

庆安会馆，是研究妈祖文化和我国古代海上丝绸之路的实物例证，是宁波作为港口城市的历史见证和标志性建筑，具有较高的历史、科学、艺术价值。目前，庆安会馆经全面维修后，辟为浙东海事民俗博物馆。

图 3-9　庆安会馆（安澜会馆）

1. 商业船运的鼎盛与会馆建立

"庆安会馆"包括两座会馆：除了庆安会馆外，在它的旁边还有一座与其规模、建制基本相同的安澜会馆。庆安和安澜的创建者就是当年三江口赫赫有名的南、北号两大船帮，南号兴安澜，北号建庆安。这样看来，要

鄞州海丝文化遗产的内涵　第三章

追溯庆安会馆的历史，还得先从南、北号两大船帮说起。

江南水乡城市宁波，地处东海之滨，城乡水网密布，航运交通畅达。千百年来，宁波依水而生，依水而兴，得天独厚的地理位置，使它自古就成为我国海上运输的重要中转站。在漫长的中国海岸线上，南来北往的货船在宁波交汇、贸易、周转、集散。南宋朝廷鼓励海上贸易，宁波港就更加显得重要了，吸引福建、广东等地大批商人来宁波经营海上贸易。到元代时，全国统一，北路航线也开始恢复，山东、江苏等北方商人也陆续汇集到宁波。在清代的康熙、雍正、乾隆三朝，宁波更是徽、鲁、闽、晋各帮客商云集之地。

在这众多的商人中，靠"跑船"吃饭的南北商人，依托宁波优越的地理环境，按照各自的经营特点，开设商号，打造船只，既搞运输，又搞销售，贸易十分兴旺，于是，自清代以来，自然地形成了地域观念很强的两大商业船帮，世称"南号"和"北号"。当时，由镇海出口，自定海而南下，为南洋；自定海而北上，则为北洋。南号商船只走南洋，北号商船只走北洋。

图 3-10　庆安会馆

南号多为福建籍商人，他们是国内专门经营南方商品的舶商联合体。宋绍熙二年（1191年），一个叫沈法询的福建籍船主，在宁波江厦街设立了宁波第一处天后宫，通过祭祀航海女神妈祖的方式，联络福建船商，这就是南号舶商，也是我国商业船帮最早的雏形。南号舶商以经营木材为主，最多时在宁波江东没有十五家木行，本金都在两三万贯以上，江东"木行街"也由此得名，这些福建籍商人也被称为"南号木行帮"。南号木行帮经济实力十分雄厚，融通资金又很灵活，信用又好，如他们经营木料时，采取"先货后银"的交易方式，即先开汇票，货到甬江，照汇不误，中途如遇事故，由会馆代为垫付等，因此，业务不断扩大，生意十分红火。他们在福建也设有字号，有专人负责坐庄，办理采运木材事宜。

北号则以宁波当地人为主，他们是国内专门经营北方商品的舶商联合体。相比之下，无论是商号还是船只，北号都赶不上南号的数量多，但是，北号的经营规模和能力却十分可观，"大同行"就是当时实力最强的北号商家。他们自置的运输货船，不仅载重量大，而且构造精巧，选料严格，船上还配有土制起重机，前后巨链大锚、救生器具等一应俱全，且舱位宽敞，容量巨大，估计当时造价约在十万金以上。北号除经营甬地土产外，生意主要是在广大的北方地区，如胶县、营口、大连、龙口、烟台等地，都有北号设立的分庄，他们派一至三人常驻，专门负责采运、通报市场信息等事务。当时，宁波江厦街的正源、晋大、慈和、德和、福记等，都是经销从北方贩来的枣、核桃、花生、黄豆等物产的主要商行，而乾美、乾源、老恒茂等各油行也把经营北方的生油、豆油、豆饼等油料作为重点。

远近闻名的南、北号两大船帮，他们的商贸活动持续了几百年时间，为我国的航运业发展做出了重大贡献。

19世纪初，是南、北号最繁盛的时期。由于事业发展的需要，为了在同行之间建立行业章程，以便处理行业事务，解决行业纠纷，也为了加强感情联络，保持团结，共谋业务发展，南号舶商率先发起建立了宁波本土上的第一座海运行业会馆——安澜会馆。

清道光三年（1823年），南号舶商在宁波三江口东岸的木行路兴建了南号"安澜会馆"，取"仰赖神佑，安定波澜"之意。

清道光三十年（1850年），也就是在安澜会馆建成27年后，北号船帮由慈溪、镇海、鄞县籍的冯云祥、苏庆和、费金纶、费金鲢、费辅洼、盛炳澄、童祥隆、顾璇、李国相等九位舶商共同发起，捐资白银十万两，在安澜会馆的南侧兴建庆安会馆。最初，庆安会馆取名为"安庆"，有"海不扬波，庆兮安澜"之意，后改为"庆安"，也被称为"北号会馆"，这是继安澜会馆之后，三江口岸又一座重要的海运行业会馆。由此，安澜与庆安形成了宁波独有的南、北两号会馆并立的格局。

庆安会馆和安澜会馆的建立，在我国海（漕）运业发展史上发挥了重大作用，它"不仅叙同乡之谊，联同业之情，恤嫠赡老济贫"，还是南、北两号"同业集会，研讨商情，联络商务，团结同乡，维护共同利益"的办公议事的专用场所。

两个会馆内部都设有航运业董事会办公室，并推举行内德高望重者担任号长，负责会馆的全面管理。为了使各号商不受欺侮，也是为了同各有关方面搞好关系，加强感情联络，会馆还高薪聘请了宁波当地负有盛名的晋绅担任会馆的总办或"公行先生"，专门负责联络官府，协调会馆与当地各方面的关系，以便扩大业务。

会馆的管理也井井有条，用于会馆日常管理所需经费由南、北号各商行所出，都"取之于民，用之于民"。安澜会馆是从南号每家木行的进口额中抽取厘金，来满足每年日常支出四五万元之所需，而庆安会馆则规定北号每一只船往返一次，需缴纳六十银圆，充作会馆事业基金。

清同治以后，南、北号的海运事业达到了鼎盛时期，据《鄞县通志》记载，"舟楫所至，北达燕、鲁，南抵闽、粤而迤西川，鄂、皖、赣诸省之物产，亦由甬埠集散，且仿元人成法，重兴海运，故南、北号盛极一时。"

随着海运业的发展，为了进一步维护同行利益，南、北号遂强强联合，又成立了"南北海商公所"。

19世纪中叶以后，随着外国新式海轮的问世并大量涌入中国航运市场，宁波南北两号的商船受到排挤，开始走向衰落。外国商船带来大批洋油、木材、烟叶等洋货倾销到宁波市场，也贩卖中国的南北土货到各通商口岸，南北号所经营的旧式帆船，无法与之抗衡，市场日益萎缩。加之当时电讯网开始发达，市价行盘瞬息万变，更使南北各号的经营老手无法适应市场新情况。在这种困境下，南北各号老板们只得舍本逐末，央求外国轮船代为运输，于是，更多的钱落入了外国人的腰包。

1898年，德国侵占青岛，清政府被迫与德国订立《胶澳租借条约》，胶澳四周百华里及胶州湾海面都成了德国的管辖范围。陆上运输阻塞，海运被德国人垄断，胶县一带市面一蹶不振，长期在那里经营的宁波北号各号庄受到严重冲击，无法维持下去，有的收盘歇业，有的移账青岛，在胯辱之下薄利苟喘。北号如此，南号的情形也相差不多。1918年，随着"洋松"倾销内地，上海英商祥泰木行到宁波开设分行，大力推销"洋松"，南号木行运销的木材开始无人问津，营业额一落千丈，南号的商运业因此受到沉重打击。

1937年，日本开始全面侵略中国，全国水陆交通阻滞，南北号经受各种打击，困难重重，所置大帆船连年失事、失修，所存无几，此时，又遭侵略军掠夺，事业更难维持。抗战胜利后，因轮运须缴纳捐税，南、北号联合要求装帆免税，虽然获得允准，但其他各项捐税叠加，市面不景气现象一天比一天严重，业务萧条，朝不保夕。就这样，在宁波商业和航运业上颇负盛誉的南、北号商业船帮完全衰落，最终成了一个历史的名称。

2. 庆安会馆是鄞州海丝的历史见证

全国所有的会馆和天后宫建筑中，唯有庆安会馆是"宫馆合一"的建筑制式，所以，庆安会馆又称"甬东天后宫"。庆安会馆既是海运行业聚会的重要场所,也是纪念海神妈祖的重要殿堂和妈祖文化的重要载体,同时,也是妈祖文化得到官方承认的发源地。据史料记载,北宋宣和年间,朝廷派徐兢等赴高丽,回国后,根据其本人赴高丽途中及在高丽的经历,撰成《宣和奉使高丽图经》四十卷,其中曾有一段重要记载:"宣和五年(1123年),给事中路允迪等奉使高丽,因中流震风,七舟俱溺,独路所乘,神降于樯,安流以济使还奏闻,朝廷特赐'顺济'庙额。"于是,妈祖神佑的故事传遍朝野。从此,妈祖信仰得到了朝廷的认可,并且借助明州,很快传播到全国各地,妈祖则成为中华民族的航海保护神。

南北号的舶商们都虔诚地信奉妈祖,每逢农历三月二十三日妈祖诞辰日,以及九月初九妈祖升天日,两会馆内外整洁一新,馆内旗帜飘舞,殿内珠灯齐明,各航商、船工聚集在会馆内举行祭祀大典,在天后宫演戏敬神、祭祀妈祖,场面十分隆重。

图 3-1 历代妈祖敕封表

朝代	庙 号	年 号	妈祖封号	备 注
宋	徽宗（赵佶）	宣和五年（1123年）	宣济夫人赐"顺济"庙额	见《宣和奉使高丽图经》《宋史·徽宗本记》
	高宗（赵构）	绍兴二十五年（1155年）	崇福夫人	见《天妃显圣录》
		绍兴二十六年（1156年）	灵惠夫人	见《临安志·祠祀》《宋会要辑稿》
		绍兴三十年（1160年）	灵惠照应夫人	见《临安志》《天妃庙记》《宋会要辑稿》
	孝宗（赵眘）	乾道三年（1167年）	灵惠妃	见《临安庙记》
		淳熙十二年（1185年）	灵惠助顺妃	见《天妃庙经》《艮山顺济圣妃庙记》《宋会要辑稿》
	光宗（赵惇）	绍熙三年（1192年）	显卫助顺灵惠妃	见《临安志》《灵慈庙记》

续表

朝代	庙号	年号	妈祖封号	备注
	宁宗（赵扩）	庆元四年（1198年）	灵惠助顺妃	见《临安志》《艮山顺济圣妃庙记》
		开禧元年（1205年）	显卫助顺灵惠妃	见《四明续志》《灵慈庙记》
		嘉定元年（1208年）	护国助顺嘉应英烈妃	见《敕封天后志》
		嘉定十年（1217年）	灵惠助顺显卫英烈妃	见《四明续志》《灵慈庙祀》《临安志》
	理宗（赵昀）	宝庆元年（1225年）	灵惠护国助顺协正嘉应英烈妃	见《城北天后宫志》
		宝庆三年（1227年）	灵惠护国助顺协正嘉应慈济妃	见《城北天后宫志》
		嘉熙三年（1239年）	灵惠助顺嘉应英烈妃	见《临安志》《顺济圣妃庙》《四明续志》
		宝祐元年（1253年）	灵惠助顺嘉应英烈协正妃	见《天妃显妃录》
		宝祐二年（1254年）	助顺嘉应英烈协正妃	见《四明续志》《灵慈庙记》
		宝祐三年（1255年）	灵惠助顺嘉应慈妃	见《四明续志》《灵慈庙记》
		宝祐四年（1256年）	灵惠协正嘉应慈济妃、灵惠协正嘉应善庆妃	见《四明续志》《灵慈庙记》
		开庆元年（1259年）	显济灵惠协正嘉应善庆妃	见《四明续志》《灵慈庙记》
		景定三年（1262年）	灵惠显济嘉应善庆妃	见《四明续志》《灵慈庙记》
元朝	世祖（忽必烈）	至元十五年（1276年）	护国明著灵惠协正善庆显济天妃	见《元史·世祖本记》《续文献通考》
		至元十八年（1281年）	护国明著天妃	见《元史·世祖本记》《续文献通考》《灵慈庙记》
		至元二十六年（1289年）	护国庇民明著天妃	见《文献汇编》
	成宗（铁穆耳）	大德三年（1299年）	护国庇民明著天妃	见《元史·世祖本记》《四明续志》

续表

朝代	庙号	年号	妈祖封号	备注
	仁宗（爱育黎拔办八达）	延祐元年（1314年）	护国庇民广济明著天妃	见延祐《四明志·内钦奉制书》《四明续志·祠祀》
	文宗（图贴睦尔）	天历二年（1329年）	护国辅圣庇民显庆济灵感助顺福惠徽烈明著天妃	见《续文献能考》《天史·文宗本记》
	顺帝（妥欢贴睦尔）	至正十四年（1354年）	辅国庇民庆济福惠明著天妃	见《元史·世祖本记》《续文献通考》
明	太祖（朱元璋）	洪武五年（1372年）	昭孝德正灵应孕济庙圣妃	见《七修类稿》《天妃圣显录》
	成祖（朱棣）	永乐七年（1409年）	护国庇民妙灵昭应弘仁普济天妃	见《明宝录·太宗宝庆》《八山杂录》
	毅宗（朱由检）	崇祯十三年（1640年）	天仙圣母青灵普化碧霞元君	见《中山传信录》《使琉珠杂录》
清	圣祖（玄烨）	康熙十九年（1680年）	护国庇民昭灵显应仁慈普济天妃	见《中山传信》
		康熙二十三年（1684年）	护国庇民昭灵显应仁慈天后	见雍正《天后显圣录》《敕封天后志》
	高宗（弘历）	乾隆二年（1737年）	护国庇民妙灵昭应弘仁普济福佑群生天后	见林清标《敕封天后志》《清会典·群礼》
		乾隆二十二年（1757年）	护国庇民妙灵昭应弘仁普济福佑群生诚感咸孚天后	见林清标《敕封天后志》《清会典·群礼》
		乾隆五十三年（1788年）	显神先赞顺灵惠碧霞元君	见林清标《敕封天后志》《清会典·群礼》
	仁宗（颙琰）	嘉庆五年（1800年）	护国庇民妙灵昭应弘仁普济福佑群生诚感咸孚显神赞顺垂慈笃佑天后	见林清标《敕封天后志》《清会典·群礼》
		嘉庆七年（1802）	天上圣母元极元君	见杨浚《湄洲屿志略》

续表

朝代	庙　号	年　号	妈祖封号	备　注
宣宗（旻宁）		道光六年（1826年）	护国庇民妙灵昭宏仁普济福佑群生诚感咸孚显神赞顺垂慈笃安澜利运天后	见《圣迹图志》
		道光十九年（1839年）	天上圣母	见《圣迹图志》

祭祀典礼都是由地方官员或绅士主持的，祭台上供奉着各商号提供的丰盛祭品，从祭人员依次参拜。渔民信徒扶老携幼前来祭祀叩拜妈祖，以祈求航海平安。人们还把秧歌、舞狮、戏剧等民间表演节目供奉于戏台，人神共娱，其场面热闹非凡。这样的祭祀活动可连续数日，人们仍感兴犹未尽。

祭祀仪式不仅在会馆内进行，还延续到航船上和各商号内。南北号的各商号内以及船舶内都设有神龛供奉，每逢北上南归，人们都要在进港时依例向神龛拜祷。开船后，船上炉香一路点烧不断。"在帆船装载足额扬帆出海之时日，诸船都张挂红黄小旗，中桅升起'天上圣母'的白底红字大旗，锣鼓爆竹，响彻云霄；神龛供牲，香烛缭绕，船上众人顶礼拜叩，而且参拜者皆缄口默语。"言行举止也十分地谨慎，甚至连吃饭的时候筷子都不能搁在匙上，碗、碟、盆、匙都不许侧置倾倒，帆船到达目的地，忌讳说"船到（倒）了"，而是说"船进了"等。尤其是北号，每有新船下水，都必须在庆安会馆的妈祖像前供放一只船的模型，希望常得到妈祖的神佑。

庆安会馆是妈祖文化和会馆文化成为运河和海丝的历史见证。会馆神灵是明清会馆赖以生存的精神支柱，能发挥规范人心的作用，对于有着各自境遇的会馆成员而言，是一种有效的心理整合纽带，起到"以神道设教"之效，为会馆这一社会组织树立集体象征。庆安会馆作为商业船帮创建的会馆，主营水运商务，海上保护神妈祖势之必然地成为其崇拜的神灵。据庆安会馆内部资料记载，南北号商帮奉天后娘娘为保护神，除设有天后神像外,还有圣迹图四幅。会馆每年都要举办各类祭祀活动,以农历三月二十三日妈祖诞辰的祭祀大典最为隆重。当天,会馆内外整洁一新,旗帜飘舞,殿内珠灯齐明,祭台上供奉着各商号提供的丰盛祭品。祭祀典礼由地方官员或绅士主持,从祭人员依次参拜。渔民信徒老携幼前来祭祀叩拜,以祈求航海平安。现在的庆安会馆,内设有《妈祖祭祀场景展示》《天后圣迹图》等八幅壁画,还有《妈祖与中国红》等陈列,肃穆呈现出祭祀妈祖的虔诚氛围和妈祖救助海难人员的感人事迹,令游客在了解妈祖文化内涵和祭祀习俗的同时,深刻感受到妈祖信仰作为精神依靠对昔日船商的重要意义。通过文化惠民活动、专题陈列展览以及海峡两岸妈祖学术交流活动等多种形式,庆安会馆为宁波乃至浙东地区妈祖信俗的绵延与深入研究发挥着重要作用。

辈辈传承的会馆文化是庆安会馆往来于河海商贸活动的永久记载。自2001年庆安会馆对外开放以来,一直以承继会馆文化、弘扬宁波商帮传统为己之重任。从内部文化底蕴挖掘而言,为全面搜集庆安会馆相关背景资料,庆安会馆在向社会各界征集宁波会馆文化文物的同时,也不断挖掘历史线索,对会馆创建人现存后代进行采访,寻访会馆创建人家族所在地,访问曾经亲身生活于历史现场的见证人等,这些都是庆安会馆昔日的成员们从事河海运输商贸活动的珍贵资料。从外部横向联系拓展而言,会馆屡次派员参加中国会馆联谊会,与各地会馆广泛联系深入交流,引进《中国会馆图片展》,参与以会馆为载体,展现明清五百年中国十大商帮的创业史实的大型历史纪录片《风云会馆》的拍摄等。在2013年12月举办的中国会馆保护与发展宁波论坛上,庆安会馆见证了中国文物学会会馆专业委员会完成换届改选,继续为会馆文化保护与发展的不断推进贡献责无旁贷的力量。庆安会馆的创建者及其主营的业务是会馆文化的核心所在,承继庆安会馆的历史文化,便是承继南北号商业船帮的商业文化,是庆安会馆与河海联运密切相关的重要见证。

(二) 它山堰

2001年12月8日，宁波举办首届"海上丝绸之路"文化周，从而揭开了宁波"海上丝绸之路"申报世界文化遗产的序幕。在2012年召开的全国世界文化遗产工作会议中，"中国大运河""海上丝绸之路"终被国家文物局列入更新的《中国世界文化遗产预备名单》中，其中"海上丝绸之路"宁波段的历史遗存丰富，有10项具有代表性的文化遗存已被列入《中国世界文化遗产预备名录》，其中包括"它山堰"遗址。

图 3-11　它山堰

明州在唐代以前，由于"际海带江"，江与海潮相接，咸水既不可食，也不能灌溉农田。靠近海边的一大批盐碱地无法种植作物，农民的生活生产用水也有不少困难。为了抗御咸潮，防止水旱灾害，就需要修建水利工程。

它山堰，位于原鄞州区鄞江镇西首（现为海曙区），是我国一项杰出的水利工程，其规模宏伟，建制精密，结构完整，堪与四川都江堰相媲美，被列为全国重点文物保护单位。2015年，它山堰入选世界灌溉工程遗产名单。

它山堰所处四明山逶迤，群峰矗立，山峦重叠。四面有七十峰，东如惊浪，西如奔牛，南如驱羊，北如走蛇，集雨面积达350多平方公里；每到春秋之际，大雨如注，山洪暴发，奔腾而泻，危及生灵和农作；千百年来，鄞西人民饱受洪涝的煎熬。唐大和七年（833年），山西琅琊人王元㬒任鄮县（鄞县）县令，他为了根治水患，率众修筑了它山堰。

据《四明它山水利备览》记载：该地溪南沿流皆山，溪北是平地，至此始有一小山虎踞岸旁，与溪南众山相耐峙，因其无山相接，故名"它山"；古时奉化江成潮上溯到平水潭，"人不可稼，人渴于饮"，影响农田灌溉，王元㬒选址在它山兴建堰坝，分江河御咸潮，引大溪之水折向东流。

它山堰蔚为壮观，"垒石为堰于两山间，相传阔四十二丈，级三十又六"。现代测量它山堰全长113.73米，面宽4.8米，堰顶高程3.05米，堰体用长2.3米，宽1米，厚0.3米的条石砌筑而成。为了使堰体坚固，冶铁灌之，渠与江截为二，这里说的渠，就是指今鄞江到宁波的南塘河。它山堰建成后，发挥了巨大的作用，上游的水被堰阻拦，流入南塘河，使鄞西七乡二十余万亩农田得以灌溉。"民食之所资，官赋之所出，家饮清泉，舟通物伙，公私所赖，为利无穷。"遇到潦涝时节，上游洪水漫过堰面而注入奉化江，过甬江入镇海口泻进大海，减轻鄞西涝情，它山堰选址合理，设计科学，既能抗旱泄洪，又能调节进入南塘河的水流量。潦则七分归江，三分入溪；旱则七分入溪，三分归江。南塘河的水自南门流入宁波城中，蓄潴日湖月湖，作为城中居民饮涤和消防之用。值得注意的是，它山堰二分江河，上游可通四明山，下游可通明州各地，乃至全省各府。唐宋以来，便有百官船到来，商船络绎不绝，与金华府、绍兴府等地来往颇多。明代时，它山堰也参与海上丝绸之路商贸，因为它山堰驱船顺江直下便是三江口。

它山堰经过宋、元、明、清和民国时的多次修理、疏浚、增筑、配套，工程更臻完善。离它山堰西北约50米处，至今仍存宋淳祐二年（1242年）郡守陈垲建造的回沙闸。该闸当时为防流沙阻塞河道而筑，今尚存石柱四根，镌有"则水尺"和"回沙闸"六个大字，边上刻有水位尺度。另外两个重要的附属工程：一为南宋宝祐年间（1255年前后）制置使吴潜建造的洪水湾石塘；二是明嘉靖三年（1524年）建造的角尺形的石塘——官池塘，既能泄洪，又能阻沙入江，并抬高水位引水入小溪。

它山堰虽历经千余年风雨，沧海桑田，但堰体至今基本完好，仍发挥着阻咸蓄淡、排洪泄涝的功能。近几年来，结合它山堰整修，对堰体结构进行了科学勘探，发现石堰中部最高为3.85米，堰体两端高度约为2米，条石堰体下部为厚3.7米至6.4米的沙砾石夹黏土层，最下部即为基岩。根据水利专家分析，有四大奇迹：一是石堰堰底倾向上游，其倾角为5度，与堰底水平的情况相比，可以增加堰体的水平抗滑稳定性一倍以上；二是条石下面的黏土夹碎石层，用作水平防渗铺盖，可减少堰体下面沙砾石河床的渗漏，增加土的抗剪强度，并加速其固结度；三是横跨河床的堰体，其平面呈略向上游鼓出的弧形，当溢流时，水流向河床中心集中，能减少对河床两岸的冲刷，而堰体的消能，则采用多级护坦的方式；四是堰体采用变厚布置，目的是使沉陷均匀，增大河床中央堰体的刚度。这四大奇迹完全能用现代水工建筑物及力学的原理测算，充分显示了我国劳动人民的勤劳和智慧。如今，为充分保护这一古水利文物，当地政府和群众对它山堰、它山庙进行了修理，塑造了王元暐和筑堰群众代表十兄弟的彩像，每逢农历三月三、十月十，鄞江镇附近群众都自发前来瞻仰，群情踊跃，香烟缭绕。现在，它山庙已被辟为水利陈列馆，全面、系统地介绍宁波乃至浙江的古代水利建设。

（三）浙海常关

宁波最早建海关是在康熙二十四年（1685年），并且具有深远的历史背景。

宁波海关建立之前，早在明代时，朝廷实施"海禁"，其间沿海走私贸易十分猖獗，舟山岛南部的双屿港就是海盗经常出没的地方，到了明嘉靖年间，这里更成了沿海奸商勾结倭寇进行海上走私贸易的巢穴，而且走私贸易一直扩展到定海大猫军港。

图 3-12 浙海常关

清顺治十八年（1661年），郑成功收复台湾，朝廷再度实行海禁。这次海禁主要是为阻遏郑成功登陆，于是迫令苏、浙、闽滨海民户迁入内地三十里并严禁出海捕捞，"片板不许下海，粒货不许越疆"。于是，府属各县滨海民户不得不离田园，废庐舍，流离失所。康熙二年（1663年），进一步加强海禁，府属沿海各县钉定界桩，重申商船、渔舟不许一艘下海的禁令。

直到康熙二十三年（1684年），清中央政府收复台湾，肃清沿海的敌对势力，这才开始解除海禁，颁布《展海令》，展复滨海弃地，准许沿海居民迁回原地，并准许浙江商民照福建、广东之例可以下海捕鱼。但规定只有五百石（一石为六十千克）以下的船只才可在海上贸易和捕鱼，而且必须申报地方官备案，即出海前必须履行登记、具保、领票、烙号等手续。如果违反规定，有打造双桅五百石以上船只出海的人，要受到严惩，重者发配边远地区充军。为了加强监督，朝廷还在苏、浙、闽、粤等沿海地区建立海关，设置满、汉监督官各一人，严加查防。这可能就是中国近现代海关的历史渊源。

宁波早自唐代起就是我国对外贸易的重要港口，中国海岸线上的重要门户之一。所以，清廷颁布《展海令》后设立的第一批海关中就有宁波。康熙二十四年（1685年），宁波海关正式设立，即浙海关，海关署就设在鼓楼边上的董庙西面。同时，将明朝的钞关（清代时也称榷关，我国古代海关的名称）改为海关验关的关口，即浙海常关，就设在与外滩隔江相望的包家道头，往来商舶都要在这里验税通关。包家道头就位于庆安会馆的南面，也就是现在的常关弄，据说这里是包玉刚的祖先泊船的地方，因此得名。至今，老宁波人还称之为"包家道头"。浙海关的建立结束了近千年以"市舶司"作为海洋管理机构的历史。

浙海关设监督一员，笔贴式一员，由宁波府知府、同知、通判及宁绍道台管理。人员不多，效率不低。史料记载，到雍正七年（1729年），浙海关总税额89 600余两，比康熙时期增加了两倍多。乾隆三十四年（1769年），浙海关总税额97 000余两，其中宁波关额为21 240两，占浙海关总税额的21.9%。由此可见，从1685年到1842年的150余年间，主权在手的大清盛世时期，宁波海洋渔业的兴旺与发达，过往船只的密集与繁忙。光绪年间《鄞县志》卷二记载了宁波港口繁盛景象："凡番舶、商舟停泊，俱在来远亭至三江口一带。帆樯矗竖，樯端各立风鸟，青红相间，有时夜燃樯灯。每遇广船初到或初开，邻舟各鸣钲迎送，番货海错，俱聚与此。"这充分证明，那时宁波的码头区原本是在江厦和江东，甬江东岸那种船帆林立，抛锚泊岸，常关内人员进出，南北口音混杂，熙熙攘攘的场面真是让人感叹。由于开辟了不少新码头，导致江东地价飙升，光绪年间《鄞县志》载清初诗人胡德迈《过甬东竹枝词》这样描绘三江口盛况："巨艘帆樯高插天，桅楼簇簇见朝烟；江干昔日荒凉地，半亩如今值十千。"

但是，鸦片战争以后，情况发生了变化。宁波作为五口通商口岸之一，开埠后，西方各国的洋船、洋货、洋人一拥而入。面对着外国人混居杂处的局面，宁波的地方官员深感不安。于是，还没等外国人提出"租界"的要求，便主动地在江北岸划出一块"城外之滩"给外国人做居留地，并在宁波城外的三江口北岸专门建立一个码头区，用来停泊洋船，经营洋货，处理洋务，让外国人自己去发展和自我管理。于是，这块"城外之滩"便成了"外人之滩"，这就是今天的宁波老外滩。从当时的实际情况看，宁波的这块"外人之滩"还不算是租界，因为它的管理权仍然掌握在宁波官府的手中。

当时的江北岸还是一片荒滩，仅有一个小渔村，桃花渡口是与城里联系的唯一通道。就是这样一块荒滩，在外国人眼里却成了一块"宝地"，因为它地理位置优越，从这里可以经陆路直达镇海、慈溪、余姚，又可以从慈溪、余姚直通内地，十分有利于港口形成和进出口货物的集散。更让外国人欣喜万状的是，江北甬江沿岸是大片尚未开发的空地，他们可以在这里任意圈地，广置地产，建领事署和建教堂。接下来的情景就可想而知了，美英等国的洋行首先出现在江北岸，旗昌、逊昌、源昌、广源等纷纷建立起来，这些洋行以经营鸦片为主，附设洋药栈（鸦片仓库）、住宅楼房等，同时还经营其他洋货。于是，停靠在江北岸的船舶越来越多，江北岸的贸易逐渐兴旺起来。

到了咸丰十一年（1861年）时，由于清政府的软弱无能，中国的海关（总税务司）行政主权基本丧失，由外国人掌握的总税务司实际上已经成了维护和代表西方国家共同利益的国际机关。尤其是到了赫德代理总税务司时，在他的主持下，外国人推行的半殖民地中国海关行政制度得以进一步巩固，并将这种外籍税务司制度推行到新开各埠。于是，咸丰十一年（1861年），镇江开关，接着，津海关（天津）设立，其后又分别在福州、烟台、汉口、九江、厦门、淡水、打狗（高雄）等处设立新关。到咸丰十三年（1863年），除牛庄和琼州外，不平等条约规定开放的其他各口岸都开设了新关，当然，五口通商口岸之一的宁波也不例外。

宁波新海关于1861年建成，即今位于江北岸中马路166号的浙海关，因为是洋人把持，故把江北浙海关俗称"洋关"，江东原海关为浙海常关或旧关。从此丧失主权的浙海常关（旧关）一洗铅华，往日的繁荣不再，江东的帆船码头时代结束了。而洋人把持的江北浙海关建成后也不妙，轮船码头时代开启后，贸易额从开关当年的 50 万元，到 5 年之后降到了 5 万元。英国驻宁波领事罗伯聃很郁闷："宁波的对外贸易似乎是不会繁荣起来的。我们在这里遭受失败的原因很明显，上海把一切东西都吸收到它那里去了，把过多的进口货送到这里，同时还把原来准备到宁波来的茶商吸引到他们那儿去了。"1945 年抗战胜利后，转口税停征。宁波直接对外贸易不多，税收很少，只做些对货物进行查验的工作，因江北岸关房破败，改在江东常关原址办公。

五、对外文化交流

20 世纪英国伟大的思想家罗素指出："不同文明的接触，以往常常成为人类进步的里程碑。"海上丝绸之路绵亘万里，延续千年，是东西方经济文化交流的重要渠道，也是人类与海洋文明高度融合的恢宏篇章。历史上，鄞州通过加强与海上丝绸之路沿线国家和地区的经济文化交流，促进各国及地区间相互理解、相互尊重、相互信任，实现"文明交流超越文明隔阂，文明互鉴超越文明冲突"的共同愿望。

宁波作为"海上丝绸之路"的交通枢纽，在宋元时代担负了越来越显著的贸易通商口岸的角色，与此同时，在促进中华文化东渡日本的进程中，宁波也见证了中原地区的文明是如何走向海洋的，在两个方面尤其具有鲜明的代表性，一个是艺术，一个是宗教。

引进中国文化中的建筑以及雕刻艺术，对促进和推动日本建筑的发展产生了深远的影响。南宋时，日本僧人留学禅寺，对于身边的佛教建筑也非常关注，甚至出现了譬如高僧荣西、重源大师专攻建筑的特例。

1167 年重源入宋学习"天竺式"建筑，后又两次入宋，助建明州阿育王舍利殿作为实践。回国后，邀请明州著名建筑师陈和卿，在陈的直接指导下，以《营造法式》有关的形制和制作工艺，于公元 1181 年担当日本重建东大寺重任。东大寺南大门就是陈和卿主持重建的，南大门木柱为陈与重源大师亲自到山口县德地山中挑选的木材。

东大寺大佛俗称奈良大佛，仅次于中国西藏扎什伦布寺"未来佛"的世界第二大佛，系公元1185年由陈和卿指导铸成。陈和卿由于成功地铸成东大寺大佛而名震亚洲。东大寺大佛殿也是陈和卿参与重建的，南大门石刻狮子，系公元1196年陈和卿等将明州鄞县梅园石运去后雕刻而成。上述建筑、石刻现均为日本国宝，列入世界文化遗产保护名单。"镰仓大佛"铜铸即阿弥如来坐像，为日本第二大佛，系1252年由南宋工匠采用陈和卿的铸造技术铸成。因此可见，宋元之际，利用佛教大兴土木的机会，旅居日本的中国工匠在日本高僧配合下，广泛采用和推广宋式建筑，为推动日本建筑糅合东方元素的新发展作出了很大的贡献。这段中日间合作的佳话被载入了《东大寺造立供养记》中：

> 养和元年（1181年）十月六日被铸始大佛御头。时赳，戒师一人受戒于铸工等，次踊多多良，即奉铸罗发三光流……寿永二年（1183年）二月十一日，大佛右御手奉铸之，同年四月十九日始奉铸御首。同年五月十八日丙戌，奉铸既了，首尾经卅九日，前后及十四度终其功了。铸物师大工陈和卿也，都宋朝工舍弟陈佛铸等七人也，日本铸物师草部是助以下十四人也……建功七年（1196年），中石门石狮子，堂内石胁士、同四天像，宋人字六郎等四人造之。若日本国石难造，遣价直于大唐所买来也，运费杂用等凡三千余石也。

宁波对于中日宗教交流的影响也同样重要和显著。即使在遣唐使时代结束以后，中日间的僧侣利用学习交流的机会，仍然保持较为密切的来往，这种交往的基础，就是建立在"明州商帮"的航海技术不断提升的基础之上的：842年，日本遣唐僧人惠萼搭乘李邻德商船自明州启航回国；846年，日本僧人性海同样搭乘李邻德商船自明州启航回国；公元858年，日本僧人圆珍在明州搭乘李延孝船只返回日本；865年，日本僧人宗睿归国，在明州采用的船只又是李延孝所属商船；863年，日本僧人贤真、惠萼、忠全等人搭载张支信的商船返回日本，同年，詹景全的商船捎带日本僧人圆珍的信件给长安兴善寺三藏智慧轮；983年，日本僧人大周然搭载吴越商人船只入宋；988年日本僧人源信委托明州商人朱仁聪捎带自己写的《往生要集》给天台山国清寺；1015年，在中国学习的日本僧人寂昭的从弟念救搭乘明州商人周文德的商船回到日本，同年又乘坐这艘船返回中国；1072年，日本僧人成寻乘坐明州商人孙忠的商船前往中国；1073年，成寻的弟子赖缘等五人及宋僧悟本乘坐孙忠的商船返回日本，此行特殊之处是携带了宋神宗赠给日本天皇的佛经，这在交往疏落的宋日关系史上，是很值得研究的；1078年，日本僧人仲回乘坐孙忠的商船返回日本。这些僧人来往于中日之间，对于佛教在东亚的传播具有十分重要的意义。

日本佛教源于中国。12至14世纪日本禅宗创建和发展，如日本临济宗建仁寺派、临济宗建长寺派、日本曹洞宗、"大觉派"及1282年庆元府（宁波）鄞县人、天童首坐高僧无学祖元创立的最有影响的禅派"佛光派"等，都是以明州的天童寺、阿育王寺为东传的中心。

随着佛教东传，宋元明州（庆元）车桥街、石板巷一带职业画师陆信忠、金大受、陆仲渊等创作绘制的佛画作品，通过僧侣与商人大量携入日本。这些画如《十王图》《十六罗汉像》《释迦三尊像》《骑狮文殊图》等一部分传入寺院，一部分成为当时日本佛画作品的样本。目前，不但原作成为日本国宝，而且后人以那些佛画为蓝本创作的作品也都被作为国宝收藏。

值得一提的是，中日间文化交流在这一时期已经显现出另外一个方向的流动，即日本保存中国文化的回归，这主要是因为中国在五代十国的混乱局面中，文化上遭受了巨大的破坏，而日本此时期国内局势相对稳定，因此反而完整地保存了由中国传去的古籍文物。譬如，938年，延历寺僧人日延参拜天台山，十年之后携带书籍回国，这是日本僧人参谐天台山的开始。也就在这个时期，吴越国王钱俶对于佛教天台宗的佛经产生浓厚的兴趣，请教于天台宗高僧羲寂时，羲寂提出了日本保存着较为完备的天台宗经解，于是钱俶"遣使十人，嘱人泛舟，往日本国求取经典。既回，王为建寺螺溪，匾曰定慧，赐号净光法师，及清赐天台诸祖。一家教学，郁而复兴，师之力也。"

高丽和宁波佛教文化交流，早在唐代已开始。据佛教史和鄞县地方志载，中土禅宗嫡传马祖道一的法嗣大梅法常（752—839年），在鄞县大梅山传法于新罗僧迦智。此后的中国唐代后期北方的武宗灭佛（841—846年）使黄河流域4600余所佛寺毁于一旦，26万僧尼还俗。又过了不到100年，955年后周世宗废寺330 336所，而偏安于东南沿海的吴越政权，三世五主皆崇信佛教，建寺造塔登峰造极，吴越建国初期，仅明州六邑（鄞县、慈溪、奉化、象山、舟山、镇海）建有佛寺276所，鄞县（明州）城内就有佛寺26所，因此受到崇信佛教的高丽士的崇慕。933年4月，吴越王钱镠死后，高丽国太祖王建派太仆卿李仁旭（或李仁日）一行在明州鄞县上陆，前来吊唁，同时朝拜了明州鄞县的佛寺，效法超度亡魂的法会仪规，这是高丽再次对明州鄞县城乡佛教文化有所了解。

六、军事防御

15世纪西方列强的东进和倭寇在沿海地区的频繁骚扰，给"海上丝绸之路"带来了战争和硝烟。在这一历史时期，宁波（鄞州）先民奋起反抗，保卫家园，保卫海上丝绸之路，表现出不畏强暴的大无畏精神。各类海防设施，包括明清时期的卫所城、炮台、烽火台等遗址，承载了大量的历史信息。大嵩所城遗址，是浙江省级文保单位，也是鄞州境内唯一的所城遗址。

（一）鄞州海防

地处东南沿海的宁波，海岸线较长，中国海疆长城的重要一环。而宁波的海防，自古以来，鄞州必为要点。象山港北岸的大嵩滨海地区，因为其独特的地理环境，重要的战略地位，千余年来一直是鄞州的海防重地。

自从唐初鄞县县城从鄞江小溪迁到宁波三江口后，象山港的大嵩海湾一带就成为海防前哨。从明代开始，骚扰宁波的倭寇就是由此登陆进入腹地的。因为自东而西分别有瞻岐岭、玉泉岭（碛石岭）大嵩岭、韩岭可通向宁波。

宋代，厢军（地方部队）设场前、盐场、舵撞、江桥、管山、横山六个汛地，驻扎了军队，并在黄牛礁、球琳山、蔡家墩、赵家基各设瞭望台一座。遇警则白天举旗，夜间举火，五起五落为号；如遇阴雨云雾，能见度低，则以鸣炮为号。地方部队在此设盐场巡检司，由县尉拨弩兵驻守缉私，并设土军寨，驻土军 200 名。上述六汛四台中的盐场汛，横山汛和球琳山台，蔡家墩台（黄牛岭合）都在现在的咸祥镇境内。元代，明州成为对日本的要地，政府军麋集明州沿海，积极向外海扩展，所以未专门设立军汛防御，只有地方部队驻在民舍，设大嵩巡检司，负责盐场缉私和治安。封建统治者为了确保自己在近海沿线海上贸易运输的安全与利益，逐步建立完善了中国沿海海防工程。明初沿海卫所制度的建立，标志着中国海防建设的开始。防倭寇和抵御西方列强侵略在中国的东部、南部沿海修建了大量的海防工程，构建了一道"海上长城"。

明代，海陆防先以方国珍残军、后以倭寇为目标，故以"防陆莫先防海""海防江防相为表里"（《海防书》）为防御原则，尤强调以鄞县为中心，宁波府数县整体联防。

明洪武十七年（1384 年），倭寇频扰浙东沿海，汤和奉命到鄞县视察海防。洪武二十年（1387 年）汤和经略海防，在宁波府海岸沿线设置明州、定海、昌国、观海 4 卫，下辖 10 所，所与所之间设 19 个巡检司。随后，汤和又把大嵩巡检司升格为大嵩所城，委派昌国卫千户万忠筑凿千户所城，大嵩遂成海防要塞。从明洪武初年至万历初年的两百余年间（1372—1574

年），抗倭成为海防的主要任务，史载大规模的抗倭战斗就有 7 次。明州在唐代开始设邮驿，明代称邮驿为驿站。天顺年间（1457—1464 年），在宁波沿海的 12 卫所和 86 亭堠间，每 10 里设 1 铺，以传递军情，所以斥候铺舍增至 82 个，其中设在鄞县境内的有 21 个，以府前急递总铺为中心，向西北（慈溪、杭州）、西南（奉化、宁海）、东北（定海，今镇海）、东南（象山）四方伸展。其中东南路主线设铺舍如下：福明铺、盛垫铺、汇纤铺、大涵铺、三溪铺、画龙铺、邓家铺、大嵩铺、庙墩铺、火扒铺，涉海至象山。《朱公遗迹录》中，清朝雍正年间咸祥士民朱国选分析海疆形势时，力呈当道："伏念宁郡镇关，系两浙的咽喉，而大嵩实系两浙之后门。盖大嵩中介长江（指大嵩江），扬帆趋道，袭宁最便……前朝倭寇犯顺，国初耿郑诸逆，蚁钻海角，俱不从镇关而袭者，盖有威远新城对峙南北，扼其要口，莫敢窥视，以故贼艇俱从大嵩江袭宁，为害弥大……"

随着海岸线向东南扩展，特别是清雍正年间围垦了 2 万多亩海涂后海防的重点也逐渐由大嵩所城移向咸祥。清康熙初年为浙江提督前营大嵩所城汛防地，驻兵 359 名，设游击、干总各 1 员统率，下辖瞻岐、盐场、湖头渡、杨村、吴家埠、松岙等分汛地。其后，松岙并入前营湖头渡汛，杨村汛在后营增设足头汛后归足头汛辖，而瞻岐、盐场 2 个分汛也于康熙初年升为汛而直属提标前营，大嵩地区形成汛分防格局。

前营盐场汛在康熙初设兵 80 名，以把总 1 员统率；雍正初年增为 165 名，乾隆中期裁减为 75 名，道光中期又裁 3 名，咸丰中期再裁 14 名。光绪中期照新章设兵 30 名，归大桥汛把总兼管。盐场汛下辖球琳山、黄牛岭、蔡家墩、瞭望台、横山口址和横山炮合，初每处设兵 5 名，光绪中期减至 3 名。1841 年，英国军队不战而占宁波城（鄞县县城）后，大嵩江也有英国船舶进出。方桥、合岙、外蔡等村的百姓，为抵御英夷，修村堡，筑城门，众志成城。咸祥人民为保卫家园，在大嵩江口抛石块，打树桩，筑"海底枪笆"堵御英船进入大嵩江，组织乡民进行自卫抵抗。《鄞县通志·舆地志》中记载："象山港左顾舟山，右控三门，为沿海良港。外以六横岛为障壁，内以高泥港为船坞，东塔嘴与西塔嘴环抱港口如蟹螯。然港内东西广南北狭，广约四海里半，阔处两海里，狭处一海里，周约十四海里，深约五拓至六拓，以泊军舰，安若堂奥。于此筑为要塞，而于舟山群岛又多设潜舰飞机根据地，并辟长涂石浦之渔业港与三门湾之军港，浚濬大嵩港以资联络，则浙东海岸益臻巩固矣。"

（二）大嵩所城

大嵩，地处鄞州东南，象山港畔。这一带虽属丘陵地段，然福泉山的望海峰耸立于白岩山和太白山中间，传说福泉山原有九十九峰，故用"嵩"字表示山之高大。古时的大嵩城旁的凤凰山上满目苍松拔地而起，人们又习惯以谐音"大松"而称之。大嵩有山，叫嵩山。此乃今人所取之名，其实本名叫凤凰山，又叫所后山。据传，三五明月之夜，有只巨大的凤凰驾着祥云落脚于此。大嵩所城建于明洪武十六年，系防御倭寇侵扰而筑的军事设施。它以不规则的粗石垒造，中间用夯土，环筑于大嵩所周围。设有东、西、北三处城门。城门拱券形。有内门外门二道，由石板砌造。城墙四周筑有护城河，全城周长约五华里。

城墙后来屡遭自然和人为的破坏，至今东城门只留遗迹可辨。在村北凤凰山上，残留一段 700 余米的城墙，高 7 米，厚 5 米。依山起伏，高低不平。顶部多处坍塌，并有缺口，但蜿蜒不断，依然壮观。这段城墙对研究明代军事设施，有一定的史料价值。

方桥城门是清代建筑。在瞻岐镇方桥村，城门连边墙长 11.81 米，高 3.87 米，门宽 1.89 米，墙厚 2.36 米。整个建筑由乱石垒成。门由长条石砌成，顶部呈拱券形，上有青石门额，横刻"并立为三"四个行体大字。右边上款"道光廿二年重建"等字样，左下款为"汝初题"。城门内东壁上嵌有一方小碑，上刻：立三祀事由：兹因道光廿二年被英夷作乱，设建城门，廿三年建成小屋守管锁签议引房公，倚义公两祀捐田列后，以垂久远，永世不朽云尔。下款"道光丙午年（1847 年）正祀重记"。

所城城墙高 5.6 米，宽 7.3 米，周长 2.5 千米，东西直径 0.5 千米。又立四扇圆拱石门，东、西、北各开双道城门，并有转角瓮城，南门以山为堡，设烽堠，外架吊桥，开水门一道，墙垒坚石，城堞数座。

图 3-13　大嵩所城

作为所城的大嵩，其规模虽不能与宁波府（郡）城相比，更不能同国都南京的金陵府、北京的大都府相比，然而，"麻雀虽小，五脏俱全"，历时十余年，大嵩所城的规模已形成了"十庙九庵七十二井"的格局。位居所城中心的城隍庙，作为一种象征和标志，首先出现在人们的视野之中。城隍庙共有前后三进，大门外有一对旗杆和照壁。照壁和旗杆之间有个广场，约两亩有余，地面为石板铺就，是全所城居民逢年过节举行民间娱乐活动的场所。每每此时，江湖艺人便拉开场子，如变戏法、打街拳、耍猴子和卖唱的等粉墨登场，观者如堵。

东城门上墩的关圣殿，西城水门桥墩的财神殿，寄托着人们对历代英雄的敬仰和对美好生活的向往。关公殿坐落在东门瓮城内山坡上，拾级而上，有戏台、大殿，只见殿中供奉着关公、周仓和关平三尊塑像。关公殿有副对联，至今读来仍可警戒人心："风咸雨酸，任凭他手辣口甜，莫道人间无苦海；银白金黄，看见你眼红心黑，但愿头上有青天。"当你看到财神殿内手持元宝、笑容可掬的财神爷时，虽无财运，也能使人感到心平气和。

北门吃水池旁的文昌阁，三间开面，虽非楼房，但屋面很高，四围飞檐，风格简约，是明代建筑。

西城南面的三官堂，供奉着三官菩萨。所谓三官，即天官、地官、水官。庙后的马王庙、仓侯祠，西门城口的土地祠，北门小校场的萧王祠，东街南首的溪隐寺，大嵩桥旁的江宁庙、玄静庵，大嵩岙的清华庵、甘露庵、太平庙，还有北门外的珠山寺、恤孤亭等，星罗棋布在大嵩的土地上。

值得一提的是，大嵩西城门旁的"汤和祠"，供奉着明代开国功臣汤和的塑像。汤和精通用兵之道，曾协助朱元璋南征北战。洪武三年被封中山侯，洪武十三年封信国公。由于东南沿海倭寇侵扰频繁，晚年本可安享的他，毅然受命主持谋划抗倭大计，动员征调沿海百万军民修筑工程浩大的卫城、所城，屯兵御敌。出于对汤和一生为人、功绩的敬仰和追忆，大嵩人民立祠祭祀，并把他当作大嵩所城和万里海疆的保护神。

随着所城规模的日臻完善，所城的居民也随之增多。当年城中居民约1000余户，多为古代驻军武官的后裔，所以姓氏繁复，但以张姓为大族，当时便有"张半所"之称。其余有陈、汪、林、刘、尹、桑、邱、徐、紫、贾等姓，举不胜举。由于姓氏的复杂，所以，大嵩城的祠堂也特别多。张氏宗祠有两处，分别建在城隍庙的东西两侧，称孝悌两房。十字街中有汪氏宗祠，北门街中有陈氏宗祠，西门街中段北侧有尹氏宗祠，西北面城墙脚下有刘氏宗祠，南门城下有林家宗祠，第九河北面有桑氏宗祠，东城门外有徐氏宗祠……与此同时，民生所需的各种店铺也应时开张。笔直的东、西、南、北街衢畅通了，当年按十八指挥姓氏命名的十八条里弄错落有致，七十二口水井夹架着街河、池河分布全城。民房鳞次栉比，街坊井然有序。

这些建筑布局严谨，构思奇特，造型精巧，结构匀称，工艺精湛。其中的壁画、浮雕栩栩如生，楹联、石刻龙蛇走笔；风格各异的牌楼、石坊、亭台、碑刻等景观风物点缀有致，几乎把当时社会所传承的文化和崇尚的理念都陈列于此了。这些建筑既是石头书写的文化，又是石头书写的历史，它把大嵩这座所城的人文和军事融合达到了极致。

城依山而筑，景以城而生。松林遮天蔽日，流水左映右带。每当曙光初照，大小校场上的练兵习武者早已精神抖擞。每当夜幕降临，一弯冷月挂天边，所城并未高枕无忧。只要海面上一有风吹草动，早已壁垒森严的所城，顷刻间便闪现出鼓角争鸣、烽火连天的壮观场面。就凭这气势，还有谁敢来冒犯？大嵩所城大有"一城当关，万将莫入"之势。若闻倭寇来犯，夜点烽火日举旗。在百姓中至今还流传着这样的故事：明正统四年，倭船40有余大举进犯，烧杀掠抢，无恶不作，妄图劫夺军司库的兵器、粮草。抗倭将士奋起还击，围歼敌寇，横尸遍野。激战中刘指挥官驶兵船拼死搏斗，以少胜多，与敌同归于尽，血染大海；指挥官身先士卒冲锋陷阵，壮烈牺牲。几战几捷，歼倭寇于海上。从此，滨海平原一带的百姓免遭战役之苦，并得以休养生息，安居乐业。

这些指挥官是从定海卫（今镇海）指挥司调遣来大嵩所的18位不同姓氏的指挥官，都是功勋卓著的抗倭名将。他们分别是：沈奇巧、刘光晖、金䍪猗、贾陟黍、石印子、韩昌祁、岑气馥、苏少山、戴重天、董莹砂、竺世昌、罗行教、史骧闳、胡钢耀、穆金龙、宋入门、倪骞祚、潘隆山。这就是流芳千古的"大嵩十八指挥官"。

一座小小的大嵩所城，即是一座集人文、宗教、建筑、军事、市井和自然风光于一体的民俗博物馆。

七、非物质文化遗产

非物质文化遗产在鄞州区的海丝文化传承发展之路上发挥了重要作用，如已经被列入国家级非物质文化遗产名录的朱金漆木雕、骨木镶嵌、金银彩绣等，还有甬式家具、竹器等传统手工技艺，以及民间文学、民间工艺、民间饮食、民间茶道、民间中医、民间信仰等，都曾在漫漫历史长河中起到对外交流的关键作用，不仅在中国，还在日本、韩国，甚至东南亚等地，都有同宗同门的手工技法在民间广泛流传，呈现出顽强的生命力。

（一）石刻遗产

我国陵墓石刻的历史，可以上溯汉唐，下迄明清。而这石刻艺术的长卷之中，南宋的封建统治者们死后在浙江绍兴仅作临时性的"厝葬"，指望将来河山恢复后，再迁回祖陵，以至于一切从简，陵前不置雕像，而后元初又遭掘毁，如今南宋诸帝陵已无迹可见了。元代崇尚秘葬，更不设立石像。直至明清时期才恢复墓前石刻，但是艺术造诣和唐宋时期的已不能同日而语。长达一个半世纪多的南宋王朝墓前石刻的空白，给后人留下的是令人遗憾的断裂。据民国《鄞县通志》记载：东钱湖畔共有历代名人墓冢五十多座，主要分布在长乐里山、吉祥安乐山、隐学山、世忠山、福泉山等山深林密、风光秀丽的峰谷间。

1. 东钱湖石刻

东钱湖周边地区及鄞州、余姚，是南宋最重要的四位宰相——史浩、史弥远、郑清之、史嵩之的墓园所在地，他们的政治生涯，几乎涵盖了南宋的高宗、孝宗、光宗、宁宗、理宗五个时代，这恰恰是南宋历史上最重要的五个时代。再其后，从度宗时代起，南宋就江河日下，迅速走完最后十四年凄凉尾声。这四位宰相都是鄞州人，其中三位史姓宰相，是同门祖孙三代。在南宋152年历史中，史氏家族前后有70多人墓葬在东钱湖一带，他们多为达官贵族，生前钟情于东钱湖山光水色，死后在湖畔留下了众多的墓道石刻。八百年历史变迁，治乱交替，隐藏在山林田野中的石刻遭受风吹雨淋的自然侵蚀和人为的盗掘破坏，好在大部分得以保存下来。据文物部门的统计，浙东的南宋墓前石刻总量约300件，而鄞县东钱湖区域集中了近200件。

图 3-14　东钱湖石刻

史浩（1106—1194 年），史师仲（庆元府鄞县人，北宋处士，累赠太师、越国公）之长子，墓园坐落在横街村吉祥安乐山。墓冢隆起的封土堆上已是竹海一片，翠竹幽篁，遮天蔽日，水鸣鸟啾，益显深幽。目前，这里仅留下三孔墓穴遗迹，宽约 20 米、长百米的神道，原有阶石、石板，悉数无存，复垦为耕地，周围荒草中散落的残损石构件已自然风化。宋宁宗敕书"纯诚厚德元老之碑"，残碑犹存，漫漶不清的碑碣，陷入泥淖的龟趺，证明此地曾经有过的辉煌。

史弥远（1163—1233 年），四明史氏第七代，官居南宋宁宗、理宗丞相达 26 年之久，墓园在福泉山王坟畈，距其母周氏墓约 100 米。宋宝庆《四明志》载："大慈山，丞相史弥远葬母之地，以此著名，后弥远亦葬此山。"大慈山有大慈禅寺，嘉定十三年（1220 年），丞相史弥远请为功德寺，宋宁宗敕赐"教忠报国"额。福泉山大慈寺的史弥远墓，气势宏伟壮观，直到 20 世纪 50 年代，墓道建筑等还比较完整。清代鄞县学者范麟的《东钱湖史卫王墓》诗云:"古磴参差百尺崇,好似绝顶筑幽宫。生前位已跻臣极,死后魂犹作鬼雄。断碣漫寻荒草里,颓垣犹峙夕阳中。恩仇抵死成何事,枉说当年定策功。" 20世纪50年代后,墓地改建茶场,修筑公路,大慈寺被拆毁,墓道石刻群被炸毁。如今仅存神道上的石拱桥、墓前享殿等,断垣颓阶、石柱础、石构件散落四处。

郑清之(1176—1251年),字德源,南宋嘉定十年(1217年)进士,任峡州(今湖北宜昌)教授,升同子监学录。参与史弥远册废太子,另立理宗,事件后任帝师等。绍定三年(1230年)授参知政事,史弥远卒后升任右丞相兼枢密使。端平二年(1235年)任左丞相,累官光禄大夫,左、右丞相、太傅、卫国公等。郑清之慕晋跚安、谢灵运的"东山归隐",生前选定在鄞南横溪至奉化的古道(今建横溪水库)东边的山岙为自己的归宿,并建功德寺,定名为东山寺。墓前百米神道两边曾立有神道牌坊、享亭及五对石像生,惜毁于20世纪70年代。今幸存砌在田坎上的石马1件,墓道附近的大岙村,尚存横书"右丞相郑忠定"六字残碑一块。

史嵩之(1190—1256年),为四明史氏第七代,史弥忠之长子,其族叔即右丞相史弥远。嘉定十三年(1220年)进士,嘉熙三年(1239年)拜为宋理宗右丞相兼枢密使,督视江淮四川京湖军马,封永国公,赠少师安德郡节度使,后追封鲁国公。史嵩之为史氏望族第三位丞相,在鄞州世忠寺有衣冠冢,然而他的墓葬在慈溪石台乡(今余姚车厩)。由于其丞相身份和皇帝封赐,所以车厩岙内的墓道建造规模宏大,石像生、享亭雕造精致,在山岙内建歼寿寺为功德寺。史嵩之墓前石刻和功德寺,由于南宋皇朝的覆灭,渐渐失去往日的辉煌。明代文士时铭在《车厩山》诗中写道:"春风步履万山中,夹道新栽十里松。石藓交荒丞相墓,天花散落梵王宫。麦畦上下沿溪入,茅屋参差隔岸通。欲访商山采芝叟,云深无处觅仙踪。"可见明代时这里已逐渐荒芜,史嵩之的功德寺也已败落。在20世纪70年代,墓前石像被彻底砸烂,令人痛惜。

与四位丞相墓相比,位于上水凤凰山南麓南宋石刻公园为主轴线的宋太师齐国公史渐墓，算是幸运的。

史渐（1124—1195年），丞相史浩的堂弟，是史嵩之的祖父，本人并未做过官，一生致力于课教子弟。他有五个儿子，全都考中进士，世称"五子登科"。由于子孙的显贵，死后赐赠"太师齐国公"的封号，享受高坟大冢的礼遇。墓地前方视野开阔，远山峰峦环抱，如凤凰展翅翱翔，周围树木葱郁，环境清幽。旧时此地称翔凤乡。南宋时，这里有一条环湖古驿道，从下水村口的"官驿河头"登岸，一路逶迤南来，越大慈山慈云岭，经横街上林寺，至上水村，这里是史氏家族的发祥地及其先祖的归葬地。在史氏家族权位显赫的年代，这一带也曾是水陆交通中转的繁华之地。"七里长街脂粉香"，规模宏大的石牌楼，更衣暂歇的"接官亭"，万安桥古碑，勒石的船码头等，默默地向人们诉说着昔日的辉煌。步入墓道，迎面便是雄伟壮观的石牌坊。凤凰山墓道按"孝、忠、勇、节、义"，依山逐级向上而建的跪羊、蹲虎、立马、武将、文相，对称排列有序，犹如迎宾的仪仗队。文相峨冠博带，双手执笏，眉清目秀；武将披盔执戟，双手握剑，威武肃穆；石马披鞍系缰，昂首挺立；石虎蹲伏昂首，竖耳睁目……整组石刻造像，按王公规格刻制，排列有序，刀工精细，线条流畅，纹理细腻，堪称南宋中期石刻造像的代表作，属南宋官宦墓葬之范例。2001年，史渐墓道及东钱湖南宋石刻群，被列为全国重点文物保护单位。

2. 石刻技术的外传

约1300年前的日本奈良时代，日本与唐建立正式的朝贡关系，日本遣唐使船经常把宁波、温州、台州等港口作为船只的到达地。到北宋咸平二年（999年），宁波设立海上贸易管理机构市舶司，于是宁波就成了中国与日本、中国与高丽往来船舶的唯一港口，几乎所有船舶都把宁波作为目的港或出发港。从此，日本与宁波之间的人员、物资往来日趋频繁，成寻（1011—1081年）、重源（1121—1206年）、俊芿（1166—1227年）等众多日本僧人纷纷从宁波上岸。同时，佛教经典、佛像、佛画等各种佛教用品以及陶瓷器、漆器等器皿，还有茶叶、豆瓣酱等饮食文化，从宁波传到了日本。比如，重源在 1168 年入宋后，曾到天台山、育王山巡礼，回国时带去宋版《大藏经》、净土宗五祖像，并输入中国天竺式建筑样式，运去大批漆、丹彩、石料等建筑材料，聘请宁波陈和卿等著名工匠，负责重建奈良东大寺。而东大寺的石狮子是重源于建久七年（1196 年）委托中国石匠打造的。

石狮子分东、西方雌雄两座。它们矗立于南大门北侧，面北背南，入口处各一尊。其中，东边狮像高 1.80 米，西边狮像高 1.60 米，分别被安置在高约 1.40 米的华丽底座上。两座雕像的实际高度均已超过 3 米，甚是宏伟。两具座狮（蹲狮），胸佩腰带和流苏，底座四周雕有含苞欲放的牡丹、开花莲、飞天及双狮戏球等图案，技艺精湛。并且，其上下配有莲瓣，下端刻有隅撑的脚台，底座基台雕有复杂的云纹图样。据《东大寺造立供养记》记载："若日本国石难造，遣价值于大唐所买来也，运费杂用等凡三千石也。"这说明，日本本土石材很难雕刻，因此特意从中国买来石料建造雕像。《东大寺造立供养记》还记载："建久七年（1196），中门石狮、堂内石胁士、同四天像，宋人字六郎等四人造之。若日本国石难造，遣价直于大唐，所买来也。"据此可知，1196 年，来自中国的"六郎"等四人，建造了东大寺南大门两侧的石狮、佛堂内的石造胁侍菩萨和四天王像。此处的"六郎"，是排行的称呼，并非真名。而这四人中，能够证实其真实姓名的也只有这位"六郎"，即明州工匠伊行末。

伊行末的活动痕迹多见于日本历史遗存，奈良县宇陀市大藏寺层塔，造于 1240 年（延应二年），十三重石塔，四面重檐无纹饰。塔上铭文刻有"大唐铭州伊行末"等字，这里的"铭州"即是"明州"。也就是说，伊行末是宁波人。东大寺法华堂（三月堂）门前，安置一件由伊行末权守施与的石灯笼，灯笼上铭文显示为 1254 年（建长六年）。在东大寺重建过程中，伊行末修筑大佛殿石坛、四面回廊等，功劳卓著，特授予其"权守"（官位）一职，为此，伊行末布施石灯笼一座。伊行末完成东大寺的援建后，携家眷在日本永住下来。行末逝后，后人继承其石刻风格，光大他的事业，活跃在镰仓南都一带，形成了个性鲜明的伊氏石刻流派，成为日本石刻工艺史上赫赫有名的"伊派"，同时也是另一石工名流大藏派的鼻祖。伊派石造物代表人物，除始祖伊行末、二代传承人伊行吉外，此后还有末行、行经、行恒、行长、行元等人。他们雕刻的石塔、佛像、经幢等石刻品，至今仍具独特魅力。

根据相关研究，东钱湖南宋石刻的文官、武官、各种动物造型精美，石刻所用的石材，是略带紫红色的梅园石，与奈良东大寺南大门北侧的两座石狮子所用石材极为相似。另外，日本学者在研究"萨摩塔"时发现，鹿儿岛县内所存的五座萨摩塔、长崎县平户市和福井县久山町的八座萨摩塔及四座宋代样式的石狮，均为梅园石相同的石材。除了石材的产地以外，东大寺石狮子的雕刻方式以及底座的纹饰等，与12—13世纪同期的宁波石刻极为相似，它们两者之间的工艺一脉相传。石狮台座侧面雕刻的卷云、牡丹、莲华、鹿等精美纹饰，均可在宁波遗存的南宋石刻中找到相同的特征。大量研究进一步表明，石狮子的牡丹纹与宁波天童寺的石刻图样相似。京都涌泉寺的无缝塔酷似宁波阿育王寺的无缝塔。这些都充分说明，日本中世纪石刻技术的源头在鄞州（宁波）。

（二）朱金漆木雕

1973年，在河姆渡遗址出土的木胎红漆碗证明木雕加漆的工艺早在7000年前就已出现。据史料记载，宁波朱金漆木雕源于汉代雕花髹漆和金箔贴花艺术，唐宋时期主要用于官府、宫殿、寺庙和皇室册封的亭阁等。随着明清时期等级制度的相对宽松，民间的祠堂、家庙的门窗梁柱逐渐出现漆木贴金。清末和民国时代，朱金漆木雕的应用范围空前广泛，宁波城内官宅银台第、钱业会馆、庆安会馆等建筑装饰都采用了朱金漆木雕，而神庙赛会、民间集市、嫁女娶妻的"十里红装"、千工床、万工轿等各种门类的朱金漆木雕制品也层出不穷。1949年以后，朱金漆木雕经历过衰落，但在政府的帮助和扶持下，逐渐得到恢复和传承。2005年，朱金漆木雕被列入首批国家级非物质文化遗产保护名录。

由于唐宋时期的礼制规定，贴金漆朱只限于皇亲国戚及名官大臣的府宅、官寺、皇帝封赐的道观及法具、神佛造像可以应用，因此朱金漆木雕主要应用于天童寺、育王寺等寺院及佛教造像中。正是因为广泛应用于佛寺及佛教造像，借势于宁波繁荣的佛教文化及其在佛教发展传承中的重要地位，朱金漆木雕顺沿着佛教走向日本。明清时期，朱金漆木雕技艺广泛应用于日用器具、民俗会器、室内外陈设等领域，沿着海上丝绸之路往来于宁波与日本之间，成为宁波与日本文化交流的历史见证。

图 3-15　鄞州横溪镇（朱金漆木雕）

早在朱金漆木雕孕育成熟的唐宋时期，阿育王寺、天童寺等已成为寺境宽广的海内外名刹，其间造像和殿堂建筑已多为朱金漆木雕工艺。唐高僧鉴真在唐天宝二年（743年）第二次东渡日本时，船到明州遭遇风暴，滞留于阿育王寺期间，曾实地研究和考察寺内佛像、建筑及漆艺。天宝十二年（753年），鉴真渡日成功，在主持唐招提寺的建造时，建筑技法取法于唐大寺营造法式，内部则用明州式的朱金漆木雕加以装饰，讲经大殿、舍利殿、西北隅开山堂的木雕风格与阿育王寺相仿。佛教在宁波的繁荣发展推动了宁波朱金漆木雕的进一步发展。为访雕刻造像名师，日本重源入宋三次、妙典入宋七次。明州佛像师陈和卿、伊行知等七人，在南宋乾道年间应邀到日本造佛。根据宁波市文广局2003年编印的《千年海外寻珍》图录，原藏日本法恩寺的朱金漆木雕释迦牟尼佛坐像，由日本入鄞僧人心地觉心于南宋嘉熙元年（1237年）请鄞县佛像师沈一郎雕刻漆金之后带到日本，在佛像胎心有墨书记录。2009年7月18日至8月31日，日本奈良国立博物馆举办了《圣地·宁波》特别展览，其中便有200余件与宁波直接关联的历史文物。如朱金漆木雕杨贵妃观音，原称"杨枝观音"，原供奉于隶属明州府的普陀山，于南宋绍定三年（1230年），日本京都泉涌寺开山俊乃和尚的弟子闻阳湛海从明州带回日本，保存在京都泉涌寺达770余年之久，现已列为日本"国宝"。

明清时期，朱金漆木雕技艺更加精湛，广泛应用于建筑、宗教造像、日用器具及民俗会器、室内外陈设等。《善邻国宝记》中记载，明宣德八年（1433年），中国皇帝曾赠予日本天皇"朱红漆彩粧戗金轿一乘、朱红漆戗金交椅一对、朱红漆戗金交床一把、朱红漆戗金碗二十个、朱红漆褥金宝相花折叠面盆架二座"。《筹海图编·卷二》中列举明代时期输入日本并深受日本人民喜爱的物品清单中就有漆器。建于日本元禄九年（清康熙二十五年，1696年）的日本长崎崇福寺第一峰门，现为日本国宝，其碑文中明确介绍，峰门由鄞县人制作后解体运到崇福寺安装。木宫泰彦《日中文化交流史》也有记载，宁波回赠日本贡品的地方土特产中有较多朱金漆木雕家具，包括轿、椅、床、榻等。

（三）金银彩绣

金银彩绣，又称"金银绣"，即以金银丝线与其他各色丝线一起，在丝绸品上绣成的带有不同图案的绣品，它是中国优秀传统手工技艺之一。

宁波金银彩绣艺术，与宁波其他著名的工艺如骨木镶锅、朱金木雕、泥金彩漆一样，具有同工异曲之妙。宁波金银彩绣独具特色，它主要表现在不追求画面的写实和栩栩如生，而在整体上追求华丽、厚重和装饰感，局部和细节上讲求排线、线块结合的针法。绣制题材以民间吉祥题材中的京班体、佛道神仙、吉祥神话故事传说以及珍禽异兽祥瑞的图案为主，底色也多用厚重的暗红、深蓝、黑色等，显衬金银彩线的光泽，因此具有强烈的装饰性。金银彩绣的主要面料以缎为主，轻而薄的绢类织物也可以用。其主要辅料，以布料、棉花和纱布等，用作胖绣的垫料，隐在丝线内。绣制中，彩色丝线和金银绣均有粗细，但金银线密密地"钉""包"在彩线绣表面，不直接用于刺绣。大型作品则用大型木绷，可以收放尺寸，容两人以上操作。绣制完成以后的绣品，须背部"上浆"，使绣品不易走形。

金银彩绣的图案内容大都取材于民间喜闻乐见的龙凤、狮子、如意、牡丹、百鸟等，图案中以"蝙蝠"象征"福"，以"鹿"象征"禄"，以"桃"象征"寿"，用百合花、柿子、玉如意表示"百事如意"等。由于金银线盘绣产生的是质朴粗犷的效果，图案要求相对简练概括。

金银彩绣有三种表现手法。一是包金绣，又名盘金绣，绣工们绣好花纹后，用金银线沿着花纹边线及重要结构处绣上金银线。金银线采用细丝线针压的方法盘在花纹表面，所以在绣品背面是没有金银线痕迹的。这种绣法能做大件小件，应用广泛，富于装饰风味。二是垫金绣，绣工们在绣好一部分花纹后，用成片的金银线密密排列盘绣、垫满所有空间，形成灿烂辉煌的效果，在戏衣官袍中应用广泛。三是网绣，底坯必须用丝网织物，绣工利用经纬线的空格绣上图案花纹，因此，图案受到网格限制，只能绣制小件绣品。选用的线色多以黑棕、灰、青、酱红、赭黄等深暗色为主，目的在于与金银线并置时，增强和发挥金银的光辉。针法采用比较粗的长短针、抢针、散套针等为主。题材、配色、针法的有机结合，产生了富有民族民间传统又喜闻乐见的宁波金银彩绣。

作为中国古代海上丝绸之路上的著名港口，宁波一直在对外文化交流中发挥着重要作用，这些都为金银彩绣的对外传播和对外文化交流提供了广阔的发展契机。

首先,中外贸易促进了宁波金银彩绣的发展。海上丝绸之路在隋唐时运送的主要大宗货物是丝绸。天宝三年(743年)鉴真准备东渡日本期间,曾居住在宁波阿育王寺,后来到日本,带去我国的木雕、漆器、彩塑佛像及金银彩绣千手佛等艺术品。其中至今仍被日本奉为国宝的金银彩绣千手佛就是一个最好的证据,此外在日本德川美术馆收藏的一副凤凰蔓草图案的盘金绣品也是一个有力的证明。宁波金银彩绣从唐代开始就借助中外交流的机会传播到世界各地,间接促进了金银彩绣的发展繁荣。对外贸易量的增加必然增加绣品销量。据《鄞县通志》记载,在1932年,宁波刺绣品销售量达15 000多件,产品远销东南亚一些国家,与苏绣、湘绣、蜀绣竞相争辉,各具特色。

其次,中日文化交流直接促进宁波金银彩绣的发展。日本与我国一衣带水,也是我国生丝和丝绸的主要消费国,通过朝鲜半岛或经由日本海环流水路,交往十分方便,宁波在海上贸易通道中距离日本最近,因此日本和宁波之间的贸易联系和文化交流非常密切。传说中,替秦始皇寻求长生不老药的徐福就是从宁波起航到日本的。传说公元前3世纪,江浙一带的吴地有兄弟二人东渡黄海至日本,传授蚕织和缝制吴服的技艺,从此中日纺织服饰文化交流日益密切。隋唐时期,日本使节和僧侣往来中国频繁,他们在浙江台州获得青色绫,带回日本作样板,仿制彩色锦、绫等。当时江浙出产的丝绸直接从海上运往日本,因此宁波的金银彩绣品也必然大量运送到了日本。由于日本国民喜欢穿用丝绸服饰,所以从明代开始日本从中国输入的生丝、绢、缎、金锦等不计其数。如今,日本的许多传统服饰上都用刺绣做装饰,宁波的金银彩绣金碧辉煌,古朴雅致,非常符合日本传统服饰的风格,因此很受欢迎。

最后,中外文化交流促进了金银彩绣技法的发展。任何一种刺绣流派的发展都离不开对其他刺绣流派优秀手法的借鉴和创新。宁波金银彩绣也不例外。金银彩绣的制作工艺可分为网绣、包金绣、垫金绣三大类,这些都与粤绣中金银绣的手法有很多相似之处。粤绣刺绣手法全国最多，宁波金银彩绣的发展过程中吸收了不少其优秀精华。此外日本在大量进口中国丝绸的同时，积极引进中国的桑种、蚕种和先进技术，这必然会导致刺绣手法的切磋和融合。鸦片战争后，宁波是通商口岸之一，外国传教士进入宁波，带来了国外的绣花针法和样品，即所谓的"外国绷"。宁波的绣工们把当地民间刺绣的传统技法和"外国绷"绣法巧妙地结合起来，用作服装装饰，使宁波绣衣别开生面，绚丽多彩，美不胜收。

（四）梁祝文化

梁祝文化是一项宝贵的文化资源，全国有四省六地拥有遗存，而尤以宁波市鄞州区（现为海曙区）最为丰富。梁祝故事中为爱而殉情的传说和始建于1600多年前的东晋梁祝墓及梁山伯庙遗址仍原貌保存于高桥，全国最早记载的梁祝故事是以原鄞州区及浙东一带为地域背景产生的。

据载，梁祝文化在唐宋时期开始传入高丽古国。成书年代于918年前后的韩国藏书《十抄诗》，系高丽王朝一部影响较大的七言律诗范本。该书收录了中晚唐时期的白居易、杜牧、皮日休、罗邺等30位唐代诗人（包括4位新罗人）的七律诗作品，每人10首，共300首。引人注目的是书中收录了浙江余杭籍著名诗人罗邺咏梁祝的七律诗《蛱蝶》。这是我们目前发现的唯一一首咏梁祝的唐诗，也是梁祝流传到国外的最早见证。《蛱蝶》诗的全文是：

> 草色花光小院明，短墙飞过势便轻。
> 红枝袅袅如无力，粉蝶高高别有情。
> 俗说义妻衣化状，书称傲吏梦彰名。
> 四时羡尔寻芳去，长傍佳人襟袖行。

到了宋代，高丽人编辑的《夹注名贤十抄诗》，不但收了罗邺的《蛱蝶》诗，而且在注释中加上了一段《梁山伯祝英台传》，这是至今看到的最早流传到国外的梁祝故事。高丽人的《十抄诗》注本《夹注名贤十抄诗》出版的时间大约在公元 1200 年。罗邺的诗本身反映了梁祝故事，而注本在注释中用 434 字详细叙述了梁祝的完整故事：

> 大唐异事多祚瑞，有一贤才自姓梁。常闻博学身荣贵，每见书生赴选场。在家散袒终无益，正好寻师入学堂。云云。

> 一自独行无伴侣，孤村荒野意徘徨。又遇未来时稍暖，婆婆树下雨风凉。忽见一人随后至，唇红齿白好儿郎。云云。

> 便导英台身姓祝，山伯称名仆姓梁。各言抛舍离乡井，寻师愿到孔丘堂。二人结义为兄弟，死生终始不相忘。不经旬日参夫子，一览诗书数百张。山伯有才过二陆，英台明德胜三张。山伯不知她是女，英台不怕丈夫郎。一夜英台魂梦散，分明梦里见爷娘。惊觉起来静悄悄，欲从先返见父娘。英台说向梁兄道，儿家住处有林塘，兄若后归回王步，莫嫌情旧到儿庄。云云。

> 返舍未逾三五日，其时山伯也思乡。拜辞夫子登岐路，渡水穿山到祝庄。云云。

> 英台缓步徐行出，一对罗襦绣凤凰。兰麝满身香馥郁，千娇万态世无双。山伯见之情似（迷），（始）辨英台是女郎。带病偶题诗一绝，黄泉共汝作夫妻。云云。

> 因兹相思病，当时身死五魂扬。葬在越州东大路，托梦英台到寝堂。英台跪拜哀哀哭，殷勤酹酒向坟堂。祭曰：君既为奴身已死，妾今相忆到坟旁。君若无灵教妾退，有灵须遣冢开张。言讫冢堂面破裂，英台透入也身亡。乡人惊动纷又散，亲情随后援衣裳。片片化为蝴蝶子，身变尘灰事可伤。云云。

从这篇文字中我们可以看到梁祝传说中祝英台"女扮男装"、梁祝"同堂读书"、梁山伯"祝庄访问"及合葬等基本情节完备。其中最有价值的就是祝英台衣裳"片片化为蝴蝶子"的化蝶情节。

梁祝故事为什么会这么早就传入了高丽？有学者认为，这与古代海上丝绸之路发展密切相关，尤其是鄞州（宁波）与高丽密切的经济文化交流有重要的直接的关系。早在春秋时期，中国与朝鲜已经通过海路进行广泛的贸易。唐代时，两国文化经济交流进入了繁盛时期。经五代十国，北宋完成统一后，海上贸易兴盛，与高丽王朝开展频繁的商贸和密切的文化交流，到12世纪中叶达到了高潮。据《高丽史》载，从1012至1278年，宋朝商人到高丽达5000之多，尤以浙、闽人为众。当时明州（宁波）是宋朝与高丽之间交往的最主要口岸。1117年，宋朝廷特地在明州建造高丽使馆，办理去高丽的准许证，接待高丽使者。宋代与高丽交往由北到南，主要通过南路明州到礼成江口，明州成了当时最主要的对高丽交流的港口。当时高丽朝廷也收容宋人有才艺者，可以仕官，收容的人大都为中国的明州、泉州、福州人。这些人中有可能传播了唐诗和梁祝故事。更为可能的途径是，高丽王朝从958年始仿照中国实施科举制度后，科举又以诗、文、赋等为考试内容，于是对汉文书籍需求十分迫切。据史载宋代江南人李文通向高丽献书592卷；高丽向江南一带购书1.08万卷。因而唐代诗人白居易、杜牧、罗邺等作品很可能由此进入高丽，把咏梁祝诗也随之带入。

1898年，俄国学者尼·盖·加林-米哈依洛夫斯基完成环球旅行，他在朝鲜时曾搜集、记录到一些民间故事，后在俄国出版了《朝鲜民间故事集》，梁祝故事《誓约》即为其中当时采集到流传于朝鲜北部的众多梁祝传说中的一篇。20世纪30年代，作家刘半农之女刘小蕙将俄文版《誓约》转译成法文，又流传到了法国等国家。可见当时在俄国和法国已经开始传播梁祝故事了。

总之，梁祝文化通过海上丝绸之路，以及近百年的对外文化交流，在东北亚、东亚、东南亚以及欧美广泛传播，成为享誉世界的"东方罗密欧与朱丽叶"。

第三节 鄞州海丝文化遗产的特征

文化特征是一种文化在长期发展过程中形成的区别于其他文化的内在规定性。鄞州（宁波）不但是与世界各国和地区进行海上贸易的名港大埠，而且是开展国际文化交流的重要窗口，记录了鄞州先民战天斗海、开疆拓洋的艰辛历程，具有时空跨度大、内涵丰富、双向交流和开放包容等显著特点。

一、时空跨度大

自汉代至近现代，历时二千多年，源远流长，经久不衰。1976年，鄞县云龙镇甲村石秃山出土一件战国时期的铜钺——羽人竞渡，其所展现的宁波战国时期水上活动以及所蕴含的拼搏、开拓的精神内涵使这一件"羽人竞渡"铜钺成为宁波海洋文化和"海上丝绸之路"的标志。建于宋大中祥符六年（1013年）的保国寺，气势雄伟，结构独特；坐落在风光秀美、群山峻岭之中的东钱湖南宋石刻群，以其为数甚众、雕刻精美、保存完好而填补了我国南宋美术史的空白。同时，史弥远提出南宋"五山十刹"，对日本佛教"五山十刹"产生了很大的影响；建于清咸丰三年（1853年）的庆安会馆，寓"海不扬波，庆兮安澜"意，是我国现存唯一一座"宫馆合一"的建筑。庆安会馆既是我国现存著名会馆和天后宫之一，又是一处闻名遐迩、宫馆合一的近现代海事舶商行业议事聚会场所，是当年甬埠行驶北洋的舶商航工聚会、娱乐、办公、议事的"北号会馆"。作为浙江现存规模最大的一座天后宫，它又是祭祀妈祖的神殿，是数百年来浙闽两地海洋贸易昌盛的历史见证。

二、内涵丰富

鄞州海上丝绸之路文化遗存，包容丰腴，面广涉深，几乎涵盖了整个社会的政治外交、经济贸易、港口交通、宗教文化、思想学说、教育卫生、民间习俗、工艺美术等诸多领域。古代宁波对外交往政治中心的鼓楼，保存完好，是宁波建城的重要标志；东钱湖越窑遗址生产的大量陶瓷是宁波海外贸易的大宗商品，奠定了唐宋时期明州作为我国贸易大港的基石；阿育王寺、天童禅寺等佛教建筑是"海上佛教之路"的重要载体。明州港本身文化底蕴丰厚，吸引着东亚、东北亚的学习汉文化的各界人士。明州仅在市内，从唐代开始建有寺庙十余座，这些寺庙直到现在都有高僧主持，传授佛教文化。宁波著名的天童寺、阿育王寺是佛教禅宗的祖庙，日本佛教、新罗佛教都是从这里传播发扬光大。宋代，日本著名的道元禅师、荣西禅师就是从明州天童寺、阿育王寺修行毕业的高僧，尊为一代宗师。唐鉴真第三次东渡日本受挫后曾住在阿育王寺。1168年，日本重源为学习建筑至阿育王寺，并从日本运来大批木材助建舍利殿，对移植宋式建筑、推动日本建筑的发展作出了贡献。

三、双向交流

由于宁波港独特的地域优势和深厚的文化底蕴，造就了宁波在对外双向交流中十分鲜明的个性特质。越窑青瓷，经海路大量运销海外，开拓了"海上陶瓷之路"；阿育王寺、天童禅寺等佛教建筑是"海上佛教之路"的重要载体，阿育王寺是我国现存唯一以印度阿育王命名的千年古刹，现仍保持明清建筑风格；天童禅寺是中国佛教古寺名刹，禅宗著名道场，为日本曹洞宗祖庭，又是传播"海上茶叶之路"的著名寺院，在日本影响极大，其整体建筑保存完好，明清风貌依旧如故。由于"海上丝绸之路"的开通，强有力地推进浙东政治、经济、文化等各方面的发展。唐代是"海上丝绸之路"迅速发展时期，宁波依托港口，于长庆元年（821年）迁至三江口后，扩建州城、兴建港口、设置官办船场、拓展腹地，使宁波逐渐成为我国港口和造船业最发达的地区之一，与广州、扬州、交州并称唐代四大名港。当时，明州商帮将唐代佛教用品、香料、药品、丝绸、陶瓷、书籍等大量特资运销日本、新罗及东南亚等地。鉴真大师等经明州东渡日本传教，日本高僧最澄等遣唐使入明州等地求法回国弘布，明州成为当时中国对外海上贸易、文化交流的重地。五代、北宋初（即新罗晚期与高丽初）浙东的制瓷业已发展到鼎盛时期,以越窑为代表的制瓷技术,通过海道直接传播到韩国南部的康津地区,当时明州制瓷工匠受邀去康津不但传授制瓷技术,而且将从建筑窑炉到制瓷的一整套工艺,包括制胚、成型、上釉、装饰纹样都无私地传授于半岛人民。后来半岛人民创造了嵌镶青瓷,这一创举使青瓷生产开拓了一个新天地,由进口越窑制品国家,一跃成为瓷器的输出国家,并大大丰富了东亚地区的制瓷业。在明州宋元遗址中出土了一批又一批的精美的高丽青瓷与嵌镶青瓷,这是双向交流的又一成果。

四、开放包容

　　文化不是与生俱来或者凭空产生的,它总是一定的经济基础的产物。文化的开放和开放的文化必须以经济的开放和开放的经济为基础和先导。鄞州乃至宁波沿海具有的文化开放性的特质就是先民在海外交通史上,广泛吸收了海外民族的文化,同时使之与传统农耕文化融合而生成的。历史上以宁波(明州)港为启航线进行海外经济贸易、文化交流的鄞州先人,在通往东亚、东南亚、南亚、非洲的海洋航线上,与不同的国家和地区进行经济文化交往。他们把中国丰富的物产和文化推销出去,又把外国的物产和文化带了进来。从交流的主体看,出去的一方,面对汪洋大海,随风浪无涯地漂泊,本身就需要广阔的胸襟,加之他们为了海上交通活动的需要和环境的因素经常要在异国他乡生活几个月甚至数年之久,他们的文化接触面比较广。在海上奔波的人们,能够亲身接触形式多元的异质文化,这种生活经历,使他们产生了广采博纳的动机,使他们对海上交通活动中目染耳濡的事实,能够直接进行辨析加工,直接接受相关的文化信息,进而融入本民族的文化。同时,大量来华贸易、传教的外国人纷纷涌入这个东方最大的港口城市,把他们独具特色的异域文化、风俗习惯、宗教信仰、语言文字、服饰礼仪等带到中国。这个长期的接触与磨合过程,形成了鄞州海丝文化开放襟怀。

第四节 鄞州海丝文化遗产的价值

《世界遗产公约实施指南》把文化遗产价值分为三大类：一是情感价值，如惊奇性、趋同性、精神的和象征的崇拜；二是文化价值，如文献价值、历史价值、考古价值、古人类学和文化人类学价值、美学价值、建筑艺术价值、城市景观价值、风景和生态学价值、科学价值；三是使用价值，如功能性使用价值、经济性使用价值、教育性使用价值、社会性使用价值、政治性使用价值。根据对鄞州海上丝绸之路文化遗产特色的梳理，结合文化遗产所包含的普遍价值，我们认为鄞州海丝文化遗产主要有五大方面的价值表现，即时代价值、历史价值、审美价值、科学价值和经济价值。

一、时代价值

人是离不开传统的，人类总是生活在传统之中，而历史的、文化的传统，总是在不知不觉中影响着当代，孵化着未来。鄞州海上丝绸文化遗产是鄞州先民在长期海上丝绸之路中创造的，经千百年锤炼，汇成一种具有鲜明开放性、海洋特征的文化传统。鄞州海上丝绸文化遗产与"名城强区"建设有机融合起来，将释放出强大的正能量，有力又有效地推动了鄞州经济社会发展前行，其时代价值不可否认，是鄞州海上丝绸文化遗产的核心价值。

培育社会意识、养育群体精神，是文化时代的价值之一。文化遗产作为特定人群和地域的创造物与共同记忆、文化认同载体和精神标识，可以成为培育群体意识的重要资源。文化遗产的重要价值是让人拥有文化归属感、凝聚力和精神文明的滋养。鄞州海上丝绸文化遗产具有培育鄞州人社会意识、养育鄞州人群体精神的时代价值。鄞州海上丝绸文化遗产形成于海上丝绸之路，享用于海上丝绸之路沿线国家和地区的人民，其更大意义在于激发全民族的海洋意识。庆安会馆、天童寺等，以其丰厚的历史积淀与文化内涵，能发挥规范人心的作用，是一种有效的心理整合纽带。

海洋空间，是我们祖先创造生活的大舞台，也是我们这些炎黄子孙不断创新、实现中国梦的大舞台。鄞州海上丝绸文化遗产在对增强人民海洋意识，强化人民生态文明观念方面有着十分重大的现实意义。在长期海上丝绸之路的实践中，勇敢的鄞州人战天斗海，披风斩浪，百折不挠，勇敢地通商经贸，锤炼出自强不息、海纳百川的潮人精神。海洋的浩渺无际与常动不息，养成了鄞州商帮浩荡的心胸，他们不依恋于乡土的一草一木，也不满足于一时一地的成就，总是乐观地背井离乡，成群结队，前赴后继，只要有利可图，不管天南地北，敢认他乡作家园。他们还以城市为跳板，北上、西进、南下，从城市到城市，从沿海到内陆，从祖国到异国，随处都可见甬人经商的足迹。光绪《鄞县志·风俗》称他们"四出营生，商旅遍于天下，如杭州、绍兴、苏州、上海、吴城、汉口、牛庄、胶州、闽、广诸路，贸易甚多。或岁一归，或数岁一归……甚至东洋日本、南洋吕宋、西洋苏门答腊、锡兰诸国，亦措资结队而往，开设廛肆，有娶妇长子孙者。"这就是清末民谚"无宁不成市"的由来。值得一提的是，近代鄞商在成就自己实业救国的理想中，充溢着不断创新的匠心精神。曾执掌亨达利和美华利的孙梅堂，毕业于圣约翰大学，曾出国考察钟表行业，有着渊博的机械制造知识和丰富的管理经验，他极力罗织能工巧匠创新钟表的制造技术，因而美华利所造时钟，曾在1915年巴拿马国际博览会上获利金质奖章。另外，上海的中国钟厂，在鄞商王宽诚入股从事经营、任总经理后，注意提高质量，创新产品，增加了许多新品种，如报刻钟、圆形挂钟等以吸引消费者选购。为了表明产品的品质，他曾将一只时钟拆去钟壳，使内部结构外露，歪钟悬挂，让观者清楚地看到钟砣的有力摆动，以此作为其"三五牌"时钟的独特优点大事宣传，以后"三五牌"发展成为名牌产品。

汪洋大海，尽管变幻莫测，凶险异常，然而潮起潮落，恒久不变，准时涨潮，准时退潮，永远为依赖、征服海洋的人们提供准确无误的信息和便利，于是有了"守信如潮"的文化。这对古代宁波的发展，特别是商业发展影响至为深远，使他们意识到诚信是利益追求中所必须遵循的道德原则。清末民初，中国有一种不同于官府邮驿机构的民间机构——民信局，又称信局或民局，业务遍及海内外。当时社会上有"票号是山西人特有，民信局为宁波人独占"的说法。而宁波商帮所以能取得这样的成就，全凭"守信如潮"。诚如潘子豪在《中国钱庄概要》中所言：民信局"为宁波之专业，资本甚大，信用亦佳，凡一经民信局保险之信札，内中银钱汇票，倘有遗失等情，一概由该局赔偿"。又据《宁波金融志》记载："长期以来，宁波钱庄业握经济之枢纽，居社会最重要之地位，各业需款多有钱庄融通，其对象主要介乎商人与商人、地区与地区之间的批发商，平时以信用方式……有'信用码头''多单码头'之称。"也就是说，正是凭借良好的信用，宁波的钱庄业才能做大做强，才能称雄于金融界。同样，项松茂、鲍咸昌、周宗良、李康年、孙梅堂、王宽诚等能在十里洋场的上海崛起发展，在医药、印刷、颜料、纺织、钟表、金融、地产、轮船等多个行业中占据重要地位，除去出色的经营才能外，就是在商业运作上推行以诚为本，货真价实、信誉至上。这样的诚信传统影响了一代又一代的鄞州人。

以共同的妈祖信仰可以有效联络海峡两岸的同胞情谊，妈祖信仰在台湾拥有着广泛而坚实的群众基础。与此同时，在漫长的历史发展长河中，妈祖也已成为中国东南沿海一带民众共同信仰的保护神，世代传承。宁波作为妈祖信仰的提升地，除拥有众多信众外，还因象山"如意娘娘"的传说，拉近了与台湾信众的距离。"如意娘娘"是浙江沿海渔民在歌颂劳作及祈求平安中产生的信仰，此后演化为宁波象山石浦——台湾台东小石浦两岸共同朝拜的习俗。此习俗于2008年被列入国家级非物质文化遗产名录，也是目前国家级"非遗"中唯一涵盖海峡两岸民俗文化的条目。可以说，妈祖信仰的传播在当代中国的特定文化语境中，所代表的是一个族群共同体的符号，海峡两岸的中国人祭拜妈祖，目的是"要共同祈求两岸有个光明的未来"。

二、历史价值

文化是人创造的，文化史是人类历史的一个重要组成部分，是研究人类历史的一个重要领域，文化具有丰富的历史研究价值。鄞州海上丝绸之路文化遗产见证了鄞州历史发展进程，凝结着鄞州海上丝绸之路大量的历史信息，为研究鄞州海上丝绸之路提供了丰富的历史资料，具有重要的历史研究价值。鄞州（宁波）与海外的"文明对话"始于东汉晚期。这一时期，舶来品和佛教已通过海路传至宁波地区。唐长庆元年（821年）明州迁治三江口后，构建州城，兴建港口，置官办船场，修杭甬运河等一系列重大举措，使明州成为我国港口与造船最发达的地区之一，跻身于四大名港（另三家为广州、扬州、交州）之列。宋元时期明州（庆元）港为我国三大国际贸易港之一。北宋淳化二年（991年）始设市舶司，成为中国通往日本、高丽的特定港，同时也始通东南亚诸国。明代宁波港是中日勘合贸易的唯一港口。清康熙二十四年（1685年）开放海禁，宁波设浙海关行署，是全国四海关之一。道光二十三年（1843年），宁波被列为对外开放的五个通商口岸之一，于1844年正式开埠。宁波又是中国舟船文化重要的发祥地。唐代，明州是全国重要造船基地之一。宋代，三江口设有官营造船场，年造船吨位居全国之首。明州港曾两次受朝廷指定打造四艘"万斛"神舟，专门用来通使高丽。造船业的兴盛、独特的地理位置和历史上的政治因素，把宁波推上了"海上丝绸之路"始发港的宝座，让宁波成为我国唐宋以来著名的对外交通贸易港口，向世界传递了中国的文化和技术。宁波先民在开辟海上丝绸之路历史过程中，创造了灿烂的物质文化。虽经千余年沧桑，至今仍较完好地保存着东汉晚期至清代中期的遗存120余处，较集中地分布在以宁波城为中心的近海和江河两岸，数量之多、分布之密集、内涵之丰富，均为古代港口城市所罕见。始建于西晋初期的阿育王寺和天童寺，在宁波与海外文化交流特别是与日本的佛教交流中占有重要地位。阿育王寺在宋、明期间就被列为"天下禅宗五大名山"之一；天童寺号称"东南佛国"，被日本佛教曹洞宗尊为祖庭。作为中国古代佛教建筑典范的保国寺，则对东亚地区的寺庙建筑产生过较大影响。659年，日本第四次遣唐使团在越州鄮县港口登陆。这是一件具有划时代意义的大事。它标志着宁波"海上丝绸之路"真正意义上的形成，也表明宁波开始成为国际文化交流的窗口。此后，日本遣唐使又先后三次在明州登陆入唐，宁波与日本等国的文化交流由此繁荣。与此同时，浙东越窑青瓷与中国的建筑、雕刻、绘画、书法及思想学说、科技等，通过以明州港为起点的海上丝绸之路的传播，对一衣带水的日本列岛与朝鲜半岛产生极为深刻的影响。浙东越窑制瓷技术是明州"海上丝绸之路"先进科学技术向外传播的重要标志。

东钱湖南宋石刻具有鲜明的时代特征。南宋虽然偏安江南，然而战争与防御一直是这个时代的主题。故在东钱湖南宋石刻造像中，最明显地表现出造型匠人对于将军武备的重视。绝大多数武将的铠甲兵器，都精雕细刻，栩栩如生。这种写实的功夫，为历史石刻武将中的佼佼者。但是在开禧北伐失败后对收复失地的无望心态，以及缺少悍将的江南，武士文相、北人南相是当时的一大特点，因此石刻中的武将都是一副儒将之风，内文外武，心文形武，是石刻武将的一大特色。北宋本是文弱王朝，唐代的建功边关、出将入相的传统在北宋荡然无存，士大夫是主宰社会的主流阶层。南宋以半壁江山，更是文臣执掌兵权，以守御为国策。故南宋一代，士大夫更为温文尔雅，循规蹈矩。东钱湖南宋石刻中的文臣，多心怀惴惴，谨慎低调，表情含蓄，慈祥和蔼，表现了文臣士大夫很高的内涵和修养，反映了当时社会的人格意识和审美标准。采坑史守之墓道文臣，蓄山羊胡子，温文儒雅，谦逊和蔼，形神兼备，更传达了这一时代特征。东钱湖南宋石刻中的瑞兽，无一不给人以驯服温顺的感觉。虎不威、马不烈、羊不犟，这显然是当时时代性的象征。故其造型，装饰性大于自然形态，然在技术处理上，却静中有动势，粗中见细腻，刚中有柔意。

天童寺是东亚千余年来佛教文化的交流中心，也是申报世界文化遗产项目"海上丝绸之路：中国史迹"的遗产点。天童寺本身就是一座博物馆，除格局恢宏的建筑外，寺院内还有各类文物 200 余件，其中宋、元、明、清等历代碑刻有 60 余件。《宋故宏智禅师妙光塔铭》碑，为南宋状元张孝祥所书碑文，记载了宏智禅师钻研佛法、弘扬大道的非凡经历。天童寺、阿育王寺分别有一批珍贵的碑刻拓片，成为日本京都东福寺、东京宫内厅书陵部等地的藏品，有宋孝宗所书的《太白名山四大字碑》、宋代释正觉所书的《明州天童山景德寺新僧堂记》、宋高宗所书的《明州阿育王佛顶光明塔碑》、宋著名诗人范成大所书的《赠佛照禅师诗碑》等。此外，宁波知名文保专家杨古城发现，在福冈的寺庙里，还有1195年阿育王寺所刻的"阿弥陀佛"石碑。这些都是海上丝绸之路的重要见证。

三、审美价值

文化是人创造的，凝聚着人的美好意愿，具有明显的审美价值。审美的精神是文化价值。鄞州海上丝绸文化是先民在长期海上丝绸之路中创造的，无疑具有明显的审美价值。

首先，鄞州海上丝绸文化之美在于艺术之美。装饰艺术是当今社会常见的艺术形式和文化现象，其萌芽应该是远古时期人类的串饰。在河姆渡文化与浙东地域环境孕育下的优秀传统民间手工艺——朱金漆木雕，就是装饰艺术中的佼佼者。自唐宋以后，朱金漆木雕在建筑上的应用主要为建筑构件，例如梁柱、斗拱、藻井、卷棚、天花、栏板、门窗等。藻井构造独特，形式多样，因其结构形态的精细华丽，也有纯粹用来作为建筑装饰的作用。藻井起初多用于装饰宫殿和寺庙，随着浙东地域经济贸易的日渐繁盛，也用于装饰宗祠、戏台、会馆等大型集会场所，使其在浙东的发展呈现出密集的状态。其中，用朱金漆木雕装饰过的藻井便是浙东古建筑最华丽的建筑装饰之一。现存完好的宁波安澜会馆的前戏台藻井及宁波秦氏支祠戏台顶部的藻井格式均采用同心圆样式的穹隆顶进行贴金敷彩，充分利用了人的视觉感官。藻井木雕的运用及其精美多样，显示出甬城人磅礴壮丽的气度。宁波朱金漆木雕艺术馆收藏的清代窗式"千工床"的前挂面花板，造型之华丽、雕刻之精美，堪称精品。朱红的底色上运用贴金、嵌螺、描金等精细工艺，表达内容为《三国演义》中甘露寺版段等通俗戏曲曲目，采用"京班体"中的排位顺序，将近景、中景与远景在同一情况背景下处理，前景不挡后景，画面具有饱满、对称、均衡和循序渐进的装饰美感。鄞州海上丝绸文化艺术审美价值不容忽视，值得研究。

东钱湖南宋石刻群的雕塑艺术不但具有学术界公认的形体上不求多变的庄重与稳定，而且还具有使人感到新奇与激动的各种丰富、生动、张扬的造型。和写实的西方雕塑艺术相比，东钱湖南宋石刻群因装饰性的虚拟成分，更带有一种非人间性的神秘，但又包含一种和蔼的亲切感。因为装饰性虽不同于生活真实，却又是中国人生活中无处不在的司空见惯的艺术真实。同时，装饰性对于增强庄严肃穆的气氛也十分有效。这是它孕育于工艺美术所带来的印记，无论是人物造型、动物造型，还是冥器艺术、宗教造像或建筑装饰雕刻，都普遍反映着悠久的传统装饰趣味，发挥线条在雕刻中的作用无疑成为最有效的装饰手段。东钱湖南宋石刻雕塑群积极沿承线刻与圆雕相结合的方式，虽然在造型塑造处理上已开始显现"体"的观念，但还是刻意突出流畅线条的方式。如文臣武将身上那行云流水般的线条，让人赏心悦目。在这里，雕塑中的"线"为神韵而生，典雅、悠游、流畅、圆润、静穆，顺着圆厚之体而流动延伸。它不为描写对象的物理性质所限，赋以形体诗性、神性及巨大的超越性。

其次，鄞州海上丝绸文化之美在于情操之美。文化之美在其精神之美，在其情操之美。情操美是大美，是高尚之美。数以万计的宁波（鄞州）商帮从东海之滨出发，拼搏创业，发家之后不忘报答桑梓。他们在历史积淀中形成了共同的精神品质：树高不忘根的赤子情怀、不甘居人后的开拓精神、大海容百川的开明思想、至实而无妄的诚信品德、励业重义理的互助风格。正是这种精神的强大支撑，使得宁波（鄞州）这一群体在百舸争流中凝聚坚固，也很好地诠释了宁波（鄞州）人的情操之美。一部鄞州发展史，就是鄞州人以治国安民为己任，心系天下、以身许国、兼济苍生的历史。南宋史氏"一门三宰相，四世两封王"，可谓空前绝后。纵观鄞州历史人物，无论为官者、治学者、经商者，都有一种为国为民的高尚情操。明代陈本深清廉为官，深受百姓爱戴，为郡守18年，家无余财。清初陈汝咸任漳浦知县13年，一生"正己率物，廉以居身，良法善政，不可胜述"。陈汝咸调离后，漳浦百姓为他修建了一座生祠，名月湖书院。后陈汝咸赴陕甘赈灾积劳成疾，不幸去世，地方官员整理他的行囊，全部财产只有一套替换的衣服和一串铜钱。康熙帝闻之痛悼不已，连连称叹他为"好官"。鄞州滨海、临江、倚湖，水利是经济社会发展的先决条件，唐代有王元暐筑它山堰，又有储仙舟疏浚广德湖、陆南金治东钱湖。鄞州历代地方官员及入仕的鄞人多视水利工作为从政业绩。北宋熙宁初，鄞人俞充被任命为都水丞，他疏浚汴河，并用汴河沿岸淤泥改造农田 8 万顷。北宋至和年间，鄞人沈起任海门知县，主持修筑了"七十里海堤"，被后人称为"沈公堤"，王安石特作《海门县沈兴宗兴水利记》。明宣宗朱瞻基时，鄞人蔡锡出知福建泉州府，重修洛阳桥，这是我国现存最早的跨海梁式大石桥，名列中国古代四大名桥之一，类似这样的业绩不胜枚举。

最后，鄞州海上丝绸文化之美在于社会之美。劳动的过程充满着对丰厚收获的期待，正是因为有了这种期待，人们才感到劳动的光荣，觉得辛苦劳动的"勘值"。鄞州海上丝绸文化是商业贸易与文化交流活动的产物，它记录了鄞州先民战天斗海，奋力拼搏，敢生敢死，追逐财富的艰难历程，体现了鄞州人创造美好生活，建设美丽幸福家园的社会美。鄞州人身上有着中华民族自强不息、自立于世的精神。他们总是能在时代的风云变幻中抓住机遇，领风气之先，创全国第一。北宋汪洙著《神童诗》；南宋王应麟著《三字经》历 700 多年而不衰。元代程端礼的《程氏家塾读书日程》，成为全国各书院、学塾的教学大纲。万斯同晚年双目失明，仍以口授方式，发奋编史、讲学、答问，终成《明史稿》。近代以来，作为"宁波帮"中坚力量的鄞籍商人，更是在上海及世界各地大显身手，演绎出无数个创业传奇和经营经典。如近代海产业先驱张尊三，成为新加坡巨商的胡嘉烈，中国红十字运动的开创者沈敦和，创办商务印书馆的鲍咸恩、鲍咸昌兄弟等。鄞州的科技人才更是灿若星辰。童第周成为中国的"克隆之父"，周尧一生从事昆虫学研究……正是在这种争先精神基因的传承下，才有了改革开放后，鄞州从农业大县跃为工业强区、再到二三产融合发展的都市经济强区的"三次大跨越"，才有了新时代 44 位院士同出鄞州的盛况，才有了今天鄞州连续多年综合实力居全国县（市、区）前列。

四、科学价值

海上丝绸文化遗产作为历史时期的产物，反映了特定社会生产力发展过程中鄞州区域科学技术发展和人们利用自然、改造自然的能力，具有研究历史上科学发展状况的价值，能够为当今的科技创新提供重要的技术借鉴。人类文明创造的一切事物，都受到当时科学技术水平的限制，超越当时生产力的任何产品是不可能创造出来的。文化遗产从不同角度反映了当时人类对自然环境及其所出产原材料的科学认知水平与技术加工能力，反映了当时的社会政治、经济、科技、军事、教育与文艺各方面的综合生产力水平。

鄞州海上丝绸文化遗产集中展示了古代科学技术的优秀成果。各类型、材质的文化遗产都是人们使用自然环境中的原材料结合所能掌握的先进科技创造加工出来的。因此，文化遗产反映了其制成、创造和使用时代人们认识自然、利用自然的能力，表征了当时科学技术与生产力发展的最高水平。沿海文化遗产为科学史、技术史和工艺史的研究提供了实物资料，为科技史的修正、补充和完善提供了重要凭证，尤其是对航海技术、造船技术、气象预测、盐业技术、建筑技术等。

鄞州海上丝绸文化遗产的研究成果可以为现代科技的发展提供参考借鉴，通过专业人员的细致考察分析发掘其内涵的文化、科学信息，可以在当代科学事业发展过程中继承文化遗产中内涵的古代科学技术精髓。例如，建筑遗址可以为今人提供古代建筑工程营造技术与艺术的宝贵经验，能够为传统建筑学、景观规划、园林设计和风景建筑的研究提供实物载体，是当今进行建筑学、设计学等学科研究的宝贵资料；海底出水的沉船对于研究古代的航运交通发展史、船舶制造技术具有重要的价值，其中的文物更是研究航海贸易、航海技术的重要证据。沿海建筑遗址及有关环境遗产，是政治历史发展、海洋环境变迁、社会演变或者说是人与自然关系发展的忠实记录，不仅是文物学、考古学、文化社会学的研究对象，还是经济、政治、海洋、环境、农业等领域间接和直接的研究对象，可以为经济社会的发展进步和海洋生态环境的恢复提供重要借鉴。另外，古代一些精湛的科技、工艺的材料运用、流程操作、设计理念，若能通过当今的科技考古手段来解读，将为当代科学技术的发展提供古人的智慧借鉴，进而为当今科技的发展作出贡献。

近现代，宁波沿海地区的文化遗产被西方列强残酷破坏与掠夺，本地区的民族优秀传统文化被逐步侵蚀，经济、社会、文化发展中的原生性与内生性创造力被削弱，重新认识文化遗产的科技价值是复兴本地区的优秀传统文化，重新获得原生性与内生性的创造力、生命力、凝聚力，对外产生传播力与感召力的关键。

五、经济价值

文化遗产的经济价值衍生于其基本的历史、艺术和科学价值，其经济属性并不会随着社会制度、政治形态的变迁而发生改变，也不会随着经济体制的改变而发生变化。当文化遗产的历史、艺术、科学价值成为社会型消费产品、能够满足消费者需求时，也就是消费者以欣赏、体验、娱乐、休憩、研究等方式来享用这些价值时，鄞州海上丝绸之路文化遗产的基本价值则延伸派生出经济价值，它们开始具有经济功能。由此可见，沿海文化遗产的多重价值属性与一般经济、文化资源的单一价值属性是不同的。与一般经济资源的消耗性使用方式不同，消费者对沿海文化遗产价值的享用和经济价值的实现是可持续的，理论上不会也不应造成文化遗产价值的损耗，也就是文化遗产的基本价值被消费之后，其价值总量不会出现衰减，反而会增加一定的经济价值。

鄞州海上丝绸之路文化遗产真实反映了特定的历史背景、社会现实，其综合利用价值在于表现了历史事件的发展过程和人们的生产活动、生活方式，因此消费者可以通过旅游活动来获得这一系列的文化信息，也说明了海上丝绸之路文化遗产是重要的观光旅游资源。国内外文化遗产保护利用的经验证明，文化遗产能够作为旅游目的地和文化创意资源来积极推动当地社会、经济的发展。民众通过实地参观、欣赏、体验、研究文化遗产是其发挥教育作用、实现综合价值增加并传承内在文化内涵的重要途径。如庆安会馆以行业团结为宗旨，以妈祖信仰为行业信仰，制定业务规章，建立会馆事业基金制度，创办学校等福利事业，定期组织妈祖祭拜和行业聚会，其团结合作、服务社会的船帮精神，凝聚着宁波商帮文化的精髓。此外，作为宁波近代木结构建筑典范，庆安会馆宫馆合一、前后双戏台的建筑形制，国内罕见，充分体现了天后宫与行业会馆双璧齐辉的特色功能。会馆建筑上一千多件朱金木雕和二百多件砖雕石雕，采用宁波传统的雕刻工艺，充分体现了清代浙东地区雕刻艺术的至高水平，也为研究我国雕刻艺术提供了实物例证。若能立足自身优势，盘活文物资源，发挥操作经验，接轨市场需求，拓展会馆文化产业，庆安会馆必将有效实现民众需求与文化遗产利用之间的衔接与互动，打造宁波旅游经济的新亮点，成为文化遗产保护与利用完美结合的典范。

鄞州海上丝绸之路文化遗产的经济价值还体现在建筑业、文化产业等相关领域。文化遗产环境整治、建设遗址公园和博物馆能够带动建筑业产值的增加。文化产业作为区域新的经济增长点正在逐渐成长为支柱产业，以文化遗产为依托的文化产业具有低碳环保、投入产出综合效益高、影响力大、可持续强的特点，正在为各地政府所重视。鄞州海上丝绸之路文化遗产的经济价值包括有形的直接价值和无形的资产价值。有形的直接价值也不只是直接的经济利益，文化遗产所带来的经济利益包括两部分：直接的经济收入，如门票、旅游纪念品等；更多的间接利益，如推动旅游业、文化产业发展而产生的收入等。文化遗产的间接经济利益包括：综合经济利益，如在推动旅游业经济发展的同时带动交通、住宿、餐饮、购物、娱乐、工艺美术品制造等相关行业的发展，增加就业机会，提高居民直接收入，推动地方经济的发展；永久经济利益，文化遗产的知名度是难以估量的无形资产，是当地的历史文化标志和城市名片，能为其所在地带来永久的综合经济利益。文化遗产的直接经济利益往往是直接、迅速、明显的收益，而综合经济利益和永久经济利益一般是比较间接、隐蔽、缓慢的收益。近年来，庆安会馆立足自身历史文化资源，不断摸索文化产业发展之路。2008年，庆安会馆与宁波民营企业合作，在馆内举办以古代船模为主要展品的"中国·宁波船史展"，涉及船型广泛，制作工艺精良，展厅配备文字说明和多媒体演示，生动展现了宁波历史悠久的造船史和海外贸易活动，获得了社会民众的极大好评。同时，在保护原则允许范围内，考虑策划会馆旅游剧场，以"时尚、旅游、文化"为主题，以反映宁波地域特色和文化底蕴的优秀剧目为演出内容，以"夜宴"为常态项目，集演艺、茶馆、旅游产品开发为一体，对会馆的历史文化进行综合性开发和利用。

第五节　鄞州海丝文化遗产保护与利用现状

鄞州区依托重要的海丝文化资源，深入挖掘海丝文化的内涵，加大海丝文化打造力度，提升社会影响力和为民惠民效用，切实推进海丝文化在鄞州的传承发展，主要开展了以下几方面工作。

一、准确把握海丝文化精神，顶层设计任务明确

在统一思想、形成共识基础上，鄞州区明确提出了创建"中国海丝文化之乡"的工作目标，制定了工作方案，要求各部门通力合作，全区上下一盘棋，聚精会神打造靓丽城市文化名片。2019年5月13日，中国民间文艺家协会正式授予鄞州"中国海丝文化之乡"称号。中国民间文艺家协会在文件中指出："鄞州作为古明州港（宁波）的发祥地，是海上丝绸之路的始发港和重要节点之一，至今仍保留有众多体系化、集群化、地域化的海丝文化历史遗迹遗存和民间文艺品类。这里历史文化底蕴深厚、海洋文明星光璀璨、民间文艺一脉相承、海丝精神引领发展。近年来，中共鄞州区委、区政府立足本土丰厚文化资源，契合国家发展战略，顺应世界潮流

大势，积极传承、培育和弘扬海丝文化，擦亮城市文化名片，加大理论研究力度，营造浓厚文化氛围，倡导文化惠民政策，推动经济社会全面发展。经考察论证，决定命名浙江省宁波市鄞州区为'中国海丝文化之乡'。"

二、积极开展海丝文化活动，民间影响深远深刻

2013 年起，围绕国家"一带一路"倡议和宁波"港口经济圈"建设，鄞州区启动了以"海商文化周"系列活动为主要内容的海商文化建设行动，以海商文化引领和推动城市经济社会发展，形成了一系列海丝文化活动品牌，同时还打造了海商文化公园、海商文化墙绘等海丝文化阵地，参加各级各类活动的民众累计已达到 40 万人次。组建"海商文化讲师团"先后在中小学校开展海商文化讲座、展览和"知海商、话海商"故事比赛，在各个辖区街道，海商图片展走街进巷，还跨区域到余姚、慈溪等地巡展，吸引了万余名群众观看，让海商文化的基因一点点植入普通老百姓的生活中。在宁波文化广场、庆安会馆、辖区学校等文教场所，海商主题文艺汇演精彩纷呈，近年来，共演出 100 余场反映海商文化的文艺表演。在 2016 中国（宁波）海商文化周期间，开展"海商文化市集·好戏在江东"展演系列活动、"书香传承海商，阅读成就梦想"海商文化阅读推广活动、海商文化进校园"六个一"系列活动，进一步增强群众对海商文化的体验性和知晓度。2019 年 7 月，鄞州区组织鄞州传统民间手工艺"朱金漆木雕""金银彩绣""骨木镶嵌""泥金彩漆""甬式家具"等非物质文化遗产项目参加在香港会议展览中心举行的"香约港城"——2018 宁波经贸·文化周活动，获得时任香港特首林郑月娥的交口称赞。

三、着力加强海丝文化研究，理论支撑坚强有力

依托市级资源优势筹建了宁波海上丝绸之路研究院（北京外国语大学丝绸之路研究院宁波分院），以北京外国语大学的学科专业和国际影响力为支撑，创新体制机制，整合国内外资源，围绕宁波打造成"一带一路"枢纽城市、"21 世纪海上丝绸之路"支点城市、投资合作与经贸交流先行城市、

跨境电子商务试点城市等战略问题，开展相关经贸、文化、语言、法律、政策等高水平应用研究，推动宁波与"一带一路"沿线国家（地区）的交流与合作，扩大宁波在经贸、文化、教育等领域的国际影响力；还在宁波（鄞州）博物馆（宁波博物院）成立了海丝文化研究机构，近年来产生研究成果近20项，比较突出的有宁波大学龚缨晏教授完成的《中国"海上丝绸之路"研究百年回顾》《20世纪中国"海上丝绸之路"研究集萃》两部著作。《中国"海上丝绸之路"研究百年回顾》第一次对20世纪中国"海上丝绸之路"研究历程进行了全面系统的回顾总结，《20世纪中国"海上丝绸之路"研究集萃》则萃取一百年来中国学者关于"海上丝绸之路"的主要成果。这两本书可以说构成了一个相辅相成，互为补充的整体，比较全面地反映了20世纪中国学术界对"海上丝绸之路"的研究全貌，并为今后的研究打下了基础。

鄞州区社科联（社科院）通过多种途径为海上丝绸之路文化的创新性发展与利用提供学理支撑和智力支持。实施"鄞州文化研究工程"项目，开展《鄞州海上丝绸之路文化遗产创新发展研究》《鄞州海上丝绸之路文化公园建设研究》等项目研究，深入挖掘鄞州海丝遗产资源，推动文化遗产创新发展；举办了海丝文化与鄞州发展系列理论研讨会，系统梳理以鄞州为核心的海上丝绸之路发展历史、"羽人竞渡"辉映下的鄞州海丝精神、缘起于"以鄮立县"的海上丝绸之路贸易、"东南佛国"的佛教文化交流、"东钱湖"与海上丝绸之路等层面，对鄞州与海丝文化精神的传承进行了总结，有力论证了鄞州作为中国海丝文化之乡的历史积淀之丰厚以及海丝文化在鄞州的源远流长；开展"借脑"工程，邀请上海海洋大学、浙江海洋大学、宁波大学、宁波工程学院等高校教授和学者开展海丝文化理论交流活动，不断丰富夯实鄞州区海丝文化工作的理论基础。

四、努力拓展海丝文化影响，宣传报道力度加大

鄞州区广泛利用国家、省、市各级各类媒体尤其是新媒体的平台，对海丝文化系列主题活动进行了全面宣传。2018年，鄞州区有关部门邀请本

土作家收集、整理船文化资源，创作《甬上船事》一书，为海丝文化提供更宽广的内容支撑。与此同时，积极集聚各种文化艺术门类资源，不断丰富和演绎海丝文化内涵。2019年的海丝文旅节，集中发布纪录片《非遗鄞州》、图书《堇地禅风》《甬上船事》、文化外宣册《风雅鄞州》、舞蹈《羽人竞渡》等一批海丝文艺作品。2018年10月23日，"从这里出发"宁波"一带一路"主题音乐会成功举办，《从这里出发》《羽人竞渡》《江河对海洋的呼唤》等12首原创歌曲，从历史长河中撷取最有代表性的宁波"海丝"符号，并予以个性化体现。继此之后，2019年，又一场展现海丝文化的音乐会《海丝韵·鄞州情》大型交响歌会在宁波文化广场大剧院举行。宁波"一带一路"主题音乐会由市委宣传部和鄞州区人民政府联合主办，是鄞州区打造"中国海丝民间文化之乡"的重要活动之一。音乐会以声乐、器乐演出为主，全面呈现宁波"海上丝绸之路"的历史、现实、未来，展示新时代宁波在推进"一带一路"建设的征程上海纳百川、激流勇进、共创美好生活的远大志向。主题音乐会呈现海上丝绸之路的宁波元素、鄞州元素，既诠释了鄞州厚重、深远的地域文化特色，又展现出当代鄞州人开放、包容的豪迈情怀，不仅给市民呈现了一台高水准的视听盛宴，更以音乐的形式展现了鄞州作为"中国海丝民间文化之乡"的这张文化新名片。

全面启动海丝文化探源，创建工作深入推进。2018年5月，由中国民间文艺家协会牵头的"一带一路"民间文化探源工程——浙江海丝文化（鄞州）调研考察活动在鄞州开展，来自全国各地的专家学者考察了天童寺、阿育王寺、七塔寺、庆安会馆等海丝文化遗存，比较全面地了解、掌握了鄞州区海丝文化资源。在随后召开的"丝绸之路活化石"主题论坛上，专家学者围绕"海丝文化国际视野与生态理念"这一主题进行了深入探讨，初步达成共识，认为鄞州区海丝文化优质资源集聚，各项工作推进有力，蓝图规划全面有序，传承发展成效显著。

五、加大产业开发力度，提升产品附加值

"海丝文化"具有重要的传统历史价值，也有着当代的意义，它能够凝

聚时代精神，助推城市建设，致力经济繁荣，促进发展创新。"海丝文化"在鄞州的传承与发展，也呈现了产业融合的特色。

丰厚的海丝文化资源，"羽人竞渡"弘扬的海丝精神，现代都市的海丝游配套……鄞州的海丝文化旅游可谓亮点纷呈。为确保让海丝文化活化石真正"活起来"，鄞州海丝文化游借助区域拥江、揽湖、滨海、佛系、乡愁资源优势，梳理了五条文旅精品线路。一是拥江·都市人文休闲之旅，线路：宁波（鄞州）博物馆—鄞州公园—紫林坊—鄞州万达广场—鄞州非遗馆—天宫庄园—庆安会馆—舟宿夜江—三江游船。二是揽湖·湖光山色览胜之旅，线路：四明金融小镇—鄞州湿地公园—南部商务区—东钱湖旅游度假区，在湖光山色中尽情享受"湖泊休闲、幸福水岸"的慢生活。三是滨海·亲子研学体验之旅，线路：宁波海洋世界—宁波文化广场—宁波科学探索中心、育乐湾—宁波市图书馆—宁波城市展览馆—宁波（鄞州）博物馆—罗蒙坏球乐园—咸祥老街—马友友祖居—鹰龙海畔。四是佛系·东南佛国祈福之旅，线路：庆安会馆—七塔寺—勤勇村—天童旅游风景区（天童寺—天童森林公园）—阿育王寺。五是乡愁·堇山赤水乡村之旅，线路：走马塘古村—横溪旅游风景区（亭溪岭古道、朱金漆木雕艺术馆—白岩山最美风车公路—雁村—塘溪四大名人故居）。这五条线路，改变原来单纯以旅游景区为主的线路设计模式，充分整合文化、旅游、体育资源，整合旅游"六要素"中吃、住、行、游、娱、购的资源设计研发，可以满足游客的多样化需求，延长游客在鄞州的逗留时间，增加旅游消费力度。

鄞州还创作了展现海丝文化景观、歌颂海商人文精神的原创音乐，如《风雨宁波帮》《东方大港》《踏浪寻梦》《心海》等，海丝题材文学作品——长篇小说《女船王》，汇编《江东海商文化史料辑存》《继承、创新、发展——海商文化与宁波（江东）城市转型发展研究汇编》等研究成果。2019年，纪录片《天童寺》从大宁波的视野，突出"海丝"主题，讲述了"圣地宁波、祖庭天童"的动人故事，同时还将展示宁波城区三江口、宁波海上茶路起航碑、天一阁、宁波港以及东吴镇太白湖、宰相银杏等宁波及鄞州元素。该片让更多观众认识天童寺，进而了解鄞州和宁波的历史文化底蕴。

以海丝为主题的文创产品的赛事与开发继续推进：以庆祝中华人民共和国成立70周年和文化遗产日为契机，以海丝文化、红色革命文物、鄞州地域文化为元素，联合高教园区高等院校开展评选"我为非遗狂"最佳文创设计团队及作品征集，举办"大美鄞州，锦绣非遗"非遗传承人优秀作品评比展示，文化遗产志愿者团队"金银花"成立并授旗，发布一批鄞州非遗伴手礼等活动；2018—2020年，"海上丝绸之路"创意设计大赛累计收到近1500件作品，先后评选出了一批创新性、市场前景和实用性兼备的优秀作品，部分作品已经转入商业开发，有力推动了海丝文化与创意设计的深度融合。"海上丝绸之路"创意设计大赛，进一步挖掘和弘扬鄞州的海丝文化底蕴，推动鄞州海丝文化精神走进生活，打造"中国海丝文化之乡"的现代生活美学。

图 3-16　授牌"中国海丝文化之乡"

第四章　鄞州海丝文化遗产创新发展

海上丝绸之路作为古代交流通道，以鄞州为核心的宁波是见证者，是一个绕不开的重要区域，其历史地位和价值是有目共睹的。站在 21 世纪的今天，鄞州如何大力推进遗产创新性发展，从文化传承的角度沟通世界，沟通民心，参与到新时代海丝文化建设中，彰显文化自信，这是当前更有价值的思考。

第一节　传统文化创新性发展内涵

文化遗产构成中华民族的文明成果及文化体系、文化智慧、文化家园和文化特征，是综合国力的重要构成，是坚定文化自信的源泉。中国是世界上唯一的 5000 年文明未曾断裂的国家，其连续发展而积淀的文化遗产极其丰厚，成为中华优秀传统文化的主要载体及内涵。面对前人留下的丰厚浩瀚的中华优秀传统文化，我们要结合中国特色社会主义新时代的新特点进行创造性转化、创新性发展。

一、优秀传统文化的挖掘和深刻阐发密切衔接

把优秀传统文化的深入挖掘和深刻阐发密切衔接起来，认真汲取其中的思想精华和道德精髓。中华民族在形成和发展过程中开展的精神活动、形成的理性思维、创造的文化成果，是古代先民认识和改造世界的有力思想武器和深沉文化积淀，其中丰富的哲学思想、人文精神、价值理念、道德规范等，一以贯之、绵亘不断，已经成为中华民族最基本的文化基因和文化内核。汲取中华优秀传统文化中的思想精华和道德精髓，要在挖掘和

阐发上下功夫、做好文章。着力构建有中国底蕴、中国特色的思想体系、学术体系和话语体系，深入研究阐释中华文化的历史渊源、发展脉络、基本走向，讲清楚传统思想文化的独特创造、价值理念和鲜明特色。深入挖掘和阐发中华优秀传统文化所蕴含的道法自然、天人合一、自强不息、厚德载物等重要思想，为人们认识和改造世界提供有益启迪；深入挖掘和阐发中华优秀传统文化所蕴含的以民为本、为政以德、礼法合治、经世致用等重要理念，为治国理政提供有益启示；深入挖掘和阐发中华优秀传统文化所蕴含的讲仁爱、重民本、守诚信、崇正义、尚和合、求大同的时代价值，为社会道德建设提供有益启发。

二、弘扬优秀传统文化和发展社会主义先进文化有机统一

把弘扬优秀传统文化和发展社会主义先进文化有机统一起来，共同服务以文化人的时代任务。传统文化潜移默化影响人的思想方式和行为方式。今天，我们发展社会主义先进文化，进行社会主义精神文明建设，就要使传统文化和社会主义先进文化相融相通，努力用中华民族创造的精神财富来以文化人、以文育人。在方法原则上，坚持创造性转化和创新性发展，坚持古为今用、推陈出新，根据时代特点和现实要求对传统文化中有借鉴价值的部分加以改造，赋予新的时代内涵和表现形式，根据时代发展进步予以补充、拓展和完善。在工作抓手上，围绕弘扬中国精神，加大对中华民族的优秀文化和光荣历史的正面宣传力度，讲好中华优秀传统文化蕴含和体现的报国情怀、浩然正气、献身精神。围绕培育和践行社会主义核心价值观，将蕴含于中华优秀传统文化中的道德理念、行为规范、价值标准与社会主义核心价值观统一融合起来，构建充分反映中国特色、民族特性、时代特征的价值体系，使中华优秀传统文化成为涵养社会主义核心价值观的重要源泉，提高精神文明建设水平。围绕立德树人的使命任务，把中华优秀传统文化教育融入各环节、贯穿到各领域，推进中华优秀传统文化进校园、进教材、进课堂，使优秀传统文化的影响不断彰显、成果代代相传。

三、发展本民族文化和交流借鉴其他民族文化相互联系

把发展本民族文化和交流借鉴其他民族文化相互联系起来，着力提高中华文化影响力。中华文明是在中国大地上产生的文明，也是同其他文明不断交流互鉴而形成的文明。传承和弘扬中华优秀传统文化，不仅要结合时代和国情创新创造，还要放眼世界，海纳百川、兼容并蓄，在交流中互鉴，在互鉴中发展，在发展中将中华优秀传统文化的魅力在全世界发扬光大。坚持从本国本民族实际出发，取长补短、择善而从，在不断汲取各种文明养分中为中华优秀传统文化创新发展注入新的活力。积极宣传阐释中华优秀传统文化的特色和影响，讲清楚中华文化积淀着中华民族最深沉的精神追求，讲清楚中华优秀传统文化是中国特色社会主义植根的文化沃土，讲清楚中国的发展道路与中国历史传统、文化积淀的深厚渊源。把优秀传统文化的精神标识提炼出来、展示出去，把优秀传统文化中具有当代价值、世界意义的文化精髓总结出来、传播出去，为解决人类问题提供中国价值、中国智慧。积极推动中华文化走出去，把具有中国特色、中国风格、中国气派的中华传统文化优秀产品和代表性文艺精品推向世界，全方位展现一个古老而又年轻、传统而又开放的中国。

四、历史文化遗产的保护传承和利用紧密结合

把历史文化遗产的保护传承和利用紧密结合起来，守护传承好中华文化的历史瑰宝。历史文化遗产是不可再生、不可替代的宝贵资源。在几千年的发展历程中，中华民族创造了丰富多彩、弥足珍贵的文化遗产，具有永恒的价值。中国是拥有世界物质文化遗产类别最齐全的国家之一，非物质文化遗产总量居世界第一。保护好、传承好、利用好文化遗产，是我们义不容辞的责任。要把物质文化遗产的保护放在重要位置，坚持"保护为主、抢救第一、合理利用、加强管理"，加强文化遗产保护利用，加大对历史文化名城名镇名村和传统村落的保护力度。提升非物质文化遗产的保护水平和传承能力，建立代表性项目、代表性传承人、文化生态保护区等制度，健全非物质文化遗产分类保护政策体系，优化传承环境，让非物质文

化遗产不仅有人传承，还能有效传承。注重对文化遗产的合理利用，运用现代科技手段和各类载体让文化遗产走到公众身边、彰显独特魅力，把传统技艺、民俗风情等文化遗产更好更多地融入生产生活各方面，大力推动文化创意产品开发，让收藏在禁宫里的文物、陈列在广阔大地上的遗产、书写在古籍里的文字都活起来，与当代文化相适应、与现代社会相协调，促进中华优秀传统文化保护传承更加深入人心。

第二节 鄞州海丝文化遗产创新发展原则

新时代，只有坚持保护文化遗产的真实性和完整性，坚持依法和科学保护，正确处理经济社会发展与文化遗产保护的关系，统筹规划、分类指导突出重点、分步实施，才能实现鄞州海上丝绸之路文化遗产的有效传承和可持续发展。

一、保护性发展原则

文物承载着灿烂文明，传承着历史文化，是我们的宝贵遗产，保护文物功在当代、利在千秋。因此，对海上丝绸之路文化遗产进行创新性发展过程中，在遵循保护与开发的原则时，一是要进一步认识海上丝绸之路文化遗产的历史文化价值和经济价值，逐步形成全社会保护的自觉性意识；二是各级政府和相关部门要将对海上丝绸之路文化遗产保护摆上重要议事日程；三是要眼光长远点，不能因为眼前的经济利益，而忽视对资源的可持续利用和保护，导致重利用，轻保护，甚至开发型破坏的结果；四是政府要针对产业发展中如何正确利用海上丝绸之路文化遗产资源尽快出台相应的规划、政策和法规。

二、原真性发展原则

原真性是国际上定义、评估和监控文化遗产的一项基本因素，是海上丝绸之路文化遗产发展的核心。原真性原则主要包括背景的真实性、功能的真实性、形式与设计的真实性、传统技术的真实性以及材料与实体的真实性，即保护文化遗产不单指保护文化遗产本身的真实性，还包括保护社会的原真性、环境的原真性、知识层面的原真性。海上丝绸之路文化遗产不仅仅体现在单体建筑上，还体现在海上丝绸之路文化遗产所在地及周围的文化氛围上。因此，坚持原真性原则，就是在实施海上丝绸之路文化遗产的保护过程中，既保持海上丝绸之路文化遗产本身的面貌，又保护其赖以存在的环境和条件。对于海上丝绸之路文化遗产的保护应贯彻慎重的原则。重建行为自古以来是中国历史古迹保护与维修的重要方式之一，但是不管加固、防护、修复、迁建、重建，都不能改变原文化遗产的历史价值和社会价值。重建作为海上丝绸之路文化遗产的保护模式，主要包括"遗址保护""复原重建"与"原址重建"三种模式。不管采取哪一种模式，都要有充分的依据，以还原历史本来面貌为目的。要坚持"修旧如旧"原则，一切修复行为必须以最大限度保存历史信息、历史氛围的原真性为目的。在海上丝绸之路文化遗产开发利用过程中，要避免商业化运作或者生产建设中的破坏，更要避免城乡规划建设中对海上丝绸之路文化遗产生存环境的破坏，如在海丝遗迹遗址周围修建高楼、商业中心等。

三、科学性发展原则

海上丝绸之路文化遗产发展必须遵循科学性原则，即建立科学的海上丝绸之路文化遗产保护观，用科学的理论和方法指导文化遗产保护工作。鄞州海上丝绸之路文化遗产发展坚持科学性原则，应该从以下几方面入手：①加快培育"海上丝绸之路文化遗产保护学"，应包括海丝文化遗产研究方法、保护技术、修复原理和保护利用规划等多个方面，提高海上丝绸之路文化遗产保护教育与科研水平，形成文化遗产保护理论，成立"鄞州海上丝绸之路文化遗产研究中心"，利用多学科的技术加强文化遗产保护；②海上丝绸之路文化遗产的发展必须循序渐进，整体规划。作为线性文化遗产，海上丝绸之路文化遗产发展工作会牵涉不同的区域，甚至不同的国家，因此必须要从全局和整体的角度，制定海上丝绸之路文化遗产发展规划；③海上丝绸之路文化遗产的发展必须有足够的人才支撑。通过职业技术教育和从业资格管理，以举办培训班、与国内外大学和专业机构展开交流等多种方式，对不同层次和不同岗位需要的管理和技术人才进行短期职业培训，不断培养文化遗产发展人才；④开展全民普及海上丝绸之路文化遗产教育，应和国民素质教育、德育教育、历史教育结合起来，可以和旅游观光、休闲娱乐活动、文化活动等结合起来，通过形式多样、寓教于乐的方式，尽快提高国民的海上丝绸之路文化遗产保护意识和保护手段。

四、效益性发展原则

海上丝绸之路文化遗产是我们的宝贵财富，既具有经济效益，也具有社会文化效益和环境效益。因此海上丝绸之路文化遗产发展必须坚持效益原则，既要注重经济效益，又要注重社会文化效益和环境效益，谋求综合效益的稳步提升。

鄞州海上丝绸之路文化蕴藏着强大的生命力，独特的创造力，丰厚的文化内涵和恩泽后人的优秀价值观，它既是文化自信的历史来源，也是在实践中的具体体现。通过鄞州海上丝绸之路文化遗产创新性发展可以认识和把握其文化内涵，挖掘和利用其文化资源，传承和创新海上丝绸之路文化，亦可以为培育文化自信提供国际平台，促进中华文化的对外开放与交流。因此，鄞州海上丝绸之路文化遗产发展过程中必须遵循效益协调原则，强调经济效益、社会文化效益和生态效益的统一，尤其要把社会效益放在首位，充分发挥海上丝绸之路文化遗产在加强思想政治教育、构建社会主义和谐社会、促进社会主义先进文化、提升文化自信等方面的作用，也要注重对环境的保护，保护海上丝绸之路文化遗产所在地的自然环境和人文环境，改善这些地区的基础设施，提高当地的环境质量。

第三节　国内外文化遗产发展模式概述

文化遗产是历史留给人们的宝贵财富，是人类智慧的结晶，它直观地反映了人类社会的发展，也反映了历史、社会、科技、经济和审美价值，是社会发展不可或缺的物证。文化遗产开发模式一般是指根据文化遗产资源的赋存条件、开发潜力、区位条件、经济状况、产业结构条件、产业所处的不同阶段和政府的支持力度与管理水平等，形成或确定一个国家或地区在某一特定时期内遗产开发的总体方式。

文化遗产是不可再生的资源，由于区域发展的不平衡和文化遗产资源禀赋的差异，世界各国在文化遗产的保护与开发过程中逐渐形成了多种保护与开发模式，建构了物质文化遗产与非物质文化遗产保护与开发双轨运行的机制。

一、物质文化遗产保护与开发模式

1. 博物馆式保护与产业开发模式

随着物质生活水平的提高，人们日益追求精神生活上的丰盈，对传统的兴趣、对文化的热爱、对精神生活的关注正成为一种火热的社会风尚。这种对于文化需求的潮流变化也促使博物馆作为文化展示的窗口不断调整其自身文化展示的功能，由过去的只是以"征集、保护、研究、传播"职能为核心和以宣传、教育科研为目的传统公益性机构演进为社会教育传播机构和文化创意产业链中的一个重要环节。在文化旅游、会展、文化休闲、文物复制品生产、销售等行业和领域切入市场体系，成为当代文化展示和体验的重要平台。博物馆式发展模式，首先是公共博物馆的开发模式，在市场社会的催发之下，现代公共博物馆的文化遗产保护与市场发展功能形成了相辅相成的关系；其次是民间博物馆的产业开发模式，以文物资源作为博物馆产业发展的基础，以文化产品的不断创新作为持续发展的动力，以旅游开发作为博物馆运作的重要途径，博物馆的开发与旅游开发融为一体，将餐饮、纪念品开发等纳入开发规划；最后是数字博物馆的开发模式，数字博物馆产业开发模式的基本模型由数字藏品与公众两个基本部分组成，并分层描述数字藏品资源和公众这两大要素之间的相互作用过程。

2. 大遗址保护与整体开发模式

大遗址保护模式是指为了实现大遗址整体保护和区域统筹融合发展，促进大遗址价值的传承弘扬和公共文化服务体系的建立，以大遗址系统为对象，以大遗址系统各要素调查评估为基础，以价值为导向，以安全为底线，以协调遗存保护利用、人与环境共生为主线，通过科学描绘大遗址保护利用愿景、制订大遗址保护目标体系和保护管理等行动方案，并将之付诸实施，以实现既定目标和效益的过程性活动。大遗址保护模式因各民族文化渊源的影响而有所差异。目前，大遗址保护与开发主要有这样几种形式：德国保护大遗址的主要方法是建立公园和博物馆；意大利的大遗址保护主要是把考古遗迹的维护和文化、生态景观的建设与保护结合为一体；美国在遗址保护方面主要是使遗址区与绿色廊道相结合，在大区域内运用遗产廊道的保护模式对遗址进行整体保护。

3. 文化遗产旅游开发模式

以文化遗产为中心的旅游开发模式就是以文化遗产为中心，以其他自然景观、文化景观、民俗景观、纪念品为支撑，形成一个旅游产品群，并互相支持。地方政府作为外部的主要推动力，起到创造良好的政策、体制环境，引导和支持企业进入旅游开发系统的作用，并建立制度性约束机制，保证文化遗产的原真性、完整性，并为旅游和相关服务企业注入资金，进行旅游开发并获得价值收益。价值收益的分配以谁投资谁受益为主要原则，但同时需提取相应的资金以投入文化遗产的保护、维护、修缮等工作。

4. 城市历史街区开发模式

历史文化街区（historic conservation district）作为文化遗产的重要组成部分，也是文化遗产开发的一个重要内容。对于历史文化街区的保护与开发，西方发达国家已经形成一些较为成熟的经验。如英国普遍采用设立保护区的模式，整体保护"具有特殊的建筑或历史价值，并且其内在特点和外观需要保存或整治"的地区，采取持续性的保护与整治，由政府提供财政补贴和贷款以获得资金来源。日本京都市针对城市人口流失和经济衰退问题，按"保护、再生、创造"的理念，在城市规划和土地利用中分为自然景观和历史景观保护区、市中心复兴区、城市新功能集聚区等三个区，通过功能的重置激活城市活力。

二、非物质文化遗产保护与开发模式

2003年，在联合国教科文组织缔结《保护非物质文化遗产公约》之后，我国非物质文化遗产的保护与开发热潮随之兴起。非物质文化遗产的保护与开发模式既与物质文化遗产保护与开发有着相似的特点和经验，也具有自身特点。

1. 民俗博物馆保护与开发模式

民俗博物馆属于博物馆中的专题性博物馆，它以征集、收藏、研究、展示地域的和民族的生产、生活、民俗、信仰、娱乐等民俗文化类型为主要宗旨，也是遗产管理的重要单位之一。在中国，民俗博物馆的建设发轫于20世纪80年代中期，随着博物馆事业的不断发展，民俗文化复兴浪潮的日益高涨，使其成为博物馆事业中重要的组成部分。我国较为著名的是北京民俗博物馆、天津民俗博物馆、南京民俗博物馆、山西河边民俗博物馆等。

2. 节庆文化保护与开发模式

节庆文化开发模式是指以民俗节日、民俗活动或民俗文化为主题，以举办大型庆典活动为形式的旅游开发模式。节庆文化开发多以民族性的传统节日民族文化艺术活动为契机，开展观光和文化体验相结合的旅游活动，基本模式为：突出地方特色和文化特色，引入多元化的投资主体，将节庆活动转变为节庆产业，形成"政府牵头、公司经营、社会参与"的多元化举办模式。法国的亚维侬艺术节始于1947年，每年的7月上旬至8月上旬举办为期4周的表演活动。法国亚维侬艺术节以街头表演艺术为主，邀请上百个表演团体参加盛会，来自各国的表演团体和艺人在古城的各个地区进行演出，使整个亚维侬成为一座戏剧城，每年前来参观的人流超过百万人次。

3. 文化演艺开发模式

基于文化遗产之上的演艺开发模式为：将非物质文化遗产和文化资源作为内容素材，进行文化生产创作，将创作产品交由经纪公司、演出公司进行包装开发，并进行相关的广告宣传和对外演出联系。在这一开发过程中，政府须发挥外部调节、优化的作用，为艺术的传承、发展创造良好的环境。目前，我国演艺市场上出现了一些将民族民间文化资源与旅游产业相结合的成功范例。如《印象·刘三姐》以桂林阳朔漓江山水为舞台，以脍炙人口的壮族民歌为素材，按照文化产业方式运作，取得了巨大的经济效益，同时拉动当地旅游及相关产业的发展。

4. 主题公园开发模式

主题公园开发模式，是指在一定区域（园区）内，通过仿造民俗环境表演民俗节目或生产生活中的某些民俗活动，形成文化遗产集中展示、旅游者参与体验的一种民俗旅游产业发展方式。自1950年海牙"小人国"马都洛丹正式开放，主题公园这一全新的旅游开发模式迅速在世界范围内兴起，其中，非物质文化遗产类的主题公园占有较大比例。

5. 影视开发模式

非物质文化遗产的影视保护与开发通常有两种形式，其中一种就是民俗影视纪录片的形式，通过真实、科学、动态、多维地记录文化原貌，保存保护和展示民俗文化原生的形态和形成发展的历程，成为一种"活态文献"，如浙江省拍摄的"文遗系列"电影《皮影王》《十里红妆》等。另外一种形式是产业化影视开发模式，即以非物质文化为题材，通过电影、电视公司、音像公司的影视化运作，创作出适合市场需求的影视作品。

第四节　鄞州海丝文化遗产创新发展模式

如前所述，鄞州海上丝绸之路文化遗产保护和开发已经逐渐取得了一些成效，但是仍然有很大的发展空间，在理论和科学技术不断发展的形势下，为了保证鄞州海上丝绸之路文化遗产得到切实有效的保护和开发，构建与文化遗产实际情况相符合的创新性发展模式，可以从根本上提高海上丝绸之路文化遗产的价值。根据鄞州海上丝绸之路文化遗产特征以及相关因素，可以采取以下几种创新发展模式。

一、文化演艺发展模式

文化演艺发展是我国文化遗产创新发展的重要手段，从驻场表演、主题公园演出、山水实景演出到沉浸式演出，演艺在表演形式和艺术水平等方面不断提升，不仅先后出现了印象系列、千古情系列等强势演艺 IP 体系，还涌现出一大批地方特色浓郁、市场基础稳固的演艺项目，其中不乏在艺术和市场上都有突出表现的精品。演艺涉及要素多、产业联动要求高，易于吸引社会和产业的关注，是文旅融合的重要体现，需要政策指引和扶持。2018 年发布的《国务院办公厅关于促进全域旅游发展的指导意见》要求，推动剧场、演艺、游乐、动漫等产业与旅游业融合开展文化体验旅游。2019 年，文化和旅游部出台了《关于促进旅游演艺发展的指导意见》（简称《意见》）。作为国内首个促进旅游演艺发展的文件，《意见》将推进旅游演艺的转型升级作为首要任务，鼓励各类市场经营主体抓住大众旅游时代到来和文旅融合发展的契机，积极参与到旅游演艺发展的大潮中。

（一）宋城千古情项目的经验

《宋城千古情》是杭州宋城旅游发展股份有限公司旗下的核心演艺产品，是目前世界上年演出场次最多和观众接待量最多的剧场演出，被海外媒体誉为与拉斯维加斯"O"秀、法国"红磨坊"比肩的"世界三大名秀"之一，成为杭州的标志性演出。"千古情"系列演出创造了世界演艺市场的五个第一：剧院数第一、座位数第一、年演出场次第一、年观众人次第一、年演出利润第一，其票房收入则占据了中国旅游演艺市场半壁江山。公开数据显示，目前宋城演艺旗下已经拥有 74 个各类型剧院、17.5 万个座位，"千古情"系列演艺作品每年演出达到 8000 场，观众数超 3500 万人次。《宋城千古情》用最先进声光电的科技手段和舞台机械，以出其不意的呈现方式演绎了良渚古人的艰辛、宋皇宫的辉煌、岳家军的惨烈、梁祝化蝶和白蛇许仙的千古绝唱，把丝绸、茶叶和烟雨江南表现得淋漓尽致，极具视觉体验和心灵震撼。

1. 政府的倾心支持和引导

杭州市政府在《宋城千古情》项目的启动、选址、开发的过程中扮演着重要的角色。宋城集团运营初期，杭州市政府给予了极大的支持和引导作用，为《宋城千古情》建立了全新的制度来推进它的发展。在建设初期，杭州市政府投入大量资金完善旅游基础设施，优化交通条件，并完善旅游市场机制，这些举措无疑为《宋城千古情》的发展提供了一个良好的市场环境。在《宋城千古情》公演后，杭州市政府也极大发挥了其推介作用，举办多次推介会，促进各地文化交流的同时，使国内外游客更加了解杭州文化，还极大地增加了《宋城千古情》的知名度和影响力。由此看来，杭州文化深入人心，《宋城千古情》的成功与杭州市政府的指导和支持是密切相关的。

2. 突出地域文化特色

《宋城千古情》充分挖掘和体现杭州文化，突出文化在旅游中的核心竞争力。一场成功的演出，需要市场反复打磨，以市场为演出导向。但不是为了迎合市场放弃文化，没有文化核心，最终也会失去市场。表现手段可以变，但文化核心不能变。《宋城千古情》以浓厚的地方特色和文化积淀，将游客游览的景观与歌舞艺术相结合，满足了当代游客对文化的渴望。《宋城千古情》融入众多的杭州历史典故、民间传说和西湖人文景观，每一个篇章都以多种表演艺术元素诠释了杭州的人文历史，展现了一个缠绵迷离的美丽传说，一段气贯长虹的悲壮故事，一场盛况空前的皇宫庆典，一派欢天喜地的繁荣景象。《宋城千古情》全场剧情大致可分为五个篇章："良渚之光""宋宫宴舞""金戈铁马""西子传说"和"魅力杭州"，每个篇章都渗透着浓郁的地域文化气息。

3. 运用高技术，推出系列体验活动

《宋城千古情》运用高技术营造演出剧场的舞台效果："金戈铁马"采用烟火和低压供电技术营造氛围，虚化出射向观众席的炮火；"水漫金山"利用水幕喷头来营造瀑布喷流的舞台；"梁祝化蝶"利用激光灯将观众带入了时光隧道。不仅如此，演出还采用了升降舞台、移动观众席、全彩激光灯等科技手段，来制造这场震撼的视听体验，让游客们回味无穷。推陈出新，每年如期上线的演出，每一次都会带来不一样的风味。除此之外，为了增强趣味性，《宋城千古情》也利用高科技手段来增加一系列的旅游体验项目，如活着的清明上河图、聊斋惊魂鬼屋等，来满足各种旅游群体的需求。这些体验性活动项目，不仅增加了游客量，也在一定程度上增强了宋城的知名度和影响力。

4. 完善的用人育人机制

目前，宋城艺术团自聘专业的舞蹈、模特、杂技等演员 300 多名，已经是最大的民营艺术团之一，并且在选人、育人、用人上实行优胜劣汰和可进可出的制度。每年都要对艺术团成员进行考核，考核成绩与奖金挂钩，并且实行末位淘汰制。同时，宋城集团与浙江大学等联合培养学员，提高学员的艺术素质，以及对文化的理解程度。以必要的人才投资、有效的激励机制、包容性的文化环境，汇集创作和管理骨干，形成精英演出团队。这种完善的用人管理制度，有利于提升演员的综合素质，促进企业的可持续发展。

5. 运用多样化的营销手段

宋城利用多种营销手段对《宋城千古情》进行大幅度宣传，提高其知名度。在宣传初期，利用媒体营销、地毯式传单派发、销售人员大力推广等方式进行营销；在市场进入阶段，树立城市会客厅理念，不仅抓好当地居民，而且将当地居民看作促销员，帮助吸引外地游客，而且在社区内为社区居民提供包场的专场服务，形成"杭州天天有包场"现象，这无疑扩大了《宋城千古情》的影响力。不仅如此，宋城决策者也擅长做事件营销

和网络营销，不仅建立自己的电子销售平台，还经常根据季节性举办丰富的体验性活动。可以说，《宋城千古情》的营销模式为它的成功提供了强大的动力。

（二）鄞州海丝文化演艺发展瓶颈

首先，内容塑造不突出，品牌影响力不够。一是海上丝绸之路文化剧目少，特色不够鲜明，社会影响小，海上丝绸之路文化演艺品牌效益和规模化效应尚未形成；二是海上丝绸之路文化挖掘不足，宗教文化、海商文化、民俗文化以及特色鲜明的非物质文化遗产等优势尚未凸显，"名城强区"的个性不够鲜明；三是原创剧培育和推广、剧目引导和管控机制等有待进一步加强，迫切需要调动市场主体、社会主体的主动性、积极性和创新性；四是群众参与度低，场馆日常剧目上座率不高，游客演艺消费低，大众观剧习惯有待进一步培养。

其次，产业扶持不系统，融合创新不足。一是产业政策的系统性、针对性略显不足，亟须打响政策组合拳。二是文商旅产业联动不足，要素集中度不高，有待进一步融合创新。三是财税激励机制、人才引进制度等显示度不高，需进一步统筹、整合及提升。

（三）鄞州海丝文化演艺发展路径

结合《宋城千古情》经验和典型特点，针对鄞州海上丝绸之路文化遗产的特征，在体制机制、资源整合、品牌塑造、宣传营销等方面提出如下建议。

1. 推动体制机制创新，加强资源整合利用

一是坚持政府主导，营造高效服务环境。发挥政府作用，切实转变政府职能，加大对海上丝绸之路文化演艺产业的政策扶持，以吸引更多企业投资到该演艺产业中，为项目提供资金支持和有力保障；改善基础设施建设，促进形成公平竞争的文化市场环境，对海上丝绸之路文化演艺活动进行积极引导和调节，引导企业理性投资和正确决策；建立演出资质认证系

统，实行管理岗位、制作岗位的人员和演员、舞台美术师等各类从业人员的业务培训和资格认证制度，规范提高市场从业人员职业化水平，逐步确立现代演出市场模式等。

二是深化文化"放管服"，扩大简政放权成效。对照服务业市场准入负面清单管理模式，放宽海外演出经纪机构和文艺表演团体的市场准入限制，扩大外资演艺业务参与范围。进一步简化营业性演出审批程序，争取将演出经纪许可证及剧团海外出访演出的审批管理权下放至区级责任主体相关委办局，提高审批效率。加快实施分类审批试点与事中、事后监管制度创新，建立高效的跨部门监管协同机制。

三是加强演艺资源整合，形成最大集聚效应。整合全区、甚至全市的演艺市场资源，促进各类剧场、剧团、剧种跨界联动、功能错位、合作发展，促进名家、名团、名剧集聚，以魅力排行、衍生品展示、衍生品销售等多种形式，开展长三角城市间的联动与合作，探索建立长三角文化演艺联盟的创新模式。

2. 立足海丝文化，形成品牌优势

发挥鄞州海上丝绸之路文化独特性，深挖中外佛教交流中占重要地位的天童寺、阿育王寺，堪称航海地标的庆安会馆和天后宫，宁波海上丝绸之路申遗标识的"羽人竞渡纹铜钺"，推动民间石刻艺术东传的东钱湖南宋石刻群，促进民间工艺交流的朱金漆木雕、骨木镶嵌、金银彩绣、甬式家具、竹器等传统手工技艺，根据地方文化特色整合资源，在保持海丝文化特色和原真性的基础上进行大胆创新，进而形成品牌优势，并且不断更新创作以吸引回头客。注重发挥地域优势，借助山、溪、湖、海、寺、田、林、村、城等资源创作特色表现形式，吸收当地的文化艺术家加入团队中来。当前，建议鄞州区政府联合国内外知名创作团队，深挖鄞州海上丝绸之路文化内涵，创作排演以海丝题材为主题的大型舞台剧《羽人竞渡》，融入"海丝文化、海商文化、海防文化、传说故事"等特色鲜明的文化元素，通过艺术形式呈现"人类与海洋"和谐相处的场景，展现人类"向海

而生"的拼搏、开放、包容精神，展示与海抗争、博浪天地、坚韧不拔的精神坚守，将原汁原味的人文积淀经过艺术加工后，在舞台上精彩呈现，让观众在第一时间进入沉浸式现场体验，感受美轮美奂的视觉盛宴。

将文化与旅游相结合，让海上丝绸之路文化成为鄞州旅游的一个亮点，进而提升其知名度和影响力。加强与宋城千古情、印象系列演出等项目团队之间的交流学习，相互借鉴，取长补短。同时保持自己的特色，形成独一无二的品牌优势。创新演出形式，结合情节需要和演出实际，增加与游客互动，以调动游客积极性，提升游客的参与感和体验感。

完善项目发展产业链，如服装、演出设备、广告等，整合义乡文化、书香文化、名贤文化等其他优秀文化，开展多种活动，改变单一演出形式，在演出中寓教于乐，让观众了解海丝文化，了解鄞州文化，进而了解中华传统文化。建设文化休闲娱乐景观场所，扩大经营范围，吸引更多企业投资。完善周边基础设施建设，解决餐饮、住宿、交通等问题。

加强演出团队建设，提高演员的表演技巧和专业水平。完善硬件设备，运用一流的技术设备为演出的完美展现保驾护航。树立可持续发展的理念，在开发的同时保护山水自然环境，做到项目开发与自然环境保护和谐健康发展，打造生态演艺项目。

3. 坚持将创新作为演艺高质量发展的动力源泉

在业态创新方面，相比大成本大制作老套路的旅游演艺，可以积极开发中小型、主题性、特色类文化演艺产品，更多地引入"微演艺"，创造文化演艺矩阵和集群。与目的地、文旅企业、图书馆、博物馆和文化馆等公共文化设施联合，探索更多的合作渠道，创造文化演艺新空间。进一步丰富文化演出产品和其他产业的组合模式，创造条件，整合演出、餐饮、娱乐、购物等业态。加强与夜间经济等新业态融合，在投资吸引、市场开拓和产品创新上互相依托。充分利用5G、人工智能、虚拟和加强现实、大数据等新技术，加快推进文化演艺创新发展。

4. 推动演艺线上线下差异化和联动化发展

传统演艺行业纷纷试水开展线上直播等新业态，带来线上观众呈现几何级增长。海上丝绸之路文化线上演艺将成为新常态和新的增长点。线上演艺不是简单地把剧场录制的演出光盘搬到线上，它颠覆了传统剧场演出镜框式舞台的观演关系，需要传统演艺行业改变传统创作观念，适应新的载体特点和传播规律，重塑文艺创作生产组织方式，做到在艺术表现形态上强化体验互动，在技术传播形态上勇于变革求新，推动内容形式手段更具网络属性，更加符合网络年轻观众的口味。一是加大海上丝绸之路文化线上演艺常态化发展的资金支持。不仅要着眼当前，还要着眼长远，每年从现有公益演出补贴中拿出一定比例，出台线上演出分级分类认定办法和补贴标准，鼓励支持线上演艺转型发展。二是建立线上优秀作品奖励机制。面对短视频主导的读屏时代文化消费特点，为适应互联网发展语境要求，改变传统剧场动辄一个小时以上的大体量创作思维模式，鼓励开发小型、快捷、灵活的"网感"十足的作品，建议在综合评价基础上，建立线上优秀作品的评选奖励机制。三是加强开展线上业务培训和线上人才队伍培养。将组织开展线上专题业务培训，纳入全区艺术人才队伍建设工作举措，加强线上演艺人才队伍建设，提高对线上演艺特点和规律的把握，推动演艺线上线下差异化和联动化发展。

5. 做好宣传，拓宽营销渠道

文化演艺产业也是对文化的一种传播，开拓广阔的市场离不开宣传和营销。将传统媒体与新媒体相结合，通过报纸、杂志、电视广告、互联网等宣传推广。以市场为导向，实施精准营销，借助宁波文旅主推旅游品牌"顺着运河来看海"，让游客形成来宁波必看海丝文化演艺的意识，从而留住游客，满足游客"白天赏景，晚上看戏"的需求。

改变单一的旅行社绑定式营销方式，借助宁波各大旅游景点、酒店、宾馆等，推广联票套餐等优惠活动，广泛吸引游客。通过调查，对潜在市场进行分类，如散客市场、团体市场、其他目标市场等，进而制定不同的宣传方案，使宣传方式多样化、系统化，使营销更具有目标性和针对性，从而提高演出的上座率。同时，借助大平台的流量优势，在旅游线上大平台上完善鄞州海上丝绸之路文化演艺信息，吸引更多的游客关注鄞州海丝。综合运用短视频软件，积极营造旅游热点和亮点。

6. 依靠人才，高效管理

深化人事制度改革，完善人才培养体系。要想活跃文化演艺市场，只拥有顶尖的艺术制作人才是不够的，精通经营管理且了解文化产品的复合型人才是文化产业发展更需要的，这些高素质人才可以通过设计、组织、洽谈等积极推广优秀剧目。借助科研机构、社会培训机构、各高校等，开展经常性和有针对性的短期培训，培养适应岗位要求的人才。

进一步完善专业技术职务聘任制度，对高层文化产业人才实行跟踪考核，动态管理。建立激励保障和奖励机制，鼓励人才创新，如制定文化技术创作成果等要素参与分配的办法，充分调动文化产业人才的积极性。培养一批喜欢海丝文化、了解海丝文化、关心海丝文化创作开发的本土文化爱好者。通过学习引导，将他们培养成演艺人才、艺术创作人才、专业技术人才、经营管理人才，在文化产业开发实践中培养一批文化产业企业家。

此外，还应该注意留住人才，制定优惠政策吸引各类优秀人才进入鄞州文化演艺产业发展领域。通过颁布引进文化演艺人才的优惠政策，对做出突出贡献的文化演艺产业管理、经营、工程技术、艺术创作等方面的人才进行奖励。允许文化演艺产业管理人才以其特长和管理才能作为无形资产，按一定比例持有股份并参与分配，允许和鼓励文化创意人才以知识产权的方式参与企业。

二、博物馆发展模式

作为全国综合实力百强区（2021年鄞州区排名第四），鄞州在经济发展的同时，根据鄞州区的历史特点、人文基础，坚持社会事业同步发展，坚持博物馆事业、文物保护等文化事业的同步发展，与宁波市一起创建了市、区两级政府共建博物馆的模式，并实行"一馆两牌、一库两用、一楼两办"的管理运行模式，整合了财力、物力、人力资源，避免了在同一市、区不同级政府建两家性质相同博物馆的弊端，充分体现了市、区共同投资、共同建设、共享资源、优势互补的建馆理念。这一模式是一种跨行政级别、共享博物馆资源的创新，为各地合建博物馆提供了好模式，打造了"中国博物馆文化之乡"，首开我国博物馆建设之先河。目前，鄞州区拥有博物馆22座，除了已经建成的宁波（鄞州）博物馆、紫林坊艺术馆之外，还有文化遗存的沙孟海书学院、鄞州滨海博物馆，又有自然标本的周尧昆虫博物馆、鄞州古典园艺博物馆，既有革命历史的四明山革命烈士陵园、后屠桥烈士陵园史迹陈列馆，又有生活起居的明贝堂中医药博物馆、鄞州居家博物园等。

（一）海丝博物馆的内容组成

为了更好地保护鄞州海上丝绸之路文化遗产，建议规划建设"海上丝绸之路博物馆"，对鄞州（宁波）海上丝绸之路及其文化、精神做全方位的展示、宣传、介绍，使之成为展现和弘扬鄞州精神的重要场所。一方面，海上丝绸之路文化的核心精神，在今天依然闪烁着璀璨的光辉，对于弘扬传统文化、坚定文化自信、构建和谐社会，具有不容忽视的启迪意义，很有必要将它们集中起来以博物馆的形式呈现，更好地发挥其积极的教育意义，进而弘扬鄞州精神。另一方面，借助博物馆的形式，还可以发挥集旅游、商务、娱乐等多种功能于一体的社会公共空间的作用，丰富广大人民群众文化生活。

海上丝绸之路博物馆拟以文物为主体，以图片、场景和多媒体为辅助，展示古代中国人民开创海上丝绸之路的伟大历程，以及丰富厚重的海丝文化遗产。海上丝绸之路博物馆拟由六个部分组成。

第一部分，海上丝绸之路与沿海古港：这一部分，拟介绍海上丝绸之路的概念、定义、航线，以及中国海上丝绸之路代表性港口城市广州、泉州、南京、漳州等城市的海丝文化遗产。

第二部分，东方大港肇兴：以历史为主线，这一部分拟通过鄮县故城考古调查、凰山岙地块墓葬考古、天童禅寺塔院考古调查、东钱湖窑址考古发掘、东钱湖南宋石刻遗址等考古发现，反映鄞州发展、繁荣和转型的历史过程。

第三部分，海上丝绸之路上的宁波港：拟通过航线、城市建设和航海设施、宋元市舶司、海神信仰、使臣与海商、贸易品和手工制造业、多元文化等多个单元，详细深入地讲述鄞州（宁波）这个曾风靡世界、与近百个国家与地区有贸易来往的东方大港。

第四部分，海上丝绸之路的转型：拟通过"佛教与鄞州海丝""中日关系""中朝关系""鄞州海商"等单元，展示明清两代海洋政策调整、市舶司移置、倭寇侵扰劫掠等背景下，鄞州（宁波）海外贸易由官方转入民间、私商贸易兴起的历史。

第五部分，海上丝绸之路上的商品：拟通过瓷器、丝绸、茶叶、书籍、思想学说、佛教、工艺等外销（传）产品的系统展示，展现鄞州（宁波）在海上丝绸之路中的显要地位。

第六部分，21世纪海上丝绸之路中的鄞州：系统展示21世纪鄞州在制造产业中的绝对优势，输出品牌产品，加强鄞州元素在文化创意产业、生物科技、新材料等方面的再提升，实行全方位的经贸文化交流与融合，全面融入21世纪海上丝绸之路的建设。

（二）海丝博物馆建设的数字化方向

值得注意的是，伴随着信息技术的快速发展，移动互联网已经融入我们的生活中，潜移默化地改变着我们的生活方式和节奏。当博物馆里古老的传统文化与互联网信息技术相结合，不仅会为博物馆文化传播创造种种可能，还会给公众带来博物馆文化的全新体验。博物馆的数字化建设也跃升到一个新高度。互联网与博物馆的结合，将成为一种文化推力，促进博物馆文化在公众领域的传播进入更快捷、更迅速、更具传播力和影响力的新阶段。

在当前科学技术、网络技术不断大力发展形势下，在针对海上丝绸之路文化遗产进行保护和开发的过程中，也需要与时俱进，与现代技术进行有效结合，这样不仅能够吸引更多的现代人参与到文化遗产的保护和开发当中，而且能够实现文化遗产的整体价值。数字博物馆主要是利用网络技术、信息技术以及多媒体技术来实现对一些文物的保管、研究和教育等，主要呈现方式是以音频、视频以及图像、文本为主。现如今，我国的数字博物馆发展已经取得了一定的成效，比如中医药数字博物馆、中国航空数字博物馆等。因此，新时代，要以科技创新和数字化变革催生新的发展动能，加快推进博物馆发展理念创新、业态创新、服务创新、模式创新、管理方式创新。推进"智慧+"、数字文化等重大战略，推动鄞州海上丝绸之路线上与线下融合、参观与演播并举。

鄞州海上丝绸之路博物馆移动互联平台，融合门户网站（PC及智能手机、数字博物馆内容）、智慧导览系统（手机APP导览、微信导览、智慧参观手持终端、团队讲解、无线触摸屏、以多模定位基站实现的手机自动讲解系统）、智能业务系统主要三大系统。游客可以通过PC电脑或者手机访问官方门户网站，浏览资讯信息，进行在线体验，实现虚拟游览，360度全方位查看文物；另外通过手机APP，实现AR（增强现实技术，Augmented Reality，简称AR）互动功能，配合多模定位基站实现手机的室内定位与自动讲解；博物馆工作人员可进入智能业务系统检测文物安全、监管参观秩序。数字化三大系统将有效实现博物馆的功能延伸与业务开展。

首先，提升公众体验度。利用先进的AR互动技术，选取重点展品进行建模，制作AR互动资源，将手机对准展品拍摄，实现在拍摄画面下叠加虚拟模型，增加用户的互动操作，提升用户的趣味感。广泛采用最新科技手段，通过RFID（Radio Frequency Identification System，射频识别系统）智能导览、数字博物馆、微信导览构建网上虚拟展馆，多形式服务观众。在虚拟空间中，实物藏品可以做成三维的形式，能让参观者比在实地展厅隔着橱窗了解更多藏品的细节。这样的参观模式打破了传统博物馆中参观线路及观赏角度受博物馆展陈设计者主观意识和客观环境影响的局限。而对那些由于现实条件约束暂时不能到博物馆实地参观的公众而言，虚拟博物馆也能够及时地满足其了解、体验和学习的需求。

其次，创新文化服务手段。积极探索海上丝绸之路文化遗产博物馆O2O主题活动模式，提高博物馆工作水平，创新信息传播方式，使藏品展示与文物信息发布途径更加多样化。海上丝绸文化遗产博物馆可以通过智能导览和微信平台，定期发放观众调查问卷和即时留言等方式听取观众意见，每周组织社教活动之前，在官方网站、微信、微博平台发布活动公告，市民通过网络报名就可以参加。利用鄞州博物馆官方网站、官方微博、微信公众平台和 App，以现代化的网络社交公共平台构筑大众与博物馆陈列展览之间沟通的桥梁，推动展览的宣传推广和博物馆教育传播功能的实现。

再次，全信息化集成管理。基于互联网、物联网等技术，实现展品、游客、人员全业务信息化集成管理，提升博物馆管理水平。海上丝绸之路博物馆内藏品综合管理系统、RFID 智能库房管理系统、不可移动文物信息管理系统、协同办公管理系统、电子票务系统、文化产品销售管理系统、电子阅览管理系统等应用功能模块与移动互联平台应用端口集成，使各应用功能模块数据互联共享，基本实现全信息化的集成管理，管理水平有质的提升。

最后，增强现实虚拟互动。AR 技术，是一种将真实世界信息和虚拟世界信息"无缝"集成的技术，是把原本在现实世界的一定时间空间范围内很难体验到的实体信息（视觉、听觉、味觉、触觉等），通过科学技术模拟仿真后再叠加，将虚拟的信息应用到真实世界，被人类感官所感知，从而达到超越现实的感官体验。增强现实作为一项引人瞩目的新兴技术，近年来为博物馆的交互设计和观众体验带来新的契机。增强现实独特的实时交互，以及将环境与信息融合后反馈给观众，都符合现在博物馆未来发展的实际需求。虚拟与现实的结合增加了展览的趣味性，为博物馆策展开阔思路增加了很多亮点。增强现实的成本相对比较低，只要用摄像头取景即可获得信息，让人机环境更好地融合为一体。虚实结合、高度交互性以及三维定位功能，将极大程度的调动观众参与的热情，提高对历史和科学的感知，还原互联网的真实感，让博物馆跟观众的互动联系更加密切。

三、大遗址发展模式

（一）大遗址发展模式内涵

从石器时代的良渚遗址、牛河梁遗址到夏商时期的二里头遗址、殷墟遗址，从横空出世的三星堆遗址到秦始皇陵、汉长安城遗址、隋唐洛阳城遗址、圆明园遗址，以及长城、丝绸之路、大运河、万里茶路等线性遗产所经过的众多遗址等，这些看似类型相异、时空不同、价值多元的历史遗存有一个共同的名称——"大遗址"。大遗址指中国文化遗产中规模较大并且文化价值突出的文化遗址，是遗存本体和与其相关的环境载体共同构成的综合体，是中华民族的精神标识、国家的文化名片，具有不可再生、不可替代、规模宏大、价值重大、影响深远、构成复杂的特征。大遗址保护和开发模式的应用，在我国文化遗产保护和开发过程中，是一种比较常见的方法。

国内现存的大遗址数量非常多，而且规模也非常大，不同的地区有不同的特色，在实际操作过程中，对大遗址进行保护和开发利用的模式主要分为四种：①将整个遗址区域逐渐构建成公园的形式，比如西安的大明宫遗址公园，让其自身的价值充分地展示出来；②将大遗址与现存的景观区域进行有效结合，打造成旅游景区；③将整个遗址区域构建成森林公园的形式；④将遗址与一些现代农业园区进行有效结合，从根本上促使大遗址保护与开发模式的有效结合。从世界范围来看，当前大遗址保护理念大致表现出三种倾向：①以希腊、土耳其、意大利等国家为代表的欧洲模式，其特点是严格讲求保护的真实性和完整性；②日本模式，主要采取保护与利用协调共进的方式，并注重遗存环境的展示与保护；③美国模式，以灵活多样的历史文化保护体系和政策激励机制为主要特征。

（二）海丝大遗址发展的鄞州模式

1. 鄞州海丝大遗址发展存在的困难

截至目前，鄞州区海上丝绸之路文化遗产大遗址发展存在诸多困难和不足，主要有以下三个方面：

第一，思想认识有所偏差，文化遗产保护意识不足。由于受到长期形成的一些观念的影响，一些干部、群众的文化遗址建设、文物保护意识不足，仍存在一定程度上的重经济发展、重开发利用而轻文物保护的思想，对文化遗产保护的意义和作用认识不到位，对遗产保护法规、政策了解得不够透彻。尤其在建设工程选址过程中，文化遗产被破坏现象偶有发生，这也造成一定程度上的保护风险。

第二，人文历史难以体现，资源有效整合不够。海上丝绸之路文化遗址不是历史记载，而是真实体现。但由于自然及人为因素损毁，加之国内城市发展的理念本身就经历了从大拆大建向有机更新的转变，在城市建设中不可避免地产生了一些不适当的开发，导致部分海上丝绸之路文化遗产遭到一定程度的损坏，留下了历史性遗憾。有些古迹除了历史价值外，已无整体景观价值，传统文化缺乏实物上的体现，成了"书本上的历史"。

第三、遗产保护投入不足。鄞州区海上丝绸之路文化古迹较多，历史街区范围大，需要大量的资金、人力、智力等投入。目前鄞州区海上丝绸之路文化遗产中，有一些还缺乏安防、消防、防雷等相关设施，尤其一些野外文物的保护措施更有待完善和加强。

2. 海丝大遗址发展的鄞州模式

根据鄞州海上丝绸之路文化遗产的内涵特征，探索和尝试大遗址保护的鄞州模式。

一是坚持政府主导，规划先行。政府是全面推进大遗址保护工作、充分发挥大遗址社会效益的主要责任主体，不断加强文物与发展改革、财政、国土等相关部门的沟通合作，从宏观的角度把握大遗址保护工作的全局和方向，在涉及大遗址保护的人财物投入、政策扶持上予以重点支持；坚持政府主导，要进一步发挥地方政府的主体作用，将大遗址保护纳入经济和社会发展计划，纳入城乡建设规划，纳入财政预算，纳入体制改革，纳入各级领导责任制，紧密结合国家的战略要求与地方发展的实际需要，勇于实践，积极探索，建立符合地方发展需要、代表地方综合实力、体现地方文化特色的大遗址保护和利用模式。坚持从城市规划入手，统筹解决城市建设和遗址保护关系问题。经过建设，逐步经形成以宁波三江口（庆安会馆）—宁波东部新城核心区—阿育王寺天童寺—东钱湖（南宋石刻公园）为主的纵贯东西的城市历史景观轴线，大遗址已与城市水乳交融、相得益彰，成为城市不可分割的重要部分。

二是坚持研究先行，夯实基础。只有通过持续的科学认知研究才能全面揭示海上丝绸之路文化大遗址厚重深沉的文化底蕴，才能正确引导相关保护、建设工程的有序开展。借助各级文物考古部门和宁波大学等研究机构，针对鄞州海上丝绸之路文化遗产进行系统的梳理、发掘与研究工作，为明确各个不同时期大遗址的科学价值、建设理念、规划构造、文化内涵和民俗民风，提供翔实充分的依据，有针对性地编制文物保护方案、科学有效地对遗址实施保护，也为整体保护规划的编制提供有力的数据技术支持。同时进一步加强科技创新，积极开展核心技术、关键技术、共性技术的攻关，高效推进科技创新成果转化，有效维护海丝大遗址安全，并创作出更多更有吸引力的文化产品，推动大遗址保护工作的深化发展。

三是坚持科学管理，开拓创新。坚持科学管理才能真正落实海上丝绸之路大遗址保护的各项工作，使大遗址保护的各项工作融为一个有机整体，适应不断变化的新形势。为此，需要进一步解放思想，积极创新和探索管理制度、体制和机制，不断深化大遗址建设与管理的各种制度设计，充分发挥各种力量的积极性和主观能动性，实现遗址管理的统一、高效和规范；进一步切实加强遗址管理机构的能力建设，从相关行业广泛吸纳懂业务、善管理的高素质复合型人才，全面提升管理机构的设施水平、管理水平和技术水平，夯实大遗址保护的基础；进一步转变管理思路，丰富管理手段，从遗址空间资源的动态控制和监测入手，实现从粗放式管理到精细化管理的转变，真正发挥以遗址保护为核心的各项工作的最大效用。

四是坚持把握原则，务实创新。在文物本体保护工程设计中，应该最大限度满足遗址承载力，实现遗址保护和工程的可逆性。在遗址内部展示中，通过声光电手段，动用3D影片、虚拟漫游、全息模型投影等多种现代数字化手段，将各个历史时期在鄞州的人类活动、历史事件生动地表达出来，让枯燥的遗址鲜活起来。同时，为彻底解决大遗址保护资金瓶颈问题，在坚持政府主导的前提下，积极创新遗址保护的运营模式，如积极探索大遗址保护展示、文化产业园区建设的新模式。

（三）鄞州海上丝绸之路文化遗产大遗址发展路径

1. 加强主题保护与综合保护的相结合

大遗址保护要表达一个整体的意义，并且这一整体意义要超越遗址各部分意义相加之和，就像文化线路遗产那样超越局部去表达一个整体的价值，从整体意义中去看各要素的价值，即"在尊重遗产的每个独立要素固有价值的同时，强调独立要素作为一个整体的组成部分来评估其价值"。海上丝绸之路文化遗产遗址保护要以"国家认同和族群文化传承"这一价值主题为指引，加强对鄞州海上丝绸之路文化遗产大遗址的综合性保护。可以选择庆安会馆、天童寺、阿育王寺、南宋石刻公园、大嵩所城等遗产场景来讲述鄞州海丝故事，演绎"海丝活化石"的传奇，增强大遗址的阐释力。

2. 加强遗产保护及环境保护的相结合

大遗址的许多构成遗产是"自然和人类的共同作品""自然与人联合的工程"。对海丝遗址选址及格局的关注，更多的就是要考虑遗址及其与自然人文环境的关系。1168年之后，日本僧荣西二度入宋，从虚庵怀敞禅师问道，在天童来学习五年，得法，成为临济宗 16 世传人，回国后主持建仁寺，开日本临济宗。1223 年，日本僧道元入宋，拜于长翁如净大师门下，受曹洞宗法，学成回国，创永平寺，为日本曹洞宗始祖，该宗尊天童寺为祖庭。曹洞、临济皆为日本佛教之最大宗派之一。天童寺不仅在佛教领域享誉海内外，其自然环境亦颇有名气。其地所在之太白峰，山高林密，环境清幽，生态良好，物种丰富。300 年，西晋永康元年，天童开山祖师义兴遍访名山宝地，及至鄞县之东谷，爱其峰高林幽，人迹罕至，遂结茅为庐，潜心静修。传说其苦行修持感动上苍，遂谴太白金星化为童子，照料大师起居，后人遂名是山为"太白"，寺为"天童"。宋人薛峋曾有诗赞天童曰："佛界似仙居，楼台出翠微。浙中山水最，海内僧衲归。草树有真意，禽鱼尽自机。禅房无别事，唯见白云飞"。山野生态林木之外，寺院内外的古树名木，也是一道亮丽风景线。

3. 加强静态保护与活态保护的相结合

一般而言，大遗址的活态保护包括两层含义，其一是要让文物"说话"；其二是要注重非物质文化遗产在大遗址保护中的融合。大遗址保护要从文物收藏、保护、研究转到公众教育和公众服务上。当前，鄞州海上丝绸之路文化遗产博物馆建设中，要充分考虑观众需求，按原状展示、模拟展示、标识展示、陈列展示、动态考古展示、数字化展示等 6 种方式来对遗址进行全方位的展示。在大遗址的活态保护中，可以把将朱金漆木雕、骨木镶嵌、金银彩绣、甬式家具、竹器等非物质文化遗产纳入大遗址的展示体系之中，从而更好地展现人类价值观交流的过程和结果。

4. 加强遗产保护与改善民生的相结合

惠及民生是检验大遗址保护工作是否卓有成效的一个重要标准。只有让广大民众得到实实在在的好处，大遗址保护才能持续发展，大遗址保护目标才能最终实现。在海上丝绸之路大遗址建设中，一是要充分考虑到当地社区、社团、民众等利益相关方的基本权益，理顺遗址保护和民生改善的关系，努力做到相互促进，共同发展，通过带动当地文化旅游业的发展，通过促进当地产业布局的调整和产业功能的转型，使当地民众切实感受到大遗址保护所带来的实惠。二是要将大遗址保护与美化环境相结合，改善当地民众的生活空间环境，致力于为广大民众提供公共文化场所和休闲场所，陶冶人的情操。要依托海上丝绸之路大遗址这一公共文化空间，开展高层次、高水平的文化活动，使当地民众在家门口就能享受到文化所带来的愉悦，体味生活的美好和品质。三是要在大遗址保护的过程中充分考虑到广大民众的基本文化需求，创造广大群众喜闻乐见的文化产品，让大遗址保护更好地服务基层，服务社会，服务大众。要在继承和弘扬区域文化特色上下功夫，致力于突出城市自身的文化内涵和底蕴，延续城市文脉，重塑城市精神，增强民众文化自信与文化自觉，提升其民族自信心、自尊心和凝聚力。

5. 加强遗产保护与城市建设的相融合

大遗址是人类发展进程中的文化坐标，保护好、利用好大遗址有助于进一步提升区域文化形象。通过建成集教育、科研、游览等多项功能为一体的城市公共文化空间，将海上丝绸之路大遗址建设成鄞州最具特色的文化景观，不仅有助于改善人们生活环境，推动城市建设，更为区域经济发展构建优越的文化软环境。在鄞州海上丝绸之路大遗址保护与城市建设的工作实践中，除对城市格局和整体风貌需严格控制、延续历史脉络外，采取可逆性和可识别性的保护手段，塑造具有较高文化品位的城市空间环境，同时，突出城市个性，注重人性，加强城市的归属感。

四、文化公园发展模式

文化公园是以保护、传承和弘扬具有国家或国际意义的文化资源、文化精神或价值观为主要目的，兼具爱国教育、科研实践、娱乐游憩和国际交流等文化服务功能，经国家有关部门认定、建立、扶持和监督管理的特定区域。2017年发布的《国家"十三五"时期文化发展改革规划纲要》首次提出依托长城、大运河等重大历史文化遗产，规划建设一批国家文化公园,形成中华文化重要标识。2019 年中央全面深化改革委员会第九次会议审议通过了《长城、大运河、长征国家文化公园建设方案》,由此,文化公园建设进入实质性推进阶段。以文化公园为载体,在全国范围内保护、传承彰显国家精神的文化遗产,并通过展示、传播和体验,增强全民对中华文化、中华文明和中国精神的认同感和归属感,进一步坚定文化自信,增强国民的精神力量,是新时期文化建设的重要内容。

(一)建设文化公园的重大意义

当前,鄞州区应立足战略高度,整合多元力量创建海上丝绸之路文化公园,确保具有生态、文化、美学价值的自然资源、人文景观及非物质文化遗产得到有效保护,提高国民意识和民族自豪感,丰富人们的精神文化生活。建设文化公园,借此推动鄞州海上丝绸之路文化资源保护与传承,促进爱国教育与国民文化涵育,丰富文化服务供给,构建起对外交流的文化窗口。

一是弘扬社会主流价值观,提升国家文化自信力。以海上丝绸之路文化公园为载体,凝聚主流价值意识,培育现代文明与生态保护的价值认同。海上丝绸之路文化公园拥有独特的文化资源和精神内涵,既是区域精神的庄严象征,也是传统文化传承的优秀载体。建设海上丝绸之路文化公园,有利于进一步弘扬社会主义核心价值观和社会正能量,带动全社会的民族身份认同感和文化自信力的整体提升。

二是推动对外交流与展示,彰显大国文化软实力。海上丝绸之路文化公园作为文明的重要载体,是传统山水文化与东方文明智慧的结晶,肩负着中外文化相互交流、认同、促进、融合的重要使命。在全球文化交流与竞争日益频繁和激烈的今天,建设鄞州海上丝绸之路文化公园有利于彰显区域文化魅力和智慧力量,从而显著增强区域文化软实力和竞争力。

三是遗产保护与开发并重,推进"文旅"融合发展。海上丝绸之路文化遗产是发展现代旅游业的核心资源,旅游开发也是实现海上丝绸之路文化遗产有效保护与活化的重要手段。建设鄞州海上丝绸之路文化公园，有利于将遗产保护与利用之间的矛盾转化为合作共赢关系，形成新型的文化公园管理体制和运营机制。

四是丰富文化产品与服务，促进产业供给侧改革。在我国经济进入新常态、面临一系列新矛盾和新问题的环境下，"供需错位"成为文化产业发展中最突出的问题。从供给端入手，以创新形成更高质量的文化产品和服务的有效供给，是文化产业供给侧改革的着力点。建设海上丝绸之路文化公园，可以整合提供区域具有代表性、经典型的文化休闲服务体验，从而形成更高质量的文化服务供给，扩大和引导公共文化消费，增进人民的文化福祉。

（二）文化公园建设的国际经验

国际上，文化公园体系构建日益完善。以日本、韩国为代表的亚洲综合管理型文化公园体系，以德国为代表的欧洲地方自治型文化公园体系，以美国为代表的美洲自上而下管理型文化公园体系，在管理体制、财政体制、文化遗产保护机制方面做了有益的探索。在这些完整的国家公园体系中，文化公园是其重要组成部分，且和其他类型公园在统一管理下有相同的管理体制、财政体制，为我国文化公园的建设及管理提供了宝贵经验。

提升文化自觉，打造全民参与的遗产活化模式。日本在活化中保护强调"人"的因素，重视当地人的生活、重视当地环境保护的整体性，培养全社会对文遗保护的共识。我国文化公园的管理也要重视遗产的社会参与，设立园区社区建设专项扶持资金，或建设符合当地特色的旅游项目，着力解决好居民生计问题；同时，也要充分发挥社区参与园区保护与管理的自主性，逐渐培养起全社会对文化遗产保护的共识，助力全民提高文化自觉。

建立国家主导，地方落实，多主体参与的管理体系。德国文化公园建设采用地方自治型管理模式，文化公园的各项管理事务，包括界限划定、法规制定、公园规划等，由地方政府的相关部门负责，联邦政府只负责制定宏观政策。我国文化公园应在国家主导，文化部门牵头的基础上，构建分级、多层次落实到区域、省市、地方的文化管理体系，鼓励社区居民、非营利性组织等多主体在国家文化建设过程中自下而上的参与，补充并完善文化管理体系。

实施差异化的保护与管控制度，完善相关法律法规。美国文化公园从核心保护区到人类游憩区划定不同的边界，依据"保护优先、适度开发"的管理原则，管理强度随影响程度的增强而逐渐降低。目前我国相关政策也应从坚持保护和利用相协调的理念出发，坚决执行"四个圈层"规划，确保落实文化公园建设空间边界的分类分级保护与管理，并应逐步完善相关法律法规。

完善"回归大众，保护原真，战略引导，尊重文化"的保护体制。无论是法国文化型国家公园采取的对文化遗址的"去国家化"改革，还是加拿大对瓜依哈纳斯公园土著居民文化的保留与传承，都体现了文化遗产保护从"以国家为核心"向"以居民为核心"逐渐过渡，追求遗产的保护从"精英"回归"大众"。

建立国家公园管理机构，推动文化公园管理与时俱进。加拿大是世界上第一个建立国家公园管理机构的国家，其管理理念、方式和体制一直在科技的推动下与时俱进。加拿大坚信，现代企业或公司管理模式是先进的管理方式，能充分调动人们的积极性，因此其公园局对国家公园的管理采取企业管理模式，严禁任何人为的扰动。每一个国家公园都有各自的CEO，其特别重视对公园管理岗位的设置，追求精简的效果；各个公园的管理规范有序，工作人员统一着装，各个公园以不同LOGO标识加以区别，实行标准化管理。

（三）鄞州海丝文化公园建设路径

在未来，规划建设鄞州海丝文化公园应坚持特色引领、传承弘扬、双效统一、科学统筹、内联外引、以人为本的原则，正确处理历史文化遗产保护、传承、利用的关系，统筹社会主义物质文明和精神文明、文化建设与经济建设、文化保护与科技创新之间的关系。结合当今时代要求，注重文化普惠与文化共享，突出海丝文化公园服务的亲民化、标准化、规范化，积极推动公共文化服务建设发展，打造充满人文关怀的特色文化公园。

1. 立足海丝文化遗产本体，打造中华文化重要标志

打造中华文化重要标志是海上丝绸之路文化公园建设的重要目标，海上丝绸之路文化遗产的"点—线—面"的遗产本体，本身就是中华文化的重要体现，因此要凸显海上丝绸之路文化标志，首先就是保护好海上丝绸之路文化遗产的原真性和完整性，要保护好海上丝绸之路文化遗产本体，并不断凸显海上丝绸之路文化遗产的文化重要性。鄞州区海上丝绸之路文化遗产的遗产区、缓冲区以及环境控制区范围，这些遗产点段的保护是凸显其文化标志的根本。二是加强海上丝绸之路文化沿线有机整体环境的塑造与维持。作为一个有机整体，海上丝绸之路是古代中国与世界进行政治、经济、文化往来的重要通道，对沿线风俗传统、生活方式的塑造产生了重要影响。在用地、景观、文化功能方面也对沿线区域带来巨大影响。在新时期内应继续将海上丝绸之路沿线文化遗产作为一个有机整体来维护，使之发挥整体之合大于个体的遗产价值。三是发挥海上丝绸之路文化引领作用，以其文化纽带作用带动整个遗产区的综合发展。

2. 优化空间布局，完善功能分区

作为活态的遗产，鄞州海上丝绸之路文化公园建设必须以综合保护工程为载体，实现延续文脉、推陈出新，让海丝文化公园成为世纪工程、民心工程、精品工程。确立保护历史文化遗产就是保护生产力，保护历史文化遗产是最大的政绩，保护历史文化遗产人人有责，保护与发展相协调的理念，坚持保护第一、应保尽保，重点建设"一馆、一带、一基地、两核"海丝文化公园发展格局。"一馆"是鄞州海上丝绸之路博物馆；"一带"是奉化江—甬江海丝文化景观带；"一基地"是"一带一路"发展研究基地；

"两核"是三江口海丝文化集聚核、天童寺——阿育王寺海丝文化集聚核。

同时积极拓展思路、创新方法、完善机制，重点建设管控保护、主题展示、文旅融合、传统利用四类主体功能区。一是管控保护区，由文物保护单位范围、文化遗产区及新发现发掘文物遗存临时保护区组成。二是主题展示区，包括核心展示园、集中展示带、特色展示点三种形态。三是文旅融合区，重点利用文物和文化资源外溢辐射效应，建设文化旅游深度融合发展示范区。四是传统利用区，合理保存传统文化生态，适度发展文化旅游、特色生态产业，适当控制生产经营活动，逐步疏导不符合建设规划要求的设施、项目等。具体而言将采取以下措施。

管控保护区。海上丝绸之路文化公园管控保护区包括两个层次，一个层次就是海上丝绸之路文化遗产的保护区和缓冲区，第二个层次就是海上丝绸之路文化公园核心区范围内的文物保护单位。这两个层次在空间上可能是重合的，因为在海上丝绸之路文化遗产的保护区和缓冲区包括了各种各样的文物保护单位，它们的保护层次从国家到地方不等。一言以蔽之，海上丝绸之路文化公园的管控保护区的主要指的是鄞州区域内海上丝绸之路文化遗产保护区和缓冲区，及这两个区域所有文保单位。作为宁波核心区的鄞州至今仍保留着众多体系化、集群化、地域化的海上丝绸之路重要历史文化遗存，传承具有深远影响的民间手工技艺，拥有丰富的民间文化传统。这些部分作为海上丝绸之路文化公园的管控保护区顺理成章，缓冲区内所有文物保护单位均应该符合管控保护标准，不需要在整个缓冲区范围实施管控保护，而是结合建设控制区和环境控制区实施管控。

主题展示区。海上丝绸之路文化公园主题展示区的提出符合国家文化保护的基本特点，即根据考古发掘而成立的点、线、面的保护与展示，根据文化遗产所分布的形态而形成特定的展示区域，主题展示区所要说明的是海上丝绸之路文化公园的展示序列。这既包括鄞州区域内已经被认定的文物，还包括未被列入海上丝绸之路遗产名录中的遗产。它的主要目的在于以海上丝绸之路公园为中心，结合地理和交通优势，带动周边各类型的文化遗产形成规模效应。核心展示园应该是海上丝绸之路公园建设中的重要部分，可以文化遗产的展示、文化空间的营造、生态博物馆、文化产业的孵化、文化创意区等形式，形成不同形式的遗产展示和活化利用方式。

文旅融合区。由主题展示区及其周边就近就便和可看可览的历史文化、自然生态、现代文旅优质资源组成，重点利用文物和文化资源外溢辐射效应，建设文化旅游深度融合发展示范区。文旅融合区是处在主题展示区周边的金镶玉式样的存在，它的重要作用有两个方面，一是为主题展示区提供文化旅游的服务型产业；二是以海上丝绸之路公园为契机形成的现代生态型产业。

传统利用区。大运河文化海上丝绸之路公园的功能外溢部分，包括其周边的传统生活生产区域，要求合理保存传统文化生态，逐步疏导不符合建设规划要求的设施项目等。传统利用区是国家文化公园中保存遗产生活、精神感觉的重要地区，通过文化公园建设以促进周边村、城市等地区的功能更新，促进周边地区的人居环境改善。

3. 建立海丝文化公园建设的统筹保障机制

为避免海上丝绸之路文化公园建设简单地等同于搞商业开发及旅游项目等，以至破坏文化遗产、生态环境和人文环境的可能情况的出现，必须要从管理体制机制、立法规划、管理信息系统建设等方面出发，建立多方协同、高效直接的海上丝绸之路文化公园建设统筹机制。

第一、建立统筹管理机制。从实际需要看，设立相关常设实体机构很有必要，如鄞州区海上丝绸之路文化公园管委会，提供人员编制。如果短期内设立确有困难，可由区委宣传部头，联合发展改革委、文化和广电旅游体育局、宁波市自然资源和规划局鄞州分局等单位成立海上丝绸之路文化公园建设项目组功能区协调机构，定期或不定期召开联席会议，加强顶层设计，主动谋划领导、组织推进，创新管理模式，开展文化遗产保护、文化展示、生态保护、文旅产业等方面的深度协调工作，推动建立具有准行政区权限的海上丝绸之路文化公园发展区,突破区域边界制约,实现沿海上丝绸之路文化公园发展区内部资源整理与整体利益最大化。

第二、建立科学评价机制。海上丝绸之路文化公园各功能区、展示点的规划设计、基础设施建设、资源整合、技术支撑等,都需要实现不同点线的特色错位发展。首先,从规划开始就需要对文化遗产保护、人文生态保护、自然生态保护、文化特色挖掘、主题定位设计等模块进行规划评估打分,实行文化公园的准建立项制度,保证宏观把控基础上的细节规划,这将有利于自上而下统筹规划,防止公园开发的无序、同质和低效。其次,海上丝绸之路文化公园建成后,需要一系列的审核,对于建设结果与审批规划不符的项目,限期整改才能对外开放。最后,在海上丝绸之路文化公园的展示运营过程中,应定期进行考核评价,保证有效保护和形态可持续性。

第三、建立数字化信息管理机制。首先,建立海上丝绸之路文化公园的基础数据资源平台。支持设立专家库,整合与海上丝绸之路文化公园建设相关的专家资源,分类建设海上丝绸之路文史专家、生态管理专家、文化产业专家等专家资源库。设立海上丝绸之路文化词条、故事库,整理口述史,深挖海上丝绸之路文脉内涵的资料,选择具有突出意义、重要影响、重大主题的题材建设"文化元库"。其次,建立海上丝绸之路文化公园的管理平台。科学设计自上而下直管审批、汇报、管理、宣传系统。基础管理保护交给地方,规划设计把控监管等交给上级。对于一些文化遗产遭破坏的情况,设置专门投诉处理、预警监测办公室。

第四、建立多主体广泛参与的协同管理机制。建立常态化的城市间海上丝绸之路文化交流合作协调机制,并引入地方政府、当地企业和社会团体、志愿者队伍等参与政策的制定和执行环节,加强内部合作,推动海上丝绸之路文化公园的一体化管理和运行。成立鄞州区海上丝绸之路文化公园建设有限公司,作为海上丝绸之路文化公园资源整合的运行主体。构建统一的运营平台和投融资平台,使文化展示和文旅相关产业的投资主体和经营方式日益多元化。

五、文旅融合发展模式

人文资源是发展旅游的基础，发展旅游经济要以优秀人文资源为主干，用文化提升旅游品位，精心打造出更多体现文化内涵、人文精神的特色旅游精品。文化遗产资源可以转化为现代文化经济，推动文化产业、休闲产业、健康产业以及整个服务业的发展。两者有机结合和深度融合，既是文化和旅游互动共荣的客观需要，也是文化和旅游发展的必然规律。

（一）文旅融合的内涵

文旅融合是指文化、旅游产业及相关要素之间相互渗透、交叉汇合或整合重组，逐步突破原有的产业边界或要素领域，彼此交融而形成新的共生体的现象与过程。

首先，文旅融合是一种互动的要素资源整合。文化、旅游等两种或两种以上的要素相互结合后，通过交叉渗透和整合重组，突破原有的产业领域，使产业边界收缩、模糊或消失（文化和旅游之间虽无清晰的产业边界，但各自业务领域和特点不同，事实上存在模糊的产业边界），共生共赢而形成新的文旅产品业态和产业体系。文化和旅游融合发展不是简单的要素叠加，而是有机的融合渗透和资源重组，从而实现文化旅游性与旅游文化性的有机统一。

其次，文旅融合是一种互补的产业价值创新。文化和旅游优势互补，在融合过程中通过功能重组和价值创新，形成涵盖文旅产业核心价值的新价值链，将释放更强能量，取得"1+1>2"的产业叠加效应，形成以文化丰富旅游内涵、提升旅游层次、增强旅游魅力，以旅游传承交流文化、带动文化产业、促进文化繁荣的良好格局，并有利于构建新型文旅产业体系，推动文旅产业转型升级和高质量发展，更好地满足人民群众日益增长的文化和旅游生活需要。

再次，文旅融合是一种认同的动态优化过程。在文旅融合过程中存在价值观念、体制机制、业务领域、运作方式等方面的矛盾和冲突，将经历文旅磨合—文旅融合—文旅和合的发展过程，需要通过调整各自角色，加强沟通交流，增进相互理解，培育文化自信，强化合作互动，动态优化调整，实现平等互惠和协调发展。

最后，文旅融合是一种系统的多元方式交融。文化和旅游具有多元交叉的关系属性，文旅融合也是系统的多方式融合。既包括文旅思想理念融合、体制机制融合、规划技术融合、资源产品融合、产业业态融合、功能效用融合、空间载体融合、服务管理融合等方面的全方位融合；又包括政府层面、企业层面和消费者层面的多层次融合；还包括由文旅产业内部融合、产业之间相互融合和产业外部跨界融合（如融入国家战略、融合一二三产等）构成的广角度融合。

（二）鄞州海丝文旅融合优势

在建设 21 世纪海上丝绸之路这一承前启后的伟大实践中，文化同样不可或缺，必将持续发挥着复兴海上丝绸之路的重要功能。鄞州文化在海上丝绸之路文化中曾留下鲜明的印记，占据重要地位。在"一带一路"规划引领下，鄞州特色文化被赋予时代精神，继往开来地凭借着与海上丝绸之路沿线国家的地缘、文缘、亲缘与商缘优势，在推动鄞州特色文化"走出去"进程中，挖掘"鄞州优势"、讲好"鄞州故事"、发出"鄞州声音"、展示"鄞州愿景"、塑造"鄞州形象"，提升鄞州海上丝绸之路文化在全国、在海上丝绸之路沿线国家的影响力。

地缘优势。海上丝绸之路之于鄞州，不仅是一条海上贸易大通道，更是一个具有丰厚内涵的文化载体。宁波地处中国东南沿海，是海上丝绸之路的主要发祥地和重要起点，是太平洋西岸航线南北通衢的必经之地。凭借得天独厚的海域优势，鄞州成为中国与欧亚非各国之间商业贸易的通道，成为沟通东西方文明的桥梁，在推动东西方思想交流、文化交融、人类文明多样化方面发挥了十分重要的作用。

文缘优势。鄞州对外联系可以远溯到东汉，唐宋以后，鄞州成为域外文化入华及中国文化向东亚、东南亚传播的交汇点。宋元时期，阿拉伯、波斯、印度等域外文化在宁波传播之后，明显有互相影响的迹象，增添了鄞州文化的色彩。明中叶后，特别是清代五口通商之后，鄞州成为东西文化的交汇地区。

亲缘优势。海上丝绸之路文化的传播具有鲜明的双向性、互动性特点，其千百年来一脉相承的多元、包容、自信、自强的文化心态，更有利于构建跨文化的亲缘性。宁波是全国著名的侨乡，目前共有42.7万海外"宁波帮"旅居世界103个国家和地区。由于地缘相近、习俗相似、文化趋同，民间交流量大面广，无论是"请进来"，还是"走出去"，鄞州都有天然的优势和氛围。

商缘优势。鄞州文化历史悠久，种类丰富，风格多样，底蕴丰厚，既是海上丝绸之路的起点，也是陆上丝绸之路的重要节点，在对外经贸文化交流史上曾经发挥过重要作用：宁波为海上丝绸之路起点之一，是宋元时期海上丝绸之路的主港，被称为"东方第一大港"；郑和下西洋使海上丝绸之路得到进一步拓展。正是文化这个"软力量"，促进了不同文明交织交融，从而推动了经贸、投资等经济要素流动。

（三）鄞州海丝文旅融合基础

一是文博旅游蓬勃发展，撬动文化旅游新空间。鄞州区一直鼓励发展民营博物馆，是著名的"中国博物馆之乡"，截至2019年底，全区现有各类博物馆、艺术馆22座，最大的宁波博物馆是国家4A级旅游景区，年均游客量超过100万人次。横溪镇的朱金漆木雕博物馆已成为国家3A级旅游景区——横溪风景旅游区的重要组成部分；东吴镇的雪菜博物馆也结合博物馆和工业生产，积极完善旅游服务配套和体验产品。两家博物馆均已获评省级工业旅游示范基地。走进博物馆了解当地历史文化，正成为当下旅游的新方向。博物馆将传统的静态展览与动态的体验结合，极大丰富了文博旅游新内涵。

二是非遗体验成为时尚，激活文化旅游新活力。鄞州历来重视非遗文化的传承和振兴，截至 2020 年全区现有国家级非遗名录 4 项、省级 20 项、市级 51 项、区级 101 项。区级以上非遗代表性传承人 119 人，其中国家级 3 人、省级 17 人、市级 58 人，拥有非遗传承基地 138 个。近三年，鄞州区借助传统节日、旅游展会等平台，举办各类非遗项目活动 200 余次，营造了良好的非遗保护氛围。"非遗进社区""童声说非遗"等系列活动深入百姓生活，增强了非遗保护的社会影响力，也使得更多游客把非遗体验当作旅游目的之一，更激发了鄞州文化旅游的新活力。

三是文旅产业应运而生，打造文化旅游新名片。"文化+旅游"的融合产业发展迅速，为都市旅游提供了新的发展空间，成为有力宣传鄞州的名片。地处三江汇流之地的鄞州有浓厚的商贸文化氛围，明星演唱会、香橙音乐节、音乐大师公开课等文艺活动极大丰富了游客的文化体验；历史悠久的文化遗存、青春洋溢的高教园区、时尚现代的鄞州新城交相辉映，吸引了大量影视剧制作单位前来取景。另外，鄞州区繁荣的商圈如万达广场、印象城、宁波文化广场、海港城等也提供了丰富多元的餐饮购物、娱乐一站式服务，是都市旅游的绝佳娱乐体验场所。

四是节庆活动丰富多彩，提升文化旅游影响力。文化节庆活动是展现地域文化的有效载体，也是促进地方旅游经济发展的一个有效平台。鄞州近年来致力于文化节庆符号的打造，如"美丽鄞州"欢乐游系列活动已经组织举办了十余年，成为鄞州旅游的重要节庆符号。横溪的古道文化节、塘溪的名人文化节、咸祥的梭子蟹垂钓节、东吴的雪菜文化节等文化节庆活动，将健身强体、读书育人与休闲旅游相结合，同时通过区镇两级联动，凸显美丽乡村风情，有效实现了农民增收、农村致富、游客满意的多赢局面，起到了助推乡村振兴的积极作用。

（四）鄞州海丝文旅融合不足

由于海上丝绸之路沿线国家是国际地缘政治和经济发展的复杂地带，这种复杂的环境或多或少会给鄞州特色文化的传播带来阻力。从当前鄞州特色文化在海上丝绸之路沿线国家的传播与弘扬情况看，还存在一些制约因素，尚难形成文化协同共振效应，对海上丝绸之路战略的推进还难以起到有力的支撑作用。

一是海上丝绸之路历史文化保护与开发不足。鄞州海上丝绸之路文化资源与文化遗存，数量可观、人文底蕴深厚，极具文化保护与文化传播价值。但是，一些海上文化遗址长期缺乏文化保护与挖掘，景观价值受损，人文价值流失。一些海上丝绸之路文化资源缺乏传承与开发，没有及时进行现代化转型与文化价值的传播，文化资源的史料收集、技术还原与技艺传承难度较大。

二是对外传播与管理机制不健全。虽然鄞州在对外文化演出、文化年、文化会展等多方面已有一定常态化交流与管理政策、经验，但"一带一路"倡议背景下的文化传播与发展的内涵与外延更广、更全面，涉及文化发展战略、文化相关法律政策、文化贸易、文化营销、文化投资信贷支持等方面。当前，区域文化输出相关法律法规、信用评价以及风险管理办法还并不完善，尚未制定具有针对性的文化输出和发展策略，一定程度上影响了鄞州特色文化在海上丝绸之路沿线国家的传播发展。

三是特色文化产业与产品整合不足。鄞州虽然富有海上丝绸之路文化遗存以及大量具有发展潜力的特色文化产品，但尚未从海上丝绸之路文化发展战略层面进行全局统筹与有序整合，尚未形成有国际传播实力的"拳头"文化资源与特色产品，还存在重复性建设、同质性竞争、分散性开发的现象。

四是文化保守主义与文化认同障碍。海上丝绸之路沿线国家的地缘政治环境十分复杂敏感，在宗教、法律、体制、文化、风俗等多方面存在很大差异，鄞州海上丝绸之路文化"走出去"面临着文化保守主义与文化认同根基不牢的挑战。同时，由于沿线国家多为发展中国家或欠发达国家，文化基础设施薄弱，鄞州海上丝绸之路文化"走出去"还面临受众文化水平较低、文化投资中介机构少、海外拓展渠道窄、境外宣传推广难、涉外知识产权复杂、语言与文化沟通障碍等问题。

五是文旅融合发展的要素支撑有待加强。首先，文旅企业的融资渠道较为单一。小微企业是文旅行业的发展基础，却普遍面临融资难、融资贵等问题，且获取专项资金扶持的渠道有限，导致发展不温不火，市场活跃度较难提升。其次，文旅融合的专业人才较为短缺。文化创意、文艺创作、文化装备、老房修缮等文旅领域人才稀缺，高端研发和管理人才的培育、引进和保障机制不够完善，很大程度上制约了文旅产业的快速发展。再次，文旅融合的市场活力较为欠缺。产品形态、创意内容、技术运作模式跟不上主力消费群体的需求变化，难以适应打卡小众地、个性化主题游等消费新趋势。

（五）鄞州海丝文旅融合措施

为进一步找准鄞州海上丝绸之路文旅融合发展最佳契合点，推进海上丝绸之路文旅融合发展，打造产业竞争新优势，鄞州区应坚持"宜融则融、能融尽融，以文促旅、以旅彰文"的方向理念，在理念融合、职能融合、产业融合、跨界融合、市场融合、服务融合等五个方面加强工作。

1. 树立以文促旅、以旅彰文的理念

文化需求是旅游活动的重要动因，文化资源是旅游发展的核心资源，文化创意是提升旅游产品质量的重要途径，文化的生产、传播和消费与旅游活动密切相关。旅游也是文化建设的重要动力，是文化传播的重要载体，是文化交流的重要纽带。因此，在鄞州海上丝绸之路文旅融合发展的过程中，首先要做好的就是建立起以文促旅、以旅彰文的理念，只有文化和旅游相互支撑、优势互补、协同共进，才能形成新的发展优势、新的增长点，才能提升海上丝绸之路文化旅游的竞争力。

2. 强化工作抓手、顶层设计的职能

文化和旅游两大部门的融合，要打破文化和旅游行业边界，设计好内设部门职能,确保履职到位。一是要理顺体制,特别是尽快完善自上而下的工作体制;二是加强海上丝绸之路文化和旅游领域政策、法规、规划、标准的清理、对接、修订,确保相互兼容、不留空白;三是积极推进资源、平台、工程、项目、活动等融合,加大海上丝绸之路文化资源和旅游资源的普查、梳理、挖掘力度,以文化创意为依托,推动更多资源转化为旅游产品;四是做好顶层设计工作,以"十四五"规划编制为契机,提前准备、及早谋划,开展充分、深入的调查研究,总结已有经验,研究融合发展新思路,制定体现海上丝绸之路融合发展、有前瞻性的发展规划和针对性的地方政策。

3. 实施"文化+""旅游+"战略,培育新型业态

实施"文化+""旅游+"战略,推动海上丝绸之路文化、旅游及相关产业融合发展,培育新型业态。一是整合推出一批体现海上丝绸之路文化特色的传统技艺、民俗表演、民间艺术等非遗项目与旅游功能融合的文化特色产品,打造非遗活化项目;二是研发建设一批海上丝绸之路文化与文化创意、休闲度假、康体养生等融合的文化旅游综合体项目;三是支持促进海上丝绸之路文化与旅游演艺、主题公园、主题酒店、研学旅游、体育旅游等已有融合发展业态的提质升级。

4. 推动跨界聚合,推进产业升级

跨界聚合是鄞州海丝文化和旅游融合创新的必经过程,在产业融合的基础上不断推动文化产业、旅游业与其他产业之间的跨界,通过文化要素与旅游要素不断聚合对原有产业形成转型升级。具体体现在两个方面:一是产业的跨界,文化旅游及其关联性产业链条中某环节多个企业横向整合和上中下游不同行业合并重组的纵向正整合;二是要素的聚合,主要指创意、资本、市场、人才、品牌、信息、渠道等产业内部的要素聚合创新,但这种要素不是简单的直接融合,需要借助产业的跨界来实现聚合。

5. 组建品牌企业，加强人才队伍建设

积极鼓励文化和旅游企业对接合作，支持文化和旅游跨界企业做优做强，推动形成一批以文化和旅游为主业、以融合发展为特色、具有较强竞争力的领军企业、骨干企业。同时，培育文化传承人、引进文旅融合带头人、培训文化旅游工作者是当下急需要做的工作，不断优化文旅人力资源的输送和完善，提升鄞州海丝文旅环境、促进产业创新升级。

6. 强化创新引领，培育文旅融合新品牌

一是提升文旅品牌的影响力、传播力。推进与新媒体营销合作，利用新媒体平台吸引游客关注鄞州海丝文旅，提升流量转化率。加强与旅游平台合作，构建交互的智慧化信息共享平台，实现文旅信息的实时传递和反馈。二是提升文旅服务的友好度、满意度。打造智慧文旅公共服务体系，建议打造"文化云""一卡通""有鄞州（宁波）"等各类服务平台功能，建设"全程目的地"引导系统，提升旅游目的地和集散地的服务能级。三是注重公共空间的文化休闲品质提升，打造精品驻场演出，结合 5G、VR、AR 等科技手段，优化游客旅游休闲互动体验。

7. 推进主客共享、文旅惠民的公共服务体系建设

在海丝文旅融合的工作推进中，要增强服务意识，优化文旅公共服务体系，提升公共服务智慧化、普惠化的发展思路，协同做好公共文化服务和旅游公共服务的推进，发挥好综合效益。一是加大公共服务设施的建设管理力度，比如多功能的游客服务中心、文体中心的建设运营，可以跟文创集市、研学空间相结合；二是海丝旅游景区、度假区的配置中植入主客共享的文化和旅游新空间，比如书吧、小型剧院等，融入"15分钟品质文化生活圈"建设；三是利用公共文化宣传和活动平台，打造主客共享的旅游目的地，向游客开放；四是在旅游公共服务设施的资源开发利用和提升上，主动注入海丝文化基因和创意文化元素，形成新的海丝文旅融合空间。

第五章　鄞州海丝文化遗产创新发展路径

只有创造性转化、创新性发展，才能让鄞州海上丝绸之路文化遗产的优秀基因、智慧元素不断延续，并发扬光大，展现永久魅力和时代风采。

第一节　扩大宣传，增强海丝文化遗产保护意识

海上丝绸之路文化遗产是我们的宝贵精神财富，是我们了解历史、进行爱国主义教育和历史传统教育的生动教材。

随着经济全球化趋势和现代化进程的加快，文化生态正在发生巨大变化，海上丝绸之路文化遗产的保护和抢救工作任务繁重，迫切需要来自各个方面的理解、支持和参与。要遵循政府主导、社会参与的原则，广泛开展面向社会公众、特别是广大青少年的宣传教育活动，提高人民群众对文化遗产保护重要性的认识，激发青少年热爱祖国优秀传统文化的热情，增强全社会的文化遗产保护意识。通过宣传，在全社会形成保护海上丝绸之路文化遗产的共识，让广大居民认识到保护好海上丝绸之路文化遗产，既是尊重历史、认识历史的客观需要，也是新时期社会主义建设的需要，这不是政府或者哪个部门的事，而是一个全社会共同参与、常抓不懈的事。文化遗产的保护应该成为全民的共识，成为全民的自觉行为。

鄞州区政府及各乡镇街道要在海上丝绸之路文化遗产保护方面进行积极引导，不仅要为文化遗产的保护提供技术和资金的支持，还必须建立整套科学的政策和法规体系作为遗产保护的规范和保障。为此，政府部门要积极组织各种力量，加大对海上丝绸之路文化遗产保护的宣传，提高文化

遗产保护的意识，经常开展海上丝绸之路文化遗产保护的主题宣传活动，促使人们自觉主动地投入到文化遗产保护当中。组织《鄞州日报》、鄞州新闻网等新闻媒体通过开设专题、专栏等方式，大力宣传保护文化遗产的先进典型，及时曝光破坏海上丝绸之路文化遗产的违法行为及事件，发挥舆论监督作用。通过经常性的宣传教育工作使全社会都认识到海上丝绸之路文化遗产保护工作的紧迫性、艰巨性和重要性，努力提高全民参与文化遗产保护的意识，在全社会营造海上丝绸之路文化遗产保护的舆论氛围，唤醒民众的文化自觉，扎实保护工作的群众基础。

通过一些主题活动宣传海上丝绸之路文化遗产的保护。要从鄞州众多的海丝事迹、海丝诗词、海丝故事等文化遗产中，选取典型的内容，融入青少年教育过程中，以青少年易于接受的形式，或者在课堂教学中，或者在课余活动中学习、感受并体验海上丝绸之路文化的魅力，从而确保文化遗产的传承；还要借助各种合适的时机，定期不定期地举办海上丝绸之路文化展览或演出活动，让广大市民免费参观，让他们对文化遗产有更多、更全面的了解。在组织这类活动时，务必注意创新活动方式，以生动、形象、直观、活泼、感人、群众喜闻乐见的形式打动群众，最终达到一种引导群众自觉接触、自觉保护文化遗产的目的，从而使海上丝绸之路文化遗产真正得以传承。

鄞州区教育部门要根据教育教学的要求，结合鄞州海上丝绸之路文化遗产实际，加强校本教材开发。把海丝事迹、故事、精神的传承等历史乡土教材教育纳入学校日常教育中，把优秀海上丝绸之路文化内容和文化遗产保护知识纳入教学计划，编入教材，并组织学生参观考察，激发青少年爱国爱家的热情。文物保护部门和文化管理部门要编写海上丝绸之路文化遗产宣传教育读本，进学校、进社区、进机关团体和企事业单位，扩大宣传面，并通过论坛、讲座等活动，扩大文化遗产的普及率，使更多公众了解海上丝绸之路文化遗产的丰富内涵，提高人民群众对文化遗产保护重要性的认识，增强全社会的文化遗产保护意识。

第二节　夯实基础，促进海丝文化遗产品牌打造

和谐共赢的"一带一路"发展理念，在古代鄞州（宁波）得到充分的体现。作为海上丝绸之路的起点，鄞州（宁波）理所应当地弘扬丝路精神，打造独特的海丝文化品牌，推进与海丝沿线国家和城市的文化经贸交流合作，服务"一带一路"建设大局，打造21世纪海上丝绸之路建设先行区。

一、鄞州海丝文化品牌建设存在问题

（一）品牌定位不够清晰，缺乏系统性

地方特色文化品牌定位是文化品牌建设的重要工作之一，以独特性、差异性为最重要的原则。近年来，在各方面的不懈努力下，鄞州城市品牌、文化名片建设取得较为丰硕成果。但与先进区域相比，由于存在精品意识不足，缺乏深入研究、定位不明晰的问题，未能形成具有全国影响力、区域影响力的特色文化品牌；文化品牌打造缺乏系统性，未能将各城市品牌、文化名片进行系统整合、统一规划，城市知名度、美誉度亟须进一步提升。

（二）品牌传播不够有力，缺乏持续性

文化品牌的传播不仅需要开展全方位、多层次的建设规划和布局，更要有持续有效的传播手段，不仅需要进行广泛的对外宣传，更要做好有深度的对内宣传。虽然鄞州历史文化底蕴深厚，但广大人民群众对鄞州历史文化的认识十分有限，对鄞州的海丝历史、海丝文化、海丝精神一知半解，海丝文化品牌的影响力和吸引力不够。

（三）资源整合不够到位，缺乏整体性

鄞州（宁波）作为古代海上丝绸之路的重要起点，海丝文化积淀深厚，有丰富的海丝文化资源。但目前却囿于各种因素，且管理体制仍然存在着"条块化"的问题和现象，丰厚的历史文化资源未能得到有效的整合利用、

串珠成链，形成强大的管理合力、宣传合力、发展合力。

二、鄞州海丝文化品牌建设建议

地域特色文化品牌建设就是通过对地域文化的挖掘、提炼、包装、推介，扩大其感染力、影响力，提升地方文化软实力，促进经济社会协调发展的过程。海上丝绸之路文化是鄞州靓丽的文化名片，也是鄞州城市发展的动力源泉，更是鄞州文化品牌建设的灵魂。

（一）精准定位，全力打造海丝特色文化品牌

海上丝绸之路文化是鄞州持久的文化优势、响亮的文化品牌。根据城市品牌定位的协调性、专属性和认同性原则，我们认为，鄞州城市品牌定位必须契合鄞州的海上丝绸之路精神，即鄞州城市品牌的定位应该建立在"包容并蓄、爱拼敢赢、重乡崇祖、重商谋利"的鄞州海上丝绸之路文化精神内涵的基础上。对接融入"一带一路"和海上丝绸之路核心区建设，要加大对"古代海上丝绸之路重要起点""古代东方第一大港"的宣传推介，围绕打造海上丝绸之路重要门户城市、海上丝绸之路文化枢纽，将鄞州作为中华文明走向世界的重要始发站、作为古代海上丝绸之路繁盛时期的"文明互动中心"的海上丝绸之路文明形象树立起来、传播开来，大力弘扬"团结互信、平等互利、包容互鉴、合作共赢"的丝路精神，全力打造鄞州海上丝绸之路文化品牌。

（二）规划引领，制订完善海丝文化品牌发展战略

建设鄞州海上丝绸之路特色文化品牌，要从战略高度制定统一的品牌发展规划。在这方面，可以借鉴杭州做法：杭州为了打造"生活品质之城"就专门制定了《关于"生活品质之城"城市品牌推广和管理工作的若干意见》和《杭州打造"生活品质之城"城市品牌行动计划》等系列文件，取得了较好的成效。建议由文化、旅游、规划等相关部门牵头，研究制定《鄞州海上丝绸之路文化品牌发展规划》，建立和完善与城市品牌发展目标相一致的政策措施。通过强化对城市品牌建设的整体规划引领，明确城市文化

品牌建设的中长远的发展目标,并结合实际情况,制定分步实施细案。

(三)依托产业,营造有利海丝文化品牌打造的政策环境

首先,要培育以海上丝绸之路文化为核心的文化创意产业,优先扶持有关海上丝绸之路文化的衍生品和旅游、创意产品的开发;其次,要适当放宽对鄞州海上丝绸之路文化产品重点企业的认定标准,加大资金、政策等方面的扶持;再次,要实施品牌战略,吸引更多的大企业进驻鄞州,壮大全区文化产业规模,提高大文化企业竞争力,使海上丝绸之路文化品牌成为促进鄞州区域经济社会发展的重要推动力量;最后,要制定海上丝绸之路旅游开发政策,整合鄞州海上丝绸之路旅游资源,按照国务院提出的"保护为主、抢救第一"的方针和"有效保护、合理利用、加强管理"的原则,形成上下一盘棋的工作格局。

(四)外引内联,打造海丝学术研究的重要基地和中心

打造海上丝绸之路文化特色品牌,离不开学术研究的支持。首先,应持续加强海外交通史研究。鄞州先民在开创海洋文明进程中,形成了包括古文化、古遗迹、古典籍、古文艺、古工艺等在内的海上丝绸之路文化遗产,要加强保护传承,加强与相关学术研究机构、学术团体的交流合作,悉心整理、深入研究、广泛传播,不断提升海上丝绸之路文化的学术研究水平,扩大鄞州作为海上丝绸之路学术研究重要基地的影响力。其次,应持续加强鄞州海上丝绸之路学术研究。在秉承浙东学派"经世致用"优良传统的基础上,在尊重史实的前提下,充分挖掘有价值的史料,运用科学的理论和方法,通过全面总结鄞州地区的历史经验和教训,为鄞州海上丝绸之路文化品牌的建设提供有用的借鉴和指导。

(五)拓展延伸,提升海丝文化品牌传播水平

着力抓好文化品牌传播平台建设,走出一条从历史积淀中来、从现实生活中来、从基层群众中来、从地方特色中来,文化品牌传播之路。首先,要拓展传播媒介,除了传统的手机、电视、广播、报纸、杂志等媒介之外,还要重视和运用鄞州在海丝文化方面的优势条件,创作生产一批有鄞州特色的海丝文化动漫作品、影视作品、戏剧作品和其他文学艺术作品,并在各种新兴媒介上传播;同时,筹建海上丝绸之路网站,开辟专门栏目,让网络成为鄞州树立城市品牌,以及实现与外界沟通的窗口。其次,要充分利用节事传播手段,定期举办海商文化艺术节,海上丝绸之路文旅节等活动,进一步办好"鄞州海外交通史""鄞州石刻"等历史文物陈列及遗产所在地博物馆的文物展览,以"大节"套"小节"等方式,向外传播海上丝绸之路文化。再次,要大力开发海上丝绸之路元素文化创意产品。在陶瓷、木雕、骨木镶嵌、金银彩绣、竹器等传统工艺产品中,融入海上丝绸之路文化元素,提高产品的附加值,同时,以海上丝绸之路文化为主线,开发系列文化创意产品、文化旅游商品和数字创意产品,大力发展具有高产业开发价值的原创海上丝绸之路文化创意产业。最后,探索成立"鄞州海上丝绸之路文化品牌推广基金",由政府出面协调企业,在商标宣传、创意广告中植入鄞州海上丝绸之路文化元素,宣传鄞州的海上丝绸之路特色,并适当向这些积极参与推介鄞州海上丝绸之路文化品牌的企业,发放一定的奖励,营造良好的社会氛围。

(六)文化先行,加强与海丝沿线国家和地区的交流和合作

首先,要密切同海上丝绸之路沿线国家之间的经贸和文化往来,推动建立联席会议制度,聚合各方力量,深化海上丝绸之路沿线城市联盟合作,通过筹划举办海上丝绸之路城市主题互展、国际海上丝绸之路艺术节、海上丝绸之路论坛、海上丝绸之路精品剧目展演活动、"丝路万里行"全媒体文化体验活动和海陆丝路城市论坛活动等方式,在文化保存、文化宣传、经济文化共建等方面实现取长补短、携手发展。其次,要发挥鄞州海外侨亲众多、情系桑梓的优势,加强与海外鄞州籍侨团、商会的联系交往,建立鄞州海外华裔青少年实践基地,办好侨刊乡讯,凝聚侨心、汇聚侨力,融入共建"一带一路"。最后,加快推进宁波(鄞州)海上丝绸之路博物馆等重大项目的建设,推进与海上丝绸之路沿线国家和地区文化领域的广泛交流合作。

第三节 多方协作，促进海丝文化遗产保护

线性文化遗产是近年来国际文化遗产保护领域提出的新概念，主要指在拥有特殊文化资源集合的线形或带状区域内的物质和非物质的文化遗产族群，其中河流峡谷、运河、道路以及铁路线都是重要表现形式，具体包括文化线路、遗产廊道、历史路径、线状遗迹等。海上丝绸之路作为线性文化遗产，并非一两个点，其中牵涉到我国沿岸、东亚、东南亚、西亚、南亚甚至非洲、地中海沿岸等多个国家和地区，中间的沟通协调比较复杂，需要与其进行交流、合作研究。

一、海丝文化遗产保护的理念

文化遗产保护，一要真实，二要完整，三是多样。这既是评价文化遗产价值的重要标准，也是进行文化遗产保护的根本理念。

（一）真实性的认识

真实性是保护文化遗产价值的首要内容。1977年的《世界遗产公约操作指南》有关真实性的内容可以从两方面解读，一是提出从"设计、材料、工艺和环境"四方面来维护遗产的原真性，这就需要在遗产保护中综合考虑外观、材质、工艺等不同因素，使遗产能够综合反映文物真实的历史原貌；二是提出要尽可能多地保留遗产所传承的不同时期历史、文化及艺术信息，从而使文化遗产成为不同时期、不同方面的历史见证。海上丝绸之路持续两千多年，许多文化遗产都有不同时期的历史印记，在保护中要充分认识到不同时期文物在材质、价值等不同方面的特性和区别，以详细的档案、修复记录来维护文物传承信息，以详尽的前期资料、最小干预原则、可再处理的方法来保护遗产文物。

（二）完整性的认识

1996年关于自然遗产的"完整性"原则被应用于文化遗产，这一原则既包括遗产本身，如文献、建筑、装饰和考古等方面的完整，也包括遗产

与非物质文化遗产、周边的环境的完整统一。海上丝绸之路所代表的文化线路，其完整性不但强调各景观本身在规模、空间等方面的完整，更强调景观之间所形成的文化总体的完整性。在文化线路中，单一遗产点无法表现整个遗产项目所形成的独特历史与文化价值，只有完整保持文化遗产线路中各遗产点的信息，才能体现出遗产的特点与发展演变过程，保证遗产信息的完整传承。在保护海上丝绸之路遗产的时候，要考虑景观的规模、空间特征和与其他史迹点的关系，从而保证整个遗产元素的完整性。

（三）多样性的认识

从《奈良真实性文件》开始，各国专家开始思考不同文化背景下对遗产真实性理解的差异及如何保护不同类型文化遗产的问题。文化遗产是历史文化发展的杰出代表，历史文化的多样性使遗产具有不同方面的差异，这些差异性通过外形、颜色、材质、使用功能等不同方面体现出来，因此，遗产保存现状也是千差万别的。多样性提出在尊重不同文化的基础上，根据实际情况、保存现状等决定需要保存的遗产原貌。在保护文物原貌多样性的同时，也要保护好遗产周边环境的多样性，使遗产能够与周边的现代景观相互协调。海上丝绸之路文化遗产分布空间广、跨越时间长，各史迹点之间差异性较大，要在真实性、完整性的前提下，充分考虑对海上丝绸之路不同文化遗产的保护怎样能体现文化的多样性，才能使保护工作最大限度保证遗产文物的价值。

二、海丝文化遗产保护路径

随着宁波（鄞州）海上丝绸之路文化遗产保护工作的逐步推进，借鉴英国、美国、加拿大、法国等国外成功的保护与利用线性文化遗产经验，具有突出的现实意义。

循序渐进，构建分工明确、多方参与、责权利统一的遗产管理体制。如前所述，由于线性遗产一般跨越多个区域、管理上涉及多个部门，这决定了其最终的管理是不可替代的多重或多层级管理。在不局限于传统的文物保护单位保护模式基础上，海上丝绸之路文化遗产管理体制设计有以下几种方案可供参考：一是整体保护、分段管理，可以参照长城的管理模式；二是通过联席会议制度（或区际会商协调机制）实现协调管理、通过文物保护单位认定逐步实现依法保护，可以参照中国大运河保护和申遗省部际会商小组模式；三是多部门协调合作、共同管理机制，建议由文物主管部门牵头，各相关部门密切配合，以职能为基础、明确责任，做到职权责统一；四是成立线性文化遗产管理委员会，可参照对长江、黄河、淮河等河流管理模式，设立一体化管理专职机构。

编制科学严谨、操作性强、注重评议的遗产保护与管理规划。国外绝大多数线性文化遗产均已编制保护管理规划，如英国哈德良长城、加拿大里多运河、英国旁特斯沃泰水道桥与运河管理规划等，有的已进行了两轮或多轮修编。因此，海上丝绸之路线性遗产保护与管理规划重点要解决好遗产认定与识别、核心区与缓冲区的划定、部门行业统筹协调、公众利益兼顾、保护区划与管理策略、遗产利用与展示方案。海上丝绸之路文化遗产多数属于在用的活态遗产，所以要遵循保护、运营、维护各行业统筹协调的原则，通过规划将其保护与管理纳入文物保护法的框架之中。

统筹各方利益关系，构建遗产利益相关群体合作与参与机制。众所周知，海上丝绸之路文化遗产的所有权存在国家所有、集体所有和私人所有三种类型，其中国家所有是主要类型，但目前还没有建立一种能有效处理利益相关者权利、责任和相关制度建设及执行的机制。因此，统筹各方利益关切，构建海上丝绸之路文化遗产利益相关者合作与参与机制实属必要。因此，坚持政府保护为主导、民众保护为主体相结合原则，宣传和动员广大民众参与海上丝绸之路文化遗产保护的全社会行动，拓展社会参与遗产保护的渠道，发挥社会组织的作用，调动社会资本、民营化管理者的积极性，努力形成遗产保护与管理的合力。海上丝绸之路线性遗产因其线性分布，跨越距离较长，涉及管理单位和利益团体较多，所以构建各方合作机制是各国普遍采用的策略，多数都成立了由各方参与的管理（规划、指导）

委员会，如英国旁特斯沃泰水道桥与运河指导委员会，英国哈德良长城管理规划委员会、美国黑石河峡谷（Blackstone River Valley）国家遗产廊道委员会等。

确保遗产资源的公益性，实现遗产的社会、经济、文化和环境综合价值。首先要在全社会倡导形成健康、成熟的遗产价值观，在保护的前提下，精心开发遗产经济，吸引游客，带动当地经济的发展。海上丝绸之路文化遗产，对政治、经济以及精神文化具有举足轻重的重要意义：在政治上，它是国家身份的象征，代表着国家形象和成就；在精神上，它是我们的民族血脉，体现着中华民族的精神和素质；在社会生活上，它是文化消费的核心资源和重要的旅游经济资源。其次，要正确处理好海上丝绸之路遗产保护与申遗、经济、文化和民生建设的关系。把改善民生与促进社会和谐作为海上丝绸之路遗产保护与利用的出发点和落脚点；把遗产保护与发展经济、城乡建设结合起来，特别是要发挥助推文化产业与旅游发展的作用；当前尽快将重要的文物遗迹公布为各级文物保护单位，提高保护等级。前提是确保遗产资源的公益性，始终保持资源的真实性、完整性，加强管理与合理利用，实现人与自然、经济与社会的和谐发展。

加强法制建设，构筑完善的遗产法规体系。目前，我国文物、风景名胜、文化遗产领域可参照的法律法规主要是《中华人民共和国文物保护法》以及各种条例、办法等，但其对跨地域、跨学科的类似海上丝绸之路线性遗产来说其适用性并不强。鉴于我国文物保护法规现状以及今后一个时期发展趋势，海上丝绸之路线性遗产法制建设，可以有三种方案：一是在《中华人民共和国文物保护法》框架下，参照已经制定《关于保护海上丝绸之路遗产的联合协定》等相关条例、规章等；二是协同推动适时修改文物保护法律法规，为线性遗产保护、管理与利用提供法律支持，推动遗产保护工作尽快走上法制化、规范化轨道；三是在对海上丝绸之路文化遗产充分研究的基础上，研究制定海上丝绸之路文化遗产保护法律、条例等。

第四节 凝心聚力，推动海丝文化遗产申遗

世界遗产是指被联合国教科文组织和世界遗产委员会确认的人类罕见的、目前无法替代的财富，是全人类公认的具有突出意义和普遍价值的文物古迹及自然景观。联合国教科文组织认证的关于申报世界遗产的要件有三个方面，即唯一性、真实性、完整性。2006 年，我国将丝绸之路列入中国世界遗产预备名录时，含沙漠路线和海洋路线两条线路。随着 2014 年中国、哈萨克斯坦、吉尔吉斯斯坦三国联合申报的"丝绸之路：长安—天山廊道的路网"成功列入《世界遗产名录》，海上丝绸之路的保护和申遗工作也应被关注和重视，并尽快提到日程上来。

海上丝绸之路保护和申遗工作是新时代赋予的历史使命，是响应国家"一带一路"倡议的一项重大文化举措。积极推进海上丝绸之路文化遗产申遗，可以强力推进我们深入挖掘鄞州优秀传统文化的内涵，建构起更为强大且深刻的"文化自觉"与"文化自信"，扩充区域的文化软实力，形成区域的文化品牌。

一、宁波（鄞州）参与申遗过程

2001 年，宁波揭开了宁波"海上丝绸之路"申报世界文化遗产的序幕。在这一年，宁波举行"海上丝绸之路"文化国际学术研讨会，专家建议中国古代"海上丝绸之路"三大始发港宁波、泉州、广州联合申遗，发表了 21 世纪的"海丝"申遗重要文献《宁波共识》。这是联合申遗理念的最早共识。此后，围绕"海丝"文化，宁波历史文化主题得到了三次提炼，实现了质的飞跃。第一次是在 2002 年，宁波提出作为中国历史文化名城的内核是"以浙东学术文化为核心，以海上丝绸之路为主线"；第二次是 2009 年，社会应征城市主题形象口号，"书藏古今，港通天下"再次提升了"海丝"文化的认知；第三次是 2010 年在宁波召开的"大运河与海上丝绸之路"论坛，确认宁波是中国大运河最南端的出海口，连接"海上丝绸之路"起点。此刻，人们逐渐清晰地认识到，宁波作为"海上丝绸之路"起点城市

的独一无二。

2011年,"海上丝绸之路·宁波部分"申报世界文化遗产项目继续推进,并实现了重要突破。4月,广州、扬州、泉州、蓬莱和宁波五家"海上丝绸之路"申遗城市博物馆馆长联席会议在宁波召开,就打造"中国海上丝绸之路"申遗五城市博物馆联合运作机制、共同推进"中国海上丝绸之路"达成共识,搭建了一个融合、共享、发展的新平台,从而实现资源的整合与优势的互补,并为"海上丝绸之路"申遗工作奠定更扎实的基础。5月,作为宁波市与中国社会科学院签署战略合作协议新增重要战略合作项目之一的"海上丝绸之路"研究中心签约授牌,并由宁波博物馆与中国社会科学院历史研究所具体共建,为有力地整合优化我国"海上丝绸之路"研究资源,提升宁波乃至国内的"海上丝绸之路"研究实力,以至为"海上丝绸之路"申遗工作提供更扎实的学术支撑。11月,中国"海上丝绸之路"六城市联席会议第一次会议在宁波召开,蓬莱、扬州、宁波、泉州、广州以及新加入的北海等六城市文物(文化)局局长、博物馆馆长参加会议,博物馆联合运作机制升级为文物(文化)局联席会议。会议充分肯定了中国"海上丝绸之路"六城市联席会议这一运作机制在中国"海上丝绸之路"研究、保护、利用和联合申遗中的重要性和必要性,一致强调要在现有的基础上实现这一机制的制度化。会议还就联合申遗等重大内容达成了一致。12月,"海上丝绸之路与世界文明进程"国际论坛在宁波举行,联合国"教科文"组织驻北京办事处、国家文物局、浙江省文物局相关领导,蓬莱、扬州、宁波、泉州、广州、北海以及新加入联合申遗的漳州市政府领导出席论坛。在论坛期间,七城市共同签署了《新机遇、新挑战、新跨越——中国"海上丝绸之路"七城市联合申报世界文化遗产行动纲领》(简称《宁波纲领》)。《宁波纲领》的签署标志着"海上丝绸之路"联合申遗进入实质性行动阶段,它建立了融合共享、联动协作的长效机制,构建了全新的政府、文物管理部门、博物馆"三位一体"具有中国特色的运作平台,实现了中国"海上丝绸之路"文化遗产研究、保护、利用和联合申遗工作的一体化。2016年，在国家文物局下发的《关于进一步加快海上丝绸之路保护和申遗工作的通知》上，天童寺和保国寺、永丰库遗址、上林湖越窑遗址等一起，作为申报城市之一宁波的遗产点，列入我国2018年申遗推荐项目"海上丝绸之路：中国史迹"的首批名单。

2019年，海上丝绸之路保护和联合申报世界文化遗产城市联盟联席会议审议通过《海上丝绸之路保护和联合申报世界文化遗产三年行动计划》（以下简称《计划》）。主要是为了进一步充实海丝史迹的突出普遍价值和遗产多样性，借鉴陆上丝绸之路申遗的成功经验，带动各地方政府积极参与"一带一路"建设，推动我国与海丝沿线相关国家实现跨国联合申遗成功。根据该《计划》，联盟城市将积极配合中国文化遗产研究院考察评估海丝史迹点，为国家文物局确定新的海丝史迹点名单、编制海丝史迹点保护规划、开展文物保护修缮和环境整治、开展日常监测管理以及提升保护水平等提供依据。同时，设立国际级海丝史迹保护研究中心，建立虚拟博物馆、举办海丝文化全国巡展，以历史为基础，文化为窗口，树立海丝文化品牌形象，不断加强与国外海丝城市交流合作。

2021年11月12日，由宁波市人民政府、浙江省文物局、海丝保护和联合申遗城市联盟办公室联合主办的"海上丝绸之路保护和联合申报世界文化遗产城市联盟联席线上会议"顺利召开。会议的召开旨在进一步加强联盟各成员城市在海丝文化遗产科学保护、价值研究、长效传承、合理利用等多领域、全方位的合作交流，呼吁全社会共同保护海丝史迹，助力海丝申遗。会议还审议通过了青岛、惠州加入海上丝绸之路保护和联合申遗城市联盟。至此，海上丝绸之路申遗城市联盟成员总数增至28个，不仅壮大了海丝申遗城市联盟实力，也进一步坚定了持续推进海上丝绸之路申报世界文化遗产的决心和信心。

二、宁波（鄞州）参与海丝申遗的建议

国际古迹遗址理事会在对陆上丝绸之路开展专项课题研究时，曾提出：

"这条路上的每个遗产保护点本身都不具备独立的世界遗产价值,只有将它们联系到一起,才能构成一个整体的价值。"我们认为,这一理念同样适用于"海上丝绸之路"。因此,海丝文化遗产申遗需要凝心聚力,集中多方力量协同完成。

作为中国古代海上丝绸之路始发港,宁波市(鄞州区)坚定不移地把海上丝绸之路文化遗产保护好、传承好、利用好,并认真按照"坚持有利于突出中华文明的历史文化价值、有利于体现中华民族的精神追求、有利于向世人展示全面真实的古代中国和现代中国"的原则,全力推进海上丝绸之路申报世界文化遗产的工作。

科学编制和实施海上丝绸之路文化遗产保护和申遗总体方案,认真按照国家文物局关于海上丝绸之路申报世界文化遗产工作的总体部署和要求,在中国文化遗产研究院等相关申遗权威机构的专业指导下,科学编制《宁波市(鄞州区)海上丝绸之路文化遗产保护与申遗总体方案》,并对照《保护世界文化和自然遗产公约》及其《操作指南》的标准,全面、系统、有序推进宁波市(鄞州区)海上丝绸之路文化遗产保护与申遗的各项工作。

多方争取资金,全面加强海丝遗产总体保护、环境整治和遗产展示阐释。采取灵活的方式,要顺应形势,大胆改革,建立一个多渠道聚集保护资金的体系,实现鄞州海上丝绸之路文化遗产保护管理资金来源的多元化。一是按照《中华人民共和国文物保护法》,鄞州海上丝绸之路文化遗产保护经费必须纳入政府财政预算,保证国家文物保护经费的正常投入,这在当前仍是最主要的渠道;二是建议鄞州区政府在政策上明确鄞州海上丝绸之路文化遗产所在地景区门票年收入和资源使用补偿金的管理使用方向,确保这部分资金用在海上丝绸之路文化遗产保护管理上;三是积极争取国内外组织和个人为鄞州海上丝绸之路文化遗产保护捐款、赞助,并组织社会财力设立鄞州海上丝绸之路文化遗产保护专项基金,以弥补国家保护经费投入不足的问题。同时,列出时间表、路线图,按照轻重缓急,有计划、有步骤地实施天童寺片区、庆安会馆、东钱湖南宋石刻遗址等文物本体保护和环境整治工程，推进"海上丝绸之路·宁波市（鄞州区）史迹"展示中心、海丝博物馆、档案数据库、标识系统、导览系统等申遗配套设施的筹建工作。

凝聚各方智力，夯实海丝遗产价值基础研究。积极组织和委托国内外相关高校、科研院所开展宁波市（鄞州区）海上丝绸之路基础研究，重点开展宁波市（鄞州区）海上丝绸之路遗产点遗产价值对比研究、突出普遍价值研究、宁波市（鄞州区）海丝史迹个体价值与中国海丝史迹整体价值之间的关联性研究等。同时，海上丝绸之路文化遗产研究既应注重理论上的创新和突破，又应重视将理论成果转化为实践成果，着力解决海上丝绸之路文化遗产保护传承中的实际问题，为文化遗产保护传承体系的构建作出积极贡献。

注重平台搭建，加强对外交流与合作。积极争取国家文物局、联合国申遗职能部门的支持，加强与全国各联盟城市间的紧密对接，系统吸收泉州宋元中国的世界海洋商贸中心2021年成功申遗的经验，突出宁波地域文化特色，与港城文化、宋韵文化、禅宗文化统筹谋划，协同推进，打造独具魅力的文化IP，加快海上丝绸之路文化遗产保护利用和申遗工作进程。同时，充分利用宁波与东亚日本、韩国等国家交往紧密的优势，加强同东南亚越南、泰国、马来西亚、新加坡等在文化遗产保护领域的交流与合作。积极组织《羽人竞渡》等舞台艺术精品到海上丝绸之路沿线有关国家和地区巡演，讲好宁波市（鄞州区）海洋文明故事，扩大宁波市（鄞州区）海上丝绸之路文化的影响力。

建全遗产执法巡查制度，及时排查遗产安全隐患。加大《中华人民共和国文物保护法》及《宁波市海上丝绸之路史迹保护办法》等文物法律法规的宣传，以此提高文物属地公务人员及市民的文物保护意识。加大海上丝绸之路文化遗产督察与执法工作，加强与海上丝绸之路文化遗产属地相关部门的互动，共同构建文化遗产安全保护体系。各街道（乡、镇）要建立海上丝绸之路文化遗产本体与环境氛围的日常监测、记录、报告制度，及时查处文物违法案件和史迹管理单位存在的文物安防、消防隐患。要参照公安派出所的做法，建立基层文化遗产安全执法责任人制度，让遗产违法违规案件发现得早、遏制得快。对发现的问题，应及时向有关部门报告，并督促使用、管理责任单位立即整改。要严格落实文化遗产属地管理制度，与文化遗产属地相关部门签订文物保护及环境整治工作责任书。对在文物保护及环境整治工作中不作为或乱作为的公职人员，对保护区内违建案件频发的责任人，应给予责任追究。

重视人才建设，倾力打造一支专业高效、结构合理、相对稳定的海上丝绸之路文化遗产保护和申遗人才队伍。人才资源是第一资源，人才的质量和数量极大影响着文化遗产保护和申遗工作的有效开展。要用活用好现有人才引进政策，放宽高层次人才准入条件，适当降低文物保护、考古及申遗领域岗位的学历要求，多渠道引进专业人才。要积极落实高层次人才补贴和专业技术岗位人才津贴的发放，为外来人才在住房、租房、买房等方面提供便利，免除基层人才、外来人才的后顾之忧。要强化人才教育培训，积极举办包括申遗政策、国际国内申遗工作进展、遗产监测、档案建设、规划实施等方面内容的业务培训，不断拓宽人才视野，提升其专业水平和综合素质。总之，要树立强烈的人才意识，积极做好团结、引领、服务工作，真诚关心人才、爱护人才、成就人才，有效解决人才"引进来""留得住""用得上"的问题，倾力打造一支专业高效、结构合理、相对稳定的海上丝绸之路文化遗产保护和申遗人才队伍。

第五节　政府主导，优化海丝文化遗产管理体制

要解决制约鄞州海上丝绸之路文化遗产保护的深层次矛盾和问题，就要以体制机制创新为重点，优化文化遗产的管理体制。逐步理顺管理体制，积极推进海上丝绸之路文化遗产相关管理部门管理体制改革，制定有针对性的操作性强的文化保护的实施细则，使文化保护制度化、规范化。科学

的管理体制,是海上丝绸之路文化遗产保护的重要保障。鄞州海上丝绸之路文化遗产保护必须优化文化遗产的管理体制,构建政府主导、社会参与的文化遗产管理机制。

鄞州海上丝绸之路文化遗产种类繁多,地域分布广泛,保护工作涉及很多部门,如文旅部门、文物部门、建设部门、教育部门、财政部门、环保部门、科技部门等。众多部门共同管理,容易造成管理的交叉重叠,致使管理成本加大、效率低下,也容易造成各管理部门相互推诿、各项工作难以落到实处。建议鄞州区政府要成立专门的机构,如鄞州海上丝绸之路文化遗产管理委员会,专门负责海上丝绸之路文化遗产的管理工作。委员会对分属不同部门的文化遗产应该具有统一的管理权,对各部门文化遗产的管理工作具有指导和监督权,根据各乡镇街道的实际情况,统一协调,规范管理体制,并通过相应的制度保障,指导海上丝绸之路文化遗产的保护与利用。同时,积极制定一部与海上丝绸之路文化遗产保护相关的地方法律法规以及相关的保护与管理制度,促进行政管理手段精细化、规范化,依法进行保护和管理,让鄞州区海上丝绸之路文化遗产的管理和保护逐步朝着有法可依、依法管理、违法必究的轨道中运行。

各部门要充分认识保护鄞州海上丝绸之路文化遗产的必要性和重要性,对文化遗产的价值要有正确的认识,要有长远的战略眼光,在经济建设和文化发展过程中,要树立"以保护促开发、以开发促保护"的理念,避免为追求经济效益而破坏海上丝绸之路文化遗产的短期行为,更不能对文化遗产进行无度开发。要加强领导,制定切实可行的新政策,加大管理的力度,还要缜密规划,精心组织,精心实施,从体制机制上确保海上丝绸之路文化遗产保护工作确有实效。要发挥政府的主导作用,建立协调有效的保护工作领导机制。广泛吸纳宁波大学、宁波海上丝绸之路研究院等有关学术研究机构、大专院校、企事业单位、社会团体等各方面力量共同开展海上丝绸之路文化遗产保护工作。组织建立专家智库,充分发挥专家的作用,建立海上丝绸之路文化遗产保护专家咨询机制和检查监督制度。

进一步建立社会化的文化遗产保护机制，鼓励公众参与海上丝绸之路文化遗产保护。文化遗产保护管理体制的形成，不仅代表了民众参与保护海上丝绸之路文化遗产的热情与自觉性，更重要的是，民众参与保护海上丝绸之路文化遗产保护是增强社会凝聚力的可靠保障，构建社区参与、民众参与的社会化文化遗产保护机制，必然会使鄞州海上丝绸之路文化遗产保护实施更容易，效果更明显。在我国大力推进政治体制改革的今天，通过专业保护机构的率先参与，建立以公众力量为主体的保护管理体制，符合社会发展前进方向，具有积极意义。

后　　记

　　鄞州，作为古明州港（宁波）的发祥地，至今仍保留着众多体系化、集群化、地域化的重要海上丝绸之路文化遗产。其数量之多、分布之密集、内涵之丰富，均为古代港口城市所罕见。

　　天童寺，一座有着1700余年历史的寺院，曾迎来沿着海上丝绸之路传来的佛教，又沿着海上丝绸之路将本土化后的佛教送到日本。宋元明时期，32批日僧到天童寺参禅、求法，11批中国僧人赴日弘法、传教。佛教的传播和僧侣的迎来送往，铸就了天童寺在海上丝绸之路中的重要地位。阿育王寺是中国佛教"中华五山"之一，也是禅宗名刹"中华五刹"之一，在海上丝绸之路的佛教史及中日文化交流史上有着重要地位，并因寺内珍藏佛教珍宝释迦牟尼真身舍利而闻名中外。此外，鄞州区还拥有堪称航海地标的庆安会馆和天后宫，推动民间石刻艺术东传的东钱湖南宋石刻群等海丝文化特征鲜明的历史文化遗存。民间手工技艺也在鄞州区的海上丝绸之路文化传承发展之路上发挥了重要作用，如已经被列入国家级非物质文化遗产名录的朱金漆木雕、骨木镶嵌、金银彩绣等，还有甬式家具、竹器等传统手工技艺，都曾在漫漫历史长河中起到对外交流的关键作用，不仅在中国，还在日本、韩国，甚至东南亚等地，都有同宗同门的手工技法在民间广泛流传，呈现出顽强的生命力。

　　最近几年，鄞州区依托丰厚的海丝文化资源，深入挖掘海丝文化内涵，加大海上丝绸之路文化打造力度，提升社会影响力和为民惠民效用，切实推进海丝文化在鄞州的传承发展。准确把握海上丝绸之路文化精神，顶层设计有高度。积极开展海上丝绸之路文化活动，民间影响有广度。重点打造了海商文化艺术节、"海上丝绸之路"创意设计大赛和宁波"一带一路"主题音乐会；着力加强海上丝绸之路文化研究，理论支撑有深度。一方面统筹资源，组建海上丝绸之路文化研究机构，另一方面内外结合，开展海上丝绸之路文化专项研究；努力拓展海上丝绸之路文化影响，宣传报道有强度。全面启动海上丝绸之路文化探源，创建工作有力度。

但值得注意的是，现阶段鄞州海上丝绸之路文化遗产的保护与利用还存在亟待完善之处。一是保护力度不够。现代城乡建设的高速发展对海上丝绸之路文化遗产的保护构成严重威胁，一些历史城镇，尤其是其中尚未被列为各级保护单位的遗产在逐渐消失。近年来，海上文物盗掘、盗挖现象十分猖獗，极大地威胁着文化遗产安全，亟待相关部门重视并加强管理。二是资源利用不足。目前部分重点海上丝绸之路遗产虽然开辟为博物馆、纪念馆或参观点，但从整体上看，文化遗产尚未形成旅游线路和文化品牌，知名度不高，影响力不足。大部分非重点文化遗产更因未加以利用而鲜为人知，此外，部分遗产因产权、可达性、可观性等问题，也限制了其利用价值的发挥。

大力弘扬海上丝绸之路文化，无疑成为鄞州"名城强区"建设的历史机遇和时代选择。作为海上丝绸之路主要港口之一，鄞州应当以海上丝绸之路申遗为平台，深入挖掘海上丝绸之路精神内涵，推动海上丝绸之路创新性发展，树立海上丝绸之路的国际形象，建立"一带一路"框架内的交流合作机制，从而在"一带一路"建设中发挥独特的作用。为此，"十四五"期间，鄞州区继续加强政策支持，提升海丝文化保障力；重视服务基层，提升海丝文化惠民力；凝聚各方资源，提升海丝文化影响力。本书期望全面、系统地梳理鄞州海上丝绸之路文化遗产发展所取得的成绩，客观、深刻地思考面临的诸多问题，提出新时期创新性发展的基本框架和运行体制，但由于海上丝绸之路文化遗产创新性发展涉及面广，书稿中难免有挂一漏万之失；加之撰写时间仓促，学力有限，书稿中定有不当或错讹之处，敬请广大读者批评指正。

本书在撰写过程中得到了鄞州区社科联（社科院）、宁波大学昂热大学联合学院在资料、资金等方面的大力支持，特别是鄞州区社科联（社科院）党组书记傅怀峰、鄞州区社科联（社科院）院长鲁霜霜、副院长惠河源、原副院长吴志远、宁波大学昂热大学联合学院诸位同仁给予了许多有益的指点和无微不至的关照，鄞州区社科联（社科院）邬晨平为本书的完成付出了许多时间与精力。在编写过程中，曾参阅并引用了龚缨晏、周志锋、林士民、张如安、乐承耀、孙善根、刘恒武、李广志、王瑞成、戴光中、戴松岳、白斌等一批专家学者的研究成果，虽尽可能在文中或文末注明，但相信仍有不尽之处，深以为歉，并深表感谢。

宁波大学东海战略研究院　苏勇军

2022 年 5 月 31 日

参 考 文 献

《天南海北鄞州人》编委会．2019．天南海北鄞州人．宁波出版社．

白斌,刘玉婷,刘颖男．2018．宁波海洋经济史．杭州：浙江大学出版社．

白斌,王园园．2014．二十五史宁波史料集．宁波出版社．

鲍贤昌,陆良华．2012．探寻古鄞．宁波出版社．315．

布尔努瓦著．耿昇译．2001．丝绸之路．山东画报出版社．45．

[宋]曾公亮,丁度等．武经总要前集．卷11．库本726册．385．

陈定萼．1993．鄞县宗教志．团结出版社．1-2．

陈国灿．奚建华．2000．浙江古代城镇史研究．合肥：安徽大学出版社．88．

陈惠平．2005．海上丝绸之路"的文化特质及其当代意义．中共福建省委党校学报．（2）．68-72．

陈述．2006．杭州运河历史研究．杭州出版社．12．

陈素君．2019．盛世华堂绣金银—宁波金银彩绣记．鄞州史志．（3）．139-149．

陈同滨．2015．丝绸之路跨国申遗．国际语境中的探索,创新与协作．世界遗产．2015（5）．39-45．

陈炎．1996．海上丝绸之路与中外文化交流．北京大学出版社．

陈贞寿．2018．丝绸之路促文明——宋代与元代的海上贸易与海防．北京：中国大百科全书出版社．

成岳冲．1993．论宋元宁波地区主干水利工程的分布与定型．浙江学刊．（6）．105-107．

程启坤,庄雪岚．1995．世界茶业100．上海科技教育出版社．

戴光中．2019．天童寺与海上丝绸之路．鄞州史志．（3）．95-103．

邓炳权．2008．海上丝绸之路与相关文物古迹的认定．广州文博（二辑）．文物出版社．2008．18．

丁洁雯．2016．从朱金漆木雕看宁波与日本文化交流．中国港口．（1）．8-12．

丁洁雯．2016．大运河（宁波段）与海上丝绸之路的重要衔接．宁波大学学报（人文科学版）．（4）．15-19．

董贻安．1995．浙东文化论丛．北京：中央编译出版社．

董忠耿．1994．论唐宋时期越窑青瓷的对外输出南方文物．（4）．115-118．

杜建海，戴松岳．2008．鄞州人文读本．杭州．浙江古籍出版社．

杜瑜．2000．海上丝路史话．北京．中国大百科全书出版社．

杜锤文．2019．鄞州区历史文脉接续的样本——浅谈《鄞州百人》出版的文化建设意义．鄞州日报．-12-24．

[清]段光清．1854．镜湖自撰．谱．咸丰四．甲寅（公元）．

傅才武，陈庚．2010．当代中国文化遗产的保护与开发模式湖北大学学报（哲学社会科学版）（4）．92-98．

龚缨晏．2011．20世纪中国"海上丝绸之路"研究集萃．杭州．浙江大学出版社．

龚缨晏．2016．关于宁波古代海上丝绸之路的几个问题．宁波大学学报（人文科学版）．（3）．1-6．

龚缨晏．2014．宁波海上丝绸之路源流考．

龚缨晏．2011．中国"海上丝绸之路"研究百．回顾．杭州：浙江大学出版社．

顾军，苑利．2005．文化遗产报告——世界文化遗产保护运动的理论与实践．北京：社会科学文献出版社．

光绪杭州府志．卷八十一．物产四．中国地方志集成-浙江府县志辑．上海书店．

光绪鄞县志．卷二．疆域-风俗．

[明]归有光．震川先生集．卷八．论御倭书．

韩炜师．2017．从海上丝绸之路的遗产价值探讨文化遗产保护的理念．文物世界．（1）．47-48．

黄焕利．2009．探访遗踪．浙江文艺出版社．

黄浙苏，丁洁雯．2011．论庆安会馆的当代利用．中国名城．（6）．48-52．

季羡林．1955．中国蚕丝输入印度问题的初步研究．历史研究．（4）．51-94．

江东区委党史办公室，江东区地方志办公室．江东史志．1-12期

江静．2006．元日贸易特征论—以庆元港为考察对象．宁波与海上丝绸之路．北京：科学出版社．203．

姜彬，金涛．2005．东海岛屿文化与民俗．上海文艺出版社．

蒋兆成．2002．明清杭嘉湖社会经济研究．杭州：浙江大学出版社．61．

金普森，陈剩勇．2005．浙江通史．杭州：浙江人民出版社．

靳畅．2021．宋城演艺-向世界讲述中国故事．中国旅游报．2021-3-15．

孔凡礼．2004．三苏．谱．1册．北京古籍出版社． 677.

乐承耀．1999．宁波古代史纲．宁波出版社．

乐承耀．2010．宁波经济史．宁波出版社．

[唐]李白．1996．为宋中丞请都金陵表．李白全集．上海古籍出版社． 236.

李锋．2017．"名城强区"．文化自信的鄞州担当．鄞州日报．-11-21.

李广志．2010．明州工匠援建日本东大寺论考．宁波大学学报（人文科学版）．（5）．81-85.

李海燕．权东计．2007．国内外大遗址保护与利用研究综述．西北工业大学学报．（3）．16-20.

李加林．2011．浙江海洋文化景观研究．北京：海洋出版社．

李庆新．2010．濒海之地．南海贸易与中外关系史研究．北京：中华书局．

[明]李贤等．明一统志．卷四六．宁波府．

李寅生．2007．论宋元时期的中日文化交流及相互影响．巴蜀书社．

李政．2017．宁波和丰纱厂的创建与演变．鄞州史志．（3）．138-144.

林浩．2005．关于宁波"海上丝绸之路"各个时期特点的探讨．东方博物．（2）．58-63

林士民，沈建国．2002．万里丝路-宁波与海上丝绸之路．宁波出版社．

林士民．2004．明州港在东亚汉文化圈中的作用．三江论坛．（3）．132.

林士民．2012．宁波造船史．杭州：浙江大学出版社．

林士民．2006．浅谈宁波"海上丝绸之路"历史发展与分期．宁波"海上丝绸之路"申报世界文化遗产办公室．宁波与海上丝绸之路．北京：科学出版社． 37-47.

林士民．三江变迁——宁波城市发展史．宁波出版社．2002.

刘恒武，金田吉孝．2008．中日航海交往史上的阿育王寺与天童寺．浙江海洋文化与经济（二辑）．北京：海洋出版社． 12-17.

刘恒武．2009．宁波古代对外文化交流-以历史文化遗存为中心．北京：海洋出版社．

刘进宝．2022．从提出背景看"丝绸之路"概念．中国社会科学报． 5月23日．

刘俊军，刘恒武．2019．宁波海上丝路文化．宁波出版社．

刘磐磐．2011．中日佛教交流史上的宁波天童寺．黑河学刊．（2）．55-57.

刘庆余．2013．国外线性文化遗产保护与利用经验借鉴．东南文化．（2）．29-35.

刘卫红，曹金格．2022．大遗址保护规划．对象，使命和内容框架．东南文化．（1）．16-22.

刘晓斌．1991．宋元龙泉青瓷外销探析．江西文物．（4）．114-117

刘义杰．2019．中国古代海上丝绸之路．深圳．海天出版社．

[宋]楼钥. 攻媿集. 卷五十七. 文渊阁四库全书本.

[宋]罗濬. 宝庆四明志. 卷十三. 寺院. 文渊阁四库全书本.

[宋]罗濬. 宝庆四明志. 卷十三. 寺院. 文渊阁四库全书本.

[宋]罗濬. 宝庆四明志. 卷三. 叙郡下. 官僚. 造船官.

罗玉芬．2020．基于文旅融合视角下历史园林的保护与利用．文物鉴定与鉴赏．（8）．69-71.

毛阳光. 元2006.代宁波在中日关系中的矛盾性格.宁波与海上丝绸之路.北京：科学出版社．91．

孟建．2008．城市形象与软实力．宁波市形象战略研究．上海：复旦大学出版社．176．

明神宗实录. 卷二六三. 神宗万历二十一. 八月乙未条.

木宫泰彦. 1980. 日中文化交流史. 北京：商务印书馆.

[日]木宫泰彦. 1955. 日华文化交流史. 富山房.

宁波"海上丝绸之路"申报世界文化遗产办公室，宁波市文物保护管理所，宁波市文物考古研究所. 2006. 宁波与海上丝绸之路. 北京：科学出版社.

宁波帮博物馆. 2017. 宁波人文轶事. 宁波出版社.

宁波市地方志编纂办公室. 1995. 宁波市志（上，中，下）. 北京：中华书局.

宁波市江东区地方志编纂委员会. 2016. 宁波市江东区志. 杭州：浙江人民出版社.

宁波市文化局. 2002. "海上丝绸之路" 中国宁波.

宁波市文化局. 2005. 中国宁波"海上丝绸之路"文化遗存图录.

宁波市鄞州区地方志编纂委员会. 2016. 宁波市鄞州区志（1978—2008）. 杭州：浙江古籍出版社.

宁波市鄞州区人民政府. 2018. 中国海丝文化之乡申报材料.

宁波市鄞州区咸祥镇镇史编纂委员会编. 2008. 鄞东重镇咸祥. 宁波出版社. 105.

宁波市鄞州区政协文史资料委员会. 2012. 三江文存《鄞州文史》精选 地雄东南 综合卷. 宁波出版社.

宁波市鄞州区政协文史资料委员会. 2012. 三江文存《鄞州文史》精选 风范千秋 人物卷. 宁波出版社.

宁波市鄞州区政协文史资料委员会. 2012. 三江文存《鄞州文史》精选 学汇中外 文化卷. 宁波出版社.

宁波市鄞州区政协文史资料委员会. 2017. 四明文录《鄞州文史》精选 人物卷 青史留痕. 宁波出版社.

宁波市鄞州区政协文史资料委员会. 2017. 四明文录《鄞州文史》精选 文化卷 振衣千仞. 宁波出版社.

宁波市鄞州区政协文史资料委员会. 2017. 四明文录《鄞州文史》精选 综合卷 风物缤纷. 宁波出版社.

宁波市政协文史资料委员会. 宁波文史资料（1-21辑）. 1983-2002.

宁波中国港口博物馆, 四明影社. 2019. 丝路-港城. 宁波"海丝"的影像文本. 宁波出版社.

彭光玺. 1994. 中外文化交流博览. 北京：中国旅游出版社. 468.

乾隆湖州府志. 卷三十一. 蚕桑.

冉淑青, 裴成荣. 2013. 国内外大遗址保护的经验借鉴与启示. 人文杂志.（4）. 45-48.

饶宗颐. 1982. 选堂集林-史林（上册）. 香港：中华书局. 390.

沙畹著. 冯承钧译. 2004. 西突厥史料. 北京：中华书局. 208-209.

单霁翔. 2006. 大型线性文化遗产保护初论. 突破与压力. 南方文物.（3）. 2-5.

单霁翔. 2011. 紧抓机遇. 再接再厉. 全面推进大遗址保护工作. 中国文物报. 2011-11-30.

史宏. 2021. 东钱湖千-越窑-见证璀璨青瓷文化. 鄞州日报. 2021-12-10.

[宋]释赞宁. 宋高僧传. 卷七. 大宋天台山螺溪传教院义寂传.

[西汉]司马迁. 1959. 史记. 卷一百二十九. 货殖列传. 北京：中华书局.

斯文·赫定著. 江红, 李佩娟译. 1996. 丝绸之路. 新疆人民出版社. 212.

松浦章著, 孔颖编. 2018. 海上丝绸之路与亚洲海域交流（15世纪末-20世纪初）. 郑州：大象出版社.

苏琨. 2017. 文化遗产类旅游资源价值评估研究——以秦始皇帝陵博物院为例. 西安交通大学出版社. 33.

苏全有, 陈建国. 2006. 中国社会史专题研究. 内蒙古人民出版社. 216.

苏勇军. 2011. 浙东海洋文化研究. 杭州：浙江大学出版社.

苏勇军. 2011. 浙江海洋文化产业发展研究. 北京：海洋出版社.

苏勇军. 2014. 明代浙东海防研究. 杭州：浙江大学出版社.

苏勇军等. 2016. 浙江省滨海旅游发展报告. 杭州：浙江大学出版社.

苏勇军等. 2016. 浙江省海洋文化产业发展报告. 北京：海洋出版社.

孙光圻. 2005. 中国古代航海史. 北京：海洋出版社. 2005.

[明]田汝成. 1980. 西湖游览志余. 卷十四. 方外玄踪. 上海古籍出版社. 1980. 260.

仝艳锋. 2016. 山东半岛沿海文化遗产价值分析. 人文天下.（19）. 26-32

涂师平．2014．羽人竞渡．宁波出版社． 104．

王福州．2021．"文化遗产"的中国范式及体系建构．中国非物质文化遗产网（http://www.ihchina.cn/luntan_details/22364.html）．2021-1-28．

王国宝．大爱妈祖-妈祖信仰在宁波．宁波出版社．2017．

王慕民，张伟，何灿浩．2006．宁波与日本经济文化交流史．北京：海洋出版社．

王巧玲．2008．宁波金银彩绣渊源浅谈．宁波广播电视大学学报．（3）．120-124．

王青松．南宋海防初探．中国边疆史地研究．2004（3）．98-107．

王瑞成，孔伟．2010．宁波城市史．宁波出版社．

[明]王士性．1981．广志绎．卷四．江南诸省．元明史料笔记丛刊．中华书局．

王万盈．2009．东南孔道——明清浙江海洋贸易与商品经济研究．北京：海洋出版社．

王晓．2020．杭州市大运河国家文化公园建设研究．中国名城．（11）．89-94．

王欣．2017．中国旅游文化演艺发展研究．北京：旅游教育出版社．

王勇．2006．唐代明州与中日交流．宁波与海上丝绸之路．北京：科学出版社． 265-270．

[元]王元恭．至正四明续志．卷五．土产．

王震中．2014．解读大遗址保护的洛阳模式．光明日报．2014-6-18．

温尔平．2017．话说浙海常关．鄞州史志．（3）．242-245．

吴海霞．2017．鄞州-轮里的人文之光．宁波出版社．

吴忠，吴敏．2006．东钱湖南宋石刻群的艺术特征．装饰．（3）．26-27．

吾妻镜．"建保四．六月十五日条，同．十一月二十四日条，同五．四月十七日条"．1995． 吉川弘文馆． 722，726，730．

伍鹏．2016．浙江海上丝绸之路文化．北京：经济科学出版社．

肖宪．2020．海上丝绸之路的兴衰．北京：中国书籍出版社．

谢安良．2014．丝路听潮．海上丝绸之路文化．宁波出版社．

谢国旗．2013．鄞州区三次全国文物普查丛书《历史的回声》之三．最后的遗产．宁波出版社．

虚怀．鄞县人经营的钟表业．鄞县文史资料．3辑． 146-154．

徐剑飞．2009．鄞州佛教文化．宁波出版社．

[宋]徐兢．宣和奉使高丽图经．卷三十四．海道．

徐明德．2006．论明清时期的对外交流与边治．杭州：浙江大学出版社．

徐祖光．2014．宁波钩沉．宁波出版社．

许勤彪. 宁波历史文化二十六讲. 2005. 宁波出版社.

雅克布罗斯著. 耿昇译. 2002. 发现中国. 山东画报出版社. 3-5.

杨劲松. 2020. 突出文化内涵 创新表现形式 推动旅游演艺高质量发展. 中国旅游报. 2020-07-16.

杨谦. 2017. 推动非物质文化遗产创新性发展的路径. 广元日报. 2017-12-17.

姚贤镐. 1962. 中国近代对外贸易史资料（1册）. 中华书局. 619.

姚小云. 刘水良. 2015. 武陵山片区非物质文化遗产保护与旅游利用. 成都：西南交通大学出版社. 163.

[日]伊藤松著. 王宝平, 郭万平编. 2007. 邻交征书. 上海辞书出版社.

宜兴市政协学习和文史委员会, 宜兴市华夏梁祝文化研究会. 2003. 宜兴梁祝文化——史料与传说. 方志出版社 144—146.

鄞州区档案局（馆）. 2006. 鄞州行政简史.

鄞州区社科院（联）. 2019. 从鄞商看"实干, 担当, 奋进"的新时代鄞州精神. 鄞州史志.（4）. 91-102.

鄞州区文广旅体局党委理论学习中心组. 2020. 加快推进鄞州文旅融合发展的对策研究. 鄞州日报. 2020-10-14.

余晋岳. 2004. 世界文化与自然遗产手册. 上海科学技术出版社.

虞浩旭. 1998. 论唐宋时期往来于中日间的"明州商帮". 浙江学刊.（1）. 77-80.

虞浩旭. 2004. 浙东历史文化散论. 宁波出版社.

禹玉环. 2016. 遵义市红色文化遗产保护与开发利用问题研究. 成都：西南交通大学出版社.

张传保, 赵家荪修. 2006. 鄞县通志[民国]. 宁波出版社.

张德华. 2005. 唐宋时期鄞州与日本的佛教交往. 东方博物.（2）. 64-70.

[明]张瀚. 松窗梦语. 卷四. 商贾纪.

[宋]张津. 2009. 乾道四明图经（宋元浙江方志集成7册）. 杭州出版社. 2880.

[宋]张津等.《乾道四明图经》卷一. 分野.

张明华. 2018. 海上丝绸之路. 宁波的历史与未来. 杭州：浙江大学出版社.

张善余. 2003. 中国人口地理. 北京. 科学出版社. 357.

张伟, 苏勇军. 2014. 浙江海洋文化资源综合研究. 北京：海洋出版社.

张伟. 2007. 浙江海洋文化与经济（一辑）. 北京：海洋出版社.

张伟. 2008. 浙江海洋文化与经济（二辑）. 北京：海洋出版社.

张伟. 2009. 浙江海洋文化与经济（三辑）. 北京：海洋出版社.

张晓斌. 2019. 广东海上丝绸之路史迹的类型及其文化遗产价值. 文化遗产. (3). 141-150.

[宋]赵汝愚编. 1999. 宋朝诸臣奏议（下册）. 上海古籍出版社. 1152.

[清]赵士麟. 浙江通志. 卷二十二. 形胜. 文渊阁四库全书本.

赵锡. 互联网+博物馆数字化建设的思考. 中国港口. 2016（增刊1期）. 111-114.

浙江省工艺美术研究所. 1986. 绚丽多彩的浙江工艺美术. 北京：轻工业出版社. 49-51.

浙江省鄞县地方志编纂委员会. 1996. 鄞县志. 北京：中华书局.

真人元开著. 汪向荣校注. 1979. 唐大和上东征传(中译本). 北京：中华书局.

[明]正德桐乡县志. 卷二. 物产. 中国地方志集成-浙江府县志辑. 上海书店.

郑青文. 2020. 努力实现中华优秀传统文化创造性转化创新性发展. 时事报告. (7). 16-17

郑蓉. 2019. 大海和声. 浙江"海丝文化"调研文集. 北京：学苑出版社.

[明]郑若曾. 郑开阳杂著. 卷二. 万里海防图论下论财赋之重.

中共宁波市鄞州区委党史研究室（鄞州区人民政府地方志编研室），宁波市鄞州区新四军历史研究会. 鄞州史志. 2009-2020.

中共鄞州区委党史办公室，鄞州区人民政府地方志办公室. 2013. 鄞州记忆. 杭州：浙江人民出版社.

中国旅游文化大辞典编辑委员会编. 1994. 中国旅游文化大辞典. 南昌：江西美术出版社. 345.

周达章. 2017. 宁波海丝文化. 宁波出版社.

周千军等. 2006. 月明故乡. 宁波出版社. 63.

周时奋. 2010. 话说鄞州. 杭州：浙江摄影出版社.

周长山. 2014. "海上丝绸之路"概念之产生与流变. 广西地方志. (3). 47-51.

周作人译. 2001. 平家物语. 中国对外翻译出版公司. 174.

祝永良 2020. 从鄞州历史文化看鄞州精神的基因渊源. 鄞州日报. 11月25日.

附录1 《鄞州赋》

马永祥[①]

2012年为鄞州撤县设区十周年。十年间,鄞州区经济腾飞,文化繁荣,社会和谐,百姓安乐。感于巨变,欣然命笔,骈俪敷陈,是为《鄞州赋》。

夫鄞州者,地处斗牛,名驰天下。书藏古今,富甲华夏。乃浙东之明珠,洵江南之名邑;焕盛世之新光,以福民为秉执。秦时立县,历经沧海桑田;十载兴区,铸就华章彩笺。

美哉鄞州!东南形胜,恰如彩蝶飞舞;山川神韵,宛若金瓯生辉。浩浩东钱,蕴太湖之壮阔,涵西子之瑰丽;巍巍四明,具匡庐之灵秀,有太行之崔嵬。登太白山,可观东海日出之磅礴;临五龙潭,可觅玉龙戏珠之潆洄。香樟如盖,郁郁翠滴;山茶如火,灼灼红飞。河渠纵横,稻菽遍野;海湾逶迤,棉盐成堆。九曲碧淙,澄江如练;千寻黛岫,苍岭成围。鄞州之春,花争红艳;鄞州之夏,林茂翠微。鄞州之秋,枫丹菊紫;鄞州之冬,水暖山辉。真可谓鄞地无山不烂漫,鄞乡有水皆芳菲。

神哉鄞州!芦家桥边,河姆渡文化遗址;大雷山麓,秦始皇圣迹留踪。育王古刹,珍藏佛祖舍利;天童禅寺,迴响暮鼓晨钟。

[①] 马永祥,1949年生,鄞州区人,1969年参军,历任南京军区后勤部政治部副主任、江西省九江军分区政治委员、解放军杭州疗养院政治委员、江西省人大代表、杭州市政协委员。现为浙江省作家协会会员、浙江省书法家协会会员、中国孙子兵法研究会理事、中国楹联学会理事、浙江省辞赋学会常务副会长兼秘书长、北京中联国兴书画院浙江分院秘书长、四明书画院副秘书长。出版《壮心不已》《胡庆余堂》《西湖书法》等著作。

佛儒过化之地，文脉渊薮；科学昌明之邦，英才如龙。它山堰，碑记王令治水分咸淡，德功赫赫；忠应庙，史传荆公变法试锋芒，政绩煌煌。王应麟修编《三字经》，启蒙童稚；全祖望续纂甬上诗，礼赞乡邦。国中第一个博士，乃翁文灏；史上七十六进士，属走马塘。高手填元曲，数张可久；布衣修《明史》，唯万斯同。沙孟海翰逸神飞，书风印学西泠长；范东明藏书天一，薪火承传东壁中。马氏晋北大五教授于盛垫里，史门出宋代三宰相于八行堂。贺知章少别老回吟笑问，张苍水丹心碧血抒慨慷。梁祝化蝶，写人间之真爱；李敏就义，彰巾帼之坚强。童第周潜心"孵化"文昌鱼，享誉"克隆先驱"；马友友妙手奏响大提琴，堪称"音乐天王"。院士群竭智尽能，献丹忱于九域；博物馆星罗棋布，腾碧浪于三江。

富哉鄞州！古有陶朱公货殖经营成大贾，今有王宽诚金融贸易称巨商。市场经济，风起潮涌；商贸通达，物阜民康。今昔商帮，名驰四海；新老品牌，畅销八方。财政收入，跃升全省全国前列；鄞州银行，独占农村金融鳌头。义利相济，注重公益；同创共富，力争上游。涌敬老暖流，年过花甲咸有所养；举兴教大旗，高中以下学费免收。兴朝阳之产业，续发展于旅游。养生保健，增益春秋。家园和美，福泽长流。

新哉鄞州！欣逢盛世，撤县建区。上下同心，求变求进谋发展；干群协力，创业创新跻一流。开放开明，树立善政高标；干净干事，打造廉政方舟。乘东方大港之利，吐纳五洲之风物；揽长江三角之胜，招引八极之骐骥。热土横陈，钟灵于港城之侧；高楼直耸，毓秀于甬江之滨。高教园区，如春风化雨；立体交通，胜骏马飞腾。开发区满目锦绣，商务区五彩纷呈。实力鄞州、生态鄞州，展六合图画；平安鄞州、人文鄞州，播一路温馨。荣膺全国"文明城市"之美誉，广传当今"智慧城市"之芳声。

领鄞州之精气神,感生民之福禄禧,于是歌曰:

  自古繁华兮,宛若天堂,
  躬逢盛世兮,无限风光。
  同享共富兮,人间大道,
  雄笔鸿猷兮,再赋华章。

附录2 《宁波市海上丝绸之路史迹保护办法》

第一条 为了加强海上丝绸之路史迹的保护，规范海上丝绸之路史迹的利用和管理，根据《中华人民共和国文物保护法》《浙江省文物保护管理条例》和《宁波市文物保护管理条例》等相关法律、法规，制定本办法。

第二条 本市行政区域内海上丝绸之路史迹（以下简称海丝史迹）的保护、管理和利用，适用于本办法。

第三条 本办法所称的海丝史迹，是指本市与海上丝绸之路相关的具有历史、艺术、科学价值的古文化遗址、古建筑，包括永丰库遗址、上林湖越窑遗址、天童寺、保国寺。

第四条 海丝史迹保护应当遵循保护为主、科学规划、合理利用、依法管理的原则，确保海丝史迹的真实性、完整性和延续性。

第五条 市人民政府和海丝史迹所在地的区县（市）人民政府负责本行政区域内的海丝史迹保护工作，指导、协调海丝史迹保护工作的重大事项，并将海丝史迹保护经费列入本级财政预算。

第六条 市文物行政主管部门负责本市行政区域内海丝史迹保护的监督管理，并组织实施本办法。

海丝史迹所在地的区县（市）文物行政主管部门负责本行政区域内海丝史迹保护的日常监督管理。

城乡规划、财政、公安、宗教事务、旅游、环境保护、水利、住房和城乡建设、国土资源、林业、教育等行政管理部门，在各自的职责范围内负责有关海丝史迹的保护工作。

海丝史迹所在地的乡（镇）人民政府、街道办事处应当协助做好海丝史迹的保护工作。

第七条 文物、旅游、教育等行政管理部门应当组织开展海丝史迹保护宣传教育，增强公众的海丝史迹保护意识。

本市新闻媒体应当开展海丝史迹保护的宣传，普及海丝史迹保护知识。

第八条 任何单位和个人都有依法保护海丝史迹的义务，并有权对破坏海丝史迹的行为进行劝阻、检举和控告。

鼓励海丝史迹所在地的村民委员会、居民委员会依法组织制定村规民约、居民公约，建立群众性保护组织，参与海丝史迹的保护管理。

鼓励文化遗产保护志愿者组织及其成员参与海丝史迹的知识宣传和保护工作。

鼓励公民、法人和其他组织依法设立海丝史迹保护社会基金。

对在海丝史迹保护、管理、利用和捐赠中作出显著成绩的单位和个人，市人民政府和海丝史迹所在地的区县（市）人民政府或者文物行政主管部门应当依法给予表彰。

第九条 文物行政主管部门应当会同城乡规划等有关行政管理部门组织编制海丝史迹保护规划，依法报经批准后公布施行。

海丝史迹保护规划应当明确海丝史迹的构成、保护标准和保护重点，划定保护范围和建设控制地带，并分类制定保护管理措施。

海丝史迹保护范围和建设控制地带按照文物保护的相关法律、法规的规定划定，同时应当符合国家对世界文化遗产核心区和缓冲区的保护要求。

海丝史迹所在地的区县（市）人民政府应当根据海丝史迹保护规划，制定本行政区域内海丝史迹保护工作的具体实施方案。

第十条 海丝史迹的保护范围和建设控制地带划定后，应当依法设置标志说明。标志说明应当载明海丝史迹的名称、保护范围、建设控制地带、公布机关、公布日期等内容。

海丝史迹所在地的区县（市）文物行政主管部门应当加强对标志说明的维护和管理。

第十一条 海丝史迹保护范围内，禁止实施下列行为：

（一）刻划、涂污或者以其他方式损坏文物；

（二）倾倒、堆放垃圾或者超标排放废水、污水；

（三）擅自进行爆破、钻探、挖掘等作业；

（四）非法移动、拆除、污损或者以其他方式损坏海丝史迹标志说明；

（五）法律、法规和规章规定的其他危害海丝史迹的行为。

第十二条 海丝史迹保护范围内，不得擅自进行与文物保护无关的工程建设。因特殊情况需要在海丝史迹保护范围内进行工程建设的，必须保证海丝史迹的安全，并依法报经批准。

在海丝史迹的建设控制地带内进行工程建设，应当符合海丝史迹保护规划，不得破坏海丝史迹的环境景观和历史风貌，并依法报经批准。

第十三条 海丝史迹保护实行专家咨询制度。市文物行政主管部门应当组建由文物、城乡规划、民族宗教、旅游、水利、住房和城乡建设、环境保护等专家组成的咨询委员会。

制定海丝史迹保护规划、保护范围内开展工程建设以及决定其他与海丝史迹保护有关的重要事项，应当听取咨询委员会的意见。

第十四条 海丝史迹应当按照《宁波市文物保护管理条例》的规定，确定保护管理责任人。保护管理责任人难以确定的，由海丝史迹所在地的区县（市）人民政府确定。

第十五条 海丝史迹的保护管理责任人应当遵守下列规定：

（一）负责海丝史迹的修缮、保养和管理，但未经批准不得擅自修缮、迁移、重建、拆除海丝史迹；

（二）负责落实海丝史迹的防火、防盗、防水、防虫、防坍塌等安全措施；

（三）发现危害海丝史迹安全的险情时，应当立即采取救护措施，并向所在地的文物行政主管部门报告；

（四）配合文物行政主管部门依法开展各类文物保护检查工作。

市和海丝史迹所在地的区县（市）文物行政主管部门应当与保护管理责任人签订保护管理责任书。保护管理责任书应当载明责任人的保护管理义务和依法获得指导、培训、帮助等权利。

第十六条 文物行政主管部门和海丝史迹保护管理责任人，应当分别制定海丝史迹保护专项应急预案。

突发事件发生后，事发所在地的区县（市）文物行政主管部门和海丝史迹保护管理责任人，应当依照法律、法规、规章和应急预案的规定开展应急救援和处置工作。

第十七条 海丝史迹保护应当有利于改善周边居民生产生活条件，促进当地社会经济可持续发展。

海丝史迹所在地的区县（市）人民政府及相关行政管理部门决定海丝史迹保护中的重大事项，应当听取公众意见。

第十八条 海丝史迹应当向社会公众开放，其保护管理责任人可以根据史迹保护要求控制参观范围、参观时间和参观人数。

海丝史迹的展示与配套设施的设置应当与其整体环境、历史氛围和文化属性相协调。

第十九条 鼓励和支持设立展示和传播海上丝绸之路文化的博物馆、历史陈列馆等文化场馆。

鼓励和支持高校、科研机构开展海丝史迹保护的科学研究，提高海丝史迹保护和合理利用的科学水平。

鼓励和支持社会组织、企业和个人开展海丝史迹保护和合理利用的合作与交流。

第二十条 发展海上丝绸之路旅游服务、文化展示、文化创意等产业，应当符合海丝史迹保护规划，尊重所在场所的宗教习俗和民间风俗，不得破坏海丝史迹。

市人民政府和海丝史迹所在地的区县（市）人民政府应当充分发挥海丝史迹的桥梁纽带作用，加强与海上丝绸之路沿线地区的交流与合作。

第二十一条 市和区县（市）旅游行政主管部门应当挖掘整合海丝史迹旅游资源，鼓励企业和个人开发海上丝绸之路旅游产品，发展特色旅游产业。

市和区县（市）文物、知识产权等行政管理部门应当加强对海丝史迹的名称、标识、品牌文化的建设和传播，推动其商标和域名注册，做好相关知识产权保护工作。

第二十二条 市文物行政主管部门应当定期组织对海丝史迹进行监测巡视，发布监测巡视报告。

市和海丝史迹所在地的区县（市）文物行政主管部门在监测巡视时，发现违反本办法规定的行为，应当依法及时处理；涉及相关行政管理部门职责的，应当将有关情况书面告知相关行政管理部门。相关行政管理部门应当依法查处，并将查处信息及时反馈文物行政主管部门。

第二十三条 对违反本办法规定的行为，其他法律、法规、规章已有法律责任规定的，从其规定。

第二十四条 违反本办法第十一条第四项规定，非法移动、拆除、污损或者以其他方式损坏海丝史迹标志说明的，由海丝史迹所在地的区县（市）文物行政主管部门责令限期改正，可以处50元以上200元以下的罚款。

第二十五条 文物、城乡规划等行政管理部门及其工作人员在海丝史迹保护工作中徇私舞弊、玩忽职守、滥用职权的，由其所在单位或者行政监察部门给予行政处分；构成犯罪的，依法追究刑事责任。

第二十六条 本办法自2017年1月1日起施行。

附录 3 宁波市"海上丝绸之路"文化遗存清单

第一类：港口与贸易

序号	名称	地点	类别	时代	简介	现状	文保级别
1	东门口码头	海曙区东门口中山东路260号	旧址	唐—元	1978年8月和1979年4月进行了两次抢救性发掘，发掘面积约350余平方米。清理出3处建造考究的石砌外海运码头遗迹，大量残存的舱器、龙泉窑等所产青瓷或青白瓷碎片，以及众多含有纪年的"太平通宝""熙宁元宝""绍兴元宝""元丰通宝""元祐通宝""大观通宝"等古钱币。这些遗址码头的清理和文物的出土无不分证实了当时这一带海运码头的繁荣盛景，为研究明州码头设施、对外交通贸易和造船业提供了重要资料。	回填保护，近期暂无考古发掘条件。	
2	和义路船场（厂）	海曙区和义路109号对面	旧址	唐—元	1998年5月发掘，发掘面积376平方米，文化层厚约4~4.4米。在唐、宋、元各文化层中保存了不同时期的船板、船首、助骨和船用木料，加工后留下的大量木屑、油灰等物。文献记载为战船街，因造船而得名，从发掘资料证明系明州的造船场（厂），是造船基地之一。	回填保护，近期暂无考古发掘条件。	

宁波市"海上丝绸之路"文化遗存清单　附录3

续表

序号	名称	地点	类别	时代	简介	现状	文保级别
3	市舶司（务）遗址	海曙区东渡路29号	旧址	宋—元	1995年2月至4月底发掘，发掘面积500平方米。清理出宋元市舶司（务）城门址城墙一段；在60余平方米范围内清理出末市舶年基址地坪，地坪以小方砖铺设。元代舶年是直接在宋舶年基址上有石砌山墙和长方形砖铺设的地坪。市舶司的创设，标志着明州港的海外贸易进入了一个新的阶段，同时也在一定程度上保证和促进了宁波港对外贸易的繁荣。	回填保护，近期暂无考古发掘条件。	
4	江厦街码头	海曙区江厦街23号	旧址	宋—元	1985年发掘，面积200平方米。清理出二处码头遗迹及南宋景德镇青白瓷碗、盘及龙泉窑碗、盘、洗等瓷器。还有南宋"隆兴通宝"钱币。该码头为明州国际海运码头之一部分。	回填保护，近期暂无考古发掘条件。	
5	天妃宫遗址	海曙区江厦街19号	旧址	元—清	1982年8月对该遗址进行了发掘，面积为1340平方米。该宫为祭祀海神之所。传说宋田林愿第六女，死后显灵于海上，元代敕封为天妃神，清代加封为天后。出土元、明时期龙泉窑青瓷碗、盘、洗等和明清时期景德镇青花碗、盘、杯等器物及建筑构件。（见《文物与考古》1982年12月第115期）	回填保护，近期暂无考古发掘条件。	
6	东钱湖窑址群	鄞州区东钱湖	古遗址	五代—北宋	包括郭家峙、郭童岙、上水岙窑址等。出土瓷器有碗、水盂、粉盒、盏托、执壶等。胎色灰白，质地坚硬，釉色青中带灰，刻划纹饰有莲花瓣、水草、花鸟等。器具有匣钵、垫圈。不但烧制"贡瓷"，而且大量烧制五代北宋时期的贸易陶瓷，远销非洲埃及等地。	回填保护，近期暂无考古发掘条件。	上水岙窑窑址区保

续表

序号	名称	地点	类别	时代	简介	现状	文保级别
7	祖关山墓葬群	海曙区祖关山（现南郊公园）一带	古墓葬	汉	包括原建造宁波火车站工地与现董孝子庙一带，占地面积约4500平方米。1956年底，清理古墓127座，出土器物共计1124件，时代最早的为战国墓，最迟的为明墓。东汉墓出土的有铜虎子、西汉铜镜以及舶来品玻璃器、琥珀等。1996年7月，建造南郊公园，部分又进行了清理。又发现古墓13座，时代为唐至明。出土有唐大中四年（850年）纪年墓，出土的越窑青瓷罐双系罐、四系罐、铜镜等。东汉舶来品的出现，证明"海上丝路"在那时已经开通。	回填保护，建南站广场。	市保
8	前来岙墓群	鄞州区东钱湖姜员郎村	古墓葬	东汉	1983年9月发掘清理1座墓室，范围约100平方米。出土器物有陶灶、五罐瓶、双系瓷罐以及规矩铜镜等20余件。还有舶来品玻璃珠等。	保存基本良好。	
9	庆安会馆	鄞州区（原江东区）江东北路156号	古建筑	清道光十年	又称北号会馆，甬东天后宫。始建于道光三十年（1850年），落成于咸丰三年（1853年），为甬埠北洋船商所建的一个行业联络场所和祀"天后"的宫殿。建筑面积2400平方米，占地面积5000平方米。中轴线上现存宫门、仪门、戏台、大殿、后殿及两侧厢房。该建筑气势宏伟，建筑上使用了鎏金木雕、砖雕和石雕工艺，尤以雕饰极为精细的龙柱而闻名。全国文物保护单位。	保存完好。	国保
10	浙海常关旧址	鄞州区（原江东区）江东北路146号	旧址	清	始建于清乾隆二十八年（1763年），1923年改建。内存清乾隆二十八年（1763年）立《新建浙海大关记》碑一通，方抹角，方座。高1.30米，宽0.94米，厚0.12米。碑阳阴刻楷书22行，共739字，钤印三方。主要记述新建浙海关往事情况。此地为浙海关关口，各国商舶来住于此验税。	目前现存为旧址纪念石碑。	

234

宁波市"海上丝绸之路"文化遗存清单 附录3

续表

序号	名　称	地　点	类　别	时　代	简　介	现　状	文保级别
11	招宝山造船场及明州港第一码头旧址	镇海区招宝山下甬江口	旧址	唐—宋	因地处甬江口，招宝山造船场自唐代起成为明州港第一停靠码头，各国旅舶多由此启航放洋或经此人明州内港。著名的日本遣唐使、学问僧阿倍仲麻吕就是于唐天宝十一年（752年）由此启航归国的。"宋神宗与明州造今明州的四只'神舟'均造于招宝山，六艘'客舟'雇自明州。"（王冠倬所著《中国古船图谱》）	回填保护，近期暂无考古发掘条件。	
12	上林湖瓷窑址	慈溪市桥头镇上林湖	古遗址	东汉—宋	范围约4平方公里，现存瓷窑址108处。黄婆岙、吴家溪、周家岙、后施岙、狗颈山、高车头、河头山、皮刀山、荷花芯、黄鳝山、横塘山、木勺湾等地点是窑址密集区。东汉到初唐，上林湖的瓷业生产规模尚不大，窑址数量不多、产品种类少、胎体多较粗松，产品种类不多、产品种类少、胎体多较粗松、数量剧增；晚唐、上林湖是越窑青瓷的中心产区。盛中唐到北宋，生产技术大有改进，瓷器精美数量剧增；五代、唐末时期，上林湖是越窑青瓷的中心产区"之称。总之，上林湖所产瓷器不仅上贡朝廷，而且还通过海路出运海外的大宗贸易陶瓷。越窑青瓷成为我国最早出海上运输的大宗贸易陶瓷，被誉为开拓海上"陶瓷之路"的先驱。	目前已完成环境整治、本体保护等各项工程，并获批国家遗址公园。	国保
13	东门天后宫	象山县石浦镇东门村内	古建筑	清代	嘉庆二十四年（1819年）重建，建筑面积约500平方米，中轴线上有门楼、戏台、天后殿，门楼两侧有围墙，天井。天后殿五开间，通面宽16.8米，进深9.68米。用五架梁，檐廊上为卷篷轩，有雕饰，为航海保护庙宇之一，海运业者聚集贸易议事场所，为海上丝绸之路组成部分。	保存良好，展示开放	省保

235

续表

序号	名称	地点	类别	时代	简介	现状	文保级别
14	招宝山造船场及明州港第一码头旧址	镇海区招宝山下甬江口北岸	旧址	唐—北宋	因地处甬江口，招宝山造船场自唐代起为明州港第一停靠码头，商旅船舶多由此启航或经此入明州内港。著名的日本遣唐使、学问僧阿倍仲麻吕就是于唐天宝十一年（752年）由此启航归国的。	回填保护，暂无发掘计划。	
15	中山公园（市舶司）旧地	海曙区中山广场西中山公园地	旧址	明	市舶司及嘉宾堂，为接待日本等使节、商旅之地（详见地方志）	未进行考古	
16	镇海市舶司遗址	镇海区城内古税务署一带	旧址	北宋初	建有碑刻	现存碑刻	

第二类：城市建设

序号	名称	地点	类别	时代	简介	现状	文保级别
1	渔浦门遗址	海曙区和义路58号	旧址	唐—宋	1973年至1975年先后对和义路遗址进行发掘。共发掘四个地区，面积计750平方米。城门遗迹在第四发掘区。该城门系唐、五代、宋代三个时代互相叠压的渔浦门系唐、五代、宋代三个时代互相叠压的考古时发现码头遗迹。2006年11月在和义路东段姚江南岸渔浦城门为唐代末期姚江南岸的一处城门，城门内通商业区，出土了许多越窑贸易陶瓷，能够代表越窑贸易陶瓷的，不但数量之多、品种之丰实、质量之高为考古史上的新发现。	回填保护，暂无发掘计划。	

236

续表

序号	名称	地点	类别	时代	简介	现状	文保级别
2	高丽使馆遗址	海曙区月湖东岸（儿童乐园）	旧址	北宋	古代明州与高丽关系密切。北宋熙宁七年（1074年），明州成为朝廷指定通往高丽的主要出入口岸。为接待高丽蕃使，明州官府在延秋坊置同文馆，元丰二年（1079年），朝廷特赐名"乐宾"。政和七年（1117年），经宋徽宗批准，于明州月湖东岸择地建高丽使馆，又称高丽行使馆。高丽使馆遗址是中韩两国人民友好交往的历史见证，也是迄今为止全国保存的一处高丽使馆遗址。1999年5月进行考古发掘，探明使馆遗址总占地面积约1000平方米，主体建筑坐北朝南，建筑面积约220平方米。出土了宋代建筑遗址、瓦筒角、瓦当及大量的越窑青瓷和韩瓶。明州高丽使馆遗址是中国大陆与朝鲜半岛友好往来的重要文化遗存，也是宁波"海上丝绸之路"的重要文化遗存，这对研究宁波历史文化及对外开放史具有重要的参考价值。	原址重建	区保
3	鼓楼	海曙区中山东路公园路口	古建筑	唐—清	原为唐子城南城门，明万历十三年（1585年）重建时人取唐杜审言《和晋陵陆丞早春游望》诗"云霞出海曙"之句意，由原"四明伟观"改称"海曙楼"，俗称鼓楼。唐长庆元年（821年），明州刺史韩察将州治由鄮县小溪镇（今海曙区鄞江镇）迁至三江口（今宁波市海曙区），筑子城为州治官署。从次，子城成为浙东的政治、经济、文化中心，同时又是官方接待各国使节、商团的场所。现鼓楼即唐长庆元年（821年）所建的南城门。鼓楼是古代宁波建城的实物见证，亦是古代宁波对外交往的实物见证。		省保

续表

序号	名称	地点	类别	时代	简介	现状	文保级别
4	永丰库遗址	海曙区中山东路公园路口	古遗址	元	元代庆元路的永丰库,目前发掘的库为我国现存地代最大的一处建筑遗址。已评为2002年度全国十大考古新发现之一。永丰库遗址总占地面积约9500平方米,考古勘探面积6000平方米,发掘面积3500平方米,是一处以两座大型单体建筑基址为核心,以及砖砌甬道、庭院、排水明沟、水井、河道等与之相互联系的大型仓储机构遗址。系我国首次发现的宋元时期大型衙署之储类遗址,布局相对完整的宋元时期大型衙署之储类遗址,为我国在仓储类建筑的研究提供了极为重要的实例。遗址上清理出来的大量出土文物,充分反映了古代宁波海上对外交通贸易的繁荣状况,为在考古学上确认宁波是我国元代第二大贸易港口提供了重要的支撑。		国保
5	宝奎庙	海曙区镇明路宝奎巷口	古建筑	宋—清	据《宋史·高丽传》载,北宋政和七年(1117年)在月湖东岸创高丽使馆,传为高丽使者出入之地。南宋时建有"宝奎精舍"。至晚清,在此建宝奎庙。	原址重建	区保
6	居士林(四明驿旧址)	海曙区柳汀街贺秘监祠边	古建筑	明—清	始建于元世祖至元二十一年(1284年),初为家祠,元泰定四年(1327年)改为驿站,设水站、车马站、急递铺,命名"四明驿"。明洪武元年(1368年)实行"海禁",与"堪合贸易",规定全国对"朝贡"国家开放唯有宁波、广州、泉州,宁波港被指定为接待日本"贡船"的唯一港口。洪武三年(1370年)朝廷在宁波设立市舶提举司,四明驿遂成为其中的组成机构之一。永乐二年(1404年)明与日签	现存建筑坐北朝南,占地面积约1200平方米。由大雄宝殿、三圣殿、地藏殿、圆通殿、弥勒殿、念佛堂	区保

238

续表

序号	名称	地点	类别	时代	简介	现状	文保级别
					定勘合贸易条约,自此至嘉靖二十六年(1547年)间,宁波港共接待日赴明勘合贸易"贡船"二期17次共计88艘,而凹明朴驿则成为日本勘合贸易船赴京进贡的起程站和其返国补充的基地。日本著名学者崔溥等都到过四明朴驿。朝鲜著名学者崔溥等都到过四明朴驿。	藏经楼与湖心亭等组成,大雄宝殿五开间,通面宽22米,通进深12.6米,硬山顶,抬梁穿斗混合结构,保存完整。	
7	宋徽宗御笔碑	海曙区集仕港镇丰成村	碑刻	北宋	共2通,跋于丰惠庙东墙上青石质,前一通高2.71米,宽1.12米,厚0.11米。改和八年(1118年)立。碑四周均线刻云龙,额题"省降御笔"四字,全文16行,每行20字,由宋徽宗御笔一通高1.64米,宽1.03米,厚0.11米。宣和元年(1119年)立。额题"御笔"二字,全文13行,每行20字。内容为宋徽宗对广德湖田的批文。	此碑刻记载了明州造船与建造高丽使馆有关。	区保
8	罗城(东渡门段渡门址)	海曙区江夏街	旧址	唐—元	面积700余平方米,文物240余件,1993年发掘,首次清理出长江以,南唐、末、元城遗址。首次出土了高丽青瓷和元代的高丽青瓷镶嵌容器。还有唐代其他窑口的贸易瓷。	回填保护,暂无发掘计划。	
9	明州子城旧址	海曙区公园路地块	旧址	唐—宋	1997年1月发掘面积700余平方米,清理唐末宋城,建筑(水沟)等遗迹。报告发表于《考古》,子城遗址首次出土了唐宋陶瓷。	回填保护,暂无发掘计划。	

续表

序号	名称	地点	类别	时代	简介	现状	文保级别
10	句章遗址	江北区乍浦乡城山村、临姚江	古遗址	春秋战国—隋	渡程 150 米。南渡大隐镇城山村，设渡亭 1 间。北渡宁波市乍山乡螺漕村。		区保
11	广济桥	奉化市江口镇南渡村内	古建筑	元	系木石结构四孔廊屋式平桥，东西向横跨于奉化江上，桥长 51.68 米，宽 6.60 米，桥面上有廊屋 11 间，两边引桥各有廊屋 2 间。始建于宋，元至元二十三年（1286 年）重建，明清几度重修。此桥为中外使节、商旅人天台山、明州，合津之际来高僧来天、道元之际来往日本代高僧鉴真和尚与日本代高僧来天，著名的鉴真和尚与日本代高僧来天，义通都曾来往此驿道。		省保
12	嘉宾馆	海曙区双园园巷	旧址	明	在宋境清寺旧址上建造嘉宾馆，在旧城改造中出土高丽青瓷及大量明代青花。	回填保护，暂无发掘计划。	
13	航济亭	镇海区城内，人民剧院南则	旧址	元丰元年	航济亭始建于北宋元丰元年（1078 年），原址在原定海县（现镇海区）甬江北岸，存世 50 多年间，曾接待高丽使者 14 批，宋使 4 批。	未进行考古发掘	国保
14	天一阁	海曙区天一街	古建筑	明	天一阁建于明嘉靖四十年至四十五年（1561 年—1566 年）。由当时退隐的明朝兵部右侍郎范钦主持建造，占地面积 2.6 万平方米，已有 400 多年的历史，为全国重点文物保护单位。		国保
15	它山堰	海曙区（原鄞州区）鄞江桥	古建筑	唐	它山堰从唐代至今保存完好，还发挥着水利上的作用，与国内的郑国渠、灵渠、都江堰合称为中国古代四大水利工程，是全国重点文物保护单位，世界灌溉工程遗产。		国保

240

续表

序号	名称	地点	类别	时代	简介	现状	文保级别
16	天封塔	海曙区大沙泥街147号	古建筑	唐-宋	始建于"唐武后天册万岁及万岁登封元时（695—696年），塔因建筑年代而命名。宋建炎间毁于兵火，绍兴十四年（1144年）重建。元至顺元年又重修，同时塔顶有重建重修。1984年落架重修，在地宫出土浑银鎏金大殿、浑金鎏金塔、银香炉、银香薰、铜佛、钱币、经书等。弄清了塔基结构，为确定塔的建筑年代与建筑结构提供了有力的实物例证。1989年重修竣工对外开放。今塔高51.5米，呈六边形，边长9.85米，共十四层。该塔系三江畔最早的标志性建筑，代表着明州治的导航标志。	保存完好	市保

第三类：文化交流

序号	名称	地点	类别	时代	简介	现状	文保级别
1	天宁寺塔基遗址	海曙区中山西路206号	古建筑	唐-明	天宁寺，始建于唐大中五年（851年），称国宁寺，咸通年间（860—873年）寺前增置东西两塔。今天宁寺、东塔皆无存，唯西塔独立，最澄大师曾在此受法。明洪武五年（1372年），天宁寺僧祖阐曾接待日本贡使带渔民入主明太宗寺。此后，雪舟在其画作《宁波府城图》中就曾形象地描绘了天宁寺的双塔与寺前质建于右两侧，左塔于清光绪年间明朝，现存者为右塔，系五级楼阁式塔，平面呈方形，占地面积9平方米，高12米。	仅存一座唐塔	国保

241

续表

序号	名称	地点	类别	时代	简介	现状	文保级别
2	清真寺	海曙区后营巷18号	古建筑	宋一清	俗称回回堂。宋时，明州与西亚等国交往频繁，众多的阿拉伯、波斯商人来明州从事贸易与文化交流，一部分人寓居明州，并从咸平年间（998—1003年）建造清真寺于城东南狮子桥旁，传伊斯兰教（回教）于明州。元至元年间（1264—1294年）又迁建于海运公所南冲虚观前。清康熙三十八年（1699年），清真寺重建于现址。清真寺是目前宁波保存的伊斯兰教建筑。寺坐西朝东，布局呈长方形，以中轴线和对称布局为主，注重平面组合，由大门、二门、照壁、沐浴房、礼拜殿以及两侧厢房等组成，总占地面积约为750平方米。		省保
3	烟屿楼	海曙区共青路79号	古建筑	清	占地面积975平方米，大门朝东，遥对花屿。正楼七间，通面宽12.87米，通进深12米。硬山顶保存完好。		
4	湖心寺	海曙区月湖桥之西	古建筑	宋一清	始建于北宋治平元年，屡毁屡修，现存建筑为清同治十二年（1873年）年重修。是明代文士瞿佑《剪灯新话》中《双头牡丹灯》传奇故事的发生地，在日本流传广泛。日僧雪舟在其画作《宁波府城图》形象地描绘了此寺。		
5	瑞岩禅寺藏经阁	北仑区柴桥紫石村九峰山下	古建筑	清	瑞岩禅寺始建于唐会昌年间（841—846年），以后屡毁屡建。现存寺仅存光绪三十二年（1906年）建的藏经阁。阁内还保留青光绪圣旨碑和藏经阁碑记各1通。《日中文化交流史》记载有该寺与日本僧交往史。		区保

242

宁波市"海上丝绸之路"文化遗存清单 附录3

续表

序号	名称	地点	类别	时代	简介	现状	文保级别
6	东钱湖墓葬群	鄞州区东钱湖周围山岙中	古墓葬	宋—明	在韩岭、下水及福寿山一带，尚存宋、元、明的名人墓十余座，以南宋为主，有史诏墓、叶氏太君墓、史浙墓、史弥远墓等，为我国迄今已发现规模最大、雕刻最精的南宋墓道石雕遗存，为研究南宋社会发展史和墓葬雕刻艺术提供了重要实物。		国保
7	浙东学派史迹	海曙、余姚、奉化	古建筑	明—清	包括白云庄及黄宗羲、万斯同、全祖望墓。浙东学派倡导一种注重研究史料经世致用的风气，是我国学术史上最具光彩的地域性学术流派。黄宗羲是浙东学派的开创者。白云庄是黄宗羲先生甬上讲郎时间最长、并产生重要影响的场所，培养了"十八高弟"，使学派发扬光大，不仅在浙东，而且在国内外影响深远。		国保
8	延庆寺	海曙区南门灵桥路203弄8号	古建筑	五代—清	延庆寺作为佛教天台宗的中心道场，在日本、韩国有广泛的影响。末咸平、天圣年间，高丽僧人义通弟子知礼(明州人)师承法统，主持延庆寺弘扬天台教义，成为天台宗第十七祖，延庆寺遂成为浙东弘扬天台宗的中心，同时亦成为日本、高丽天台宗僧徒朝圣、同法疑问的场所。北宋咸平六年(1003年)日本天台宗僧源信遣弟子寂照入明州向知礼，知礼作《问法二十七条答释》决疑。天圣六年(1028年)日僧绍良携天台宗疑问10条诣知礼，同教义子知礼嗣席广智。从学三年才归。元祐二年(1087年)高丽僧义天至明州寻求经籍，携去名宗经籍4700余卷《新编诸宗教藏总录》刊行，内有知礼的著述，后来义天创立了高丽天台宗。现存延庆寺为清代建筑，主体建筑坐北朝南，由天王殿、大雄宝殿、方丈室(敦善堂)、东西厢房及塔院组成，总占地面积5141平方米。		市保

243

续表

序号	名称	地点	类别	时代	简介	现状	文保级别
9	阿育王寺	鄞州区五乡宝幢育王山南麓	古建筑	唐—清	阿育王寺是我国现存唯一的以阿育王命名的千年古寺，在宁波与海外文化交流，特别是与日本的佛教交流中占重要地位。寺坐北朝南，平面布局由南而北第次升高。主体建筑布置在一条中轴线上，以天王殿、大雄宝殿、舍利殿为中心，附属建筑左右翼分，左有大悲阁、承恩堂、养心堂、先觉堂、拾翠楼、碧梧轩，右有方丈殿、云水堂等305间。东塔现存361间，方丈楼等50余通，寺内现存较有价值的历代碑碣石刻约50余通，皆有较高的史料研究价值。		国保
10	天童寺	鄞州区东吴下山塘村北约1.5公里的太白山麓	古建筑	唐—清	天童寺号称"东南佛国"，在历史上对东亚，尤与日本国的佛教有着历史悠久，交往密切的关系，为古代中日两国的佛教交往和文化交流作出了积极的贡献。据《天童寺志》记载：宋、元、明时期共有33位僧到天童寺参禅，求法，传教。今日本佛教主要宗派之一的曹洞宗尊天童寺为其祖庭，明朝期间共有11位僧人赴日弘法。天童寺坐北朝南，现存殿宇建筑30余幢，共计999间。占地面积76400平方米，建筑面积38800平方米。中轴线上，由南而北垂直排列，依次为外万工池、七佛塔、内万工池、照壁、天王殿、佛殿、法堂（藏经楼）、先觉楼、罗汉堂等。两翼偏殿、配置对称。天童寺内保存自宋以来石刻碑碣40余通，皆有较高的史料研究价值。		国保
11	五桂楼	余姚市梁弄学堂弄	古建筑	清	坐北朝南，三间二层楼，通面阔10.30米。勾连搭屋顶，风火山墙，建筑占地面积107平方米，楼前有庭院。四周以高墙，深8.6米。四周围以高墙，1981年部分屋顶塌落，按原样修复。		省保

续表

序号	名称	地点	类别	时代	简介	现状	文保级别
12	朱舜水宗祠	余姚市龙山弄8-13号	古建筑	清	祠坐北朝南，有门厅、正厅、后厅，占地面积646平方米。每厅均为五开间，通面阔均为18.29米。硬山顶。门厅明间用月梁，正厅为抬梁结构，前双步后单步，后厅为穿斗结构。		市保
13	王守仁故居	余姚市武胜门路32号	古建筑	明	故居坐北朝南，沿中轴线自南至北依次为：门厅、砖雕门楼、大厅、瑞云楼（1996年重建）。占地面积约2200平方米。大厅三间通面阔11.26米，通进深11.5米，抬梁和穿斗混合结构，前有轩廊。瑞云楼是明哲学家、教育家王阳明出生处。相传王阳明诞生时有神仙驾五色云送子的佳话，遂称瑞云楼。毁于清乾隆年间，后year重建。五间两弄，通面阔24.58米，通进深11.69米。重檐硬山顶。		国保
14	雪窦寺	奉化市溪口镇西6公里	古建筑	晋—清	雪窦寺全称雪窦资圣禅寺。据《雪窦寺志》载，始建于晋，称瀑布院。唐会昌元年（841年）移建今址，改名瀑布观音院。唐景福元年（892年）大规模扩建。咸平二年（999年）宋真宗赵恒赐名雪窦资圣禅寺。景祐四年（1037年），仁宗赵祯制定禅院等级，列为"五山十刹"中十刹之一。南宋宁宗时制定禅院等级，至上世纪60年代遗存清初所建的山门、天王殿、大雄宝殿、法堂和藏经阁、后殿、东西厢房、方丈楼房（延寿堂）7间，文革"扫四旧"，1968年，悉数拆除。日本等国高僧曾来此寺游访，《日中文化交流史》中对此有详细记载。		国保

续表

序号	名称	地点	类别	时代	简介	现状	文保级别
15	五磊寺及那罗延尊者塔	慈溪市中南部五磊山象王峰南	古建筑	吴—清	古地面积约32 000平方米，距今已有1700多年的历史，是浙江地区最古老的寺院之一。东汉时，佛教通过海路传入浙东地区。吴时印度高僧那罗延来到明州句章慈溪，创建了浙江境内最早由外来僧人建立的佛教寺庙，即现在的五磊寺。五磊寺成为海外中外佛教文化交流的先导。		区保
16	明州公库步行街遗址	海曙区鼓楼步行街西侧中段	旧址	宋—元	元代，庆元（宁波）的刻书业对日本也发生过很大的影响。至元二十六年（日本正应二年，1289年），日本三圣寺开山湛照和他的徒弟师元所刊印的《雪窦觉明大师语录》第1册末尾，就有"四明徐府刊"的刊记，第2册末尾有"四明洪举刊"的刊记，这或许是刻印是按顷四明（宁波）参与刻事与过刊刻，或许是四明刻工东渡至日本参与刻事。可见元时庆元的刻书业曾经对日本的出版事业发生过一定的影响。		
17	佛画坊、画肆旧址	海曙区车桥街、石板巷一带	旧址	南宋	目前流存于海外的明州佛画较著名的有：南宋周季常《五百罗汉图》、南宋金大受《十六罗汉图》、南宋陆信忠《佛涅磐图》等等，分藏于日本、美国等国文化艺术美术馆。南宋明州佛画是中日文化交流史上不可忽视的文化载体，它不但带动了当时日本画风的形成，而且日本其画史上也起到不可低估的作用。		

宁波市"海上丝绸之路"文化遗存清单　附录3

续表

序号	名 称	地 点	类 别	时 代	简 介	现 状	文保级别
18	董孝子庙	海曙区南门	古建筑	明—清	董孝子名黯，东汉人，奉母至孝。东汉延光三年（124年）敕封"孝子"，并立祠以祀，现建筑为清嘉庆道光年间所建。目前保存好，庙东有董母墓。		区保
19	寿宁寺（白水庵）	宁海县跃龙街道港头村	古建筑	始建于晋	目前建筑尚存，建有日本法济大师驻锡寿宁寺"三宝"东渡纪念碑，鉴真大师东渡天折去福州时与日本高僧住于比庵（寺）。		
20	灵岩寺	象山县泗洲头镇灵岩山	古建筑	南宋晚期	南宋晚期临济宗著名高僧兀庵普宁曾在此住持，兀庵在1260年到日本，是镰仓幕府首领的师父，在日本创立佛教兀庵派，为日本古代佛教二十四派之一。		
21	智门寺	象山县墙头镇舫前村	古建筑	南宋晚期	阿育王第四十六代住持物初大观（1201—1268年）曾在此持智门寺。物初是天童白云人日本的无学祖元之师，又是日本安东寺再山樵谷惟仙之师。		
22	保国寺	江北区洪塘灵山	古建筑	宋	保国寺北宋大殿保存完好。其中，保国寺大殿重建于北宋大中祥符六年（1013年），又称大雄宝殿，无量殿和祥符殿，是全寺内最有价值的一座主殿，也是中国古代佛教建筑的典范，的一座建筑，对东亚地区，特别是日本高丽等国的寺庙建筑有较大影响。		国保

247

续表

第四类：海防设施

序号	名称	地点	类别	时代	简介	现状	文保级别
1	镇海口海防遗址	镇海区	古遗址	明—清	集中分布在甬江入海口，不到2平方公里，南、北两岸的海防范围内。镇海口的海防历史遗址内容齐全，自成体系，是我国目前保存较为完好的海防遗址，包括甬江北岸镇海区招宝山的威远城、明清碑刻、月城、安远炮台、梓荫山（裕谦殉难处）、纪功碑亭、俞大猷生祠碑记、吴公纪功碑亭、吴杰故居等八处；甬江南岸北仑区的戚家山营垒、金鸡山瞭台、靖远炮台、平远炮台、宏远炮台、镇远炮台等六处。这些海防遗址，是中国人民热爱祖国，不畏强暴，抗御外侮、自强不息的历史见证。		国保
2	大嵩所城遗址	鄞州区瞻岐镇、咸祥镇	古遗址	明	包括大嵩所城、合岙烽火台、炮台岗烽火台、横山烽火台、黄牛岭烽火台、火爬岭烽火台等六组七处遗址，以大嵩所城为中心，散布于宁波市鄞州区瞻岐、咸祥两镇。		省保
3	二湾头摩崖题记	石浦镇二湾头朝东岩壁上	石刻	宋—明	共十条，其中三条疑为宋代镌刻外，其余皆明代。阴文题刻，最大一条"视萃当如婴儿"，为横书，宽3.255米，高0.39米，余皆直书，高在1.15-1.3米之间，字迹刚劲有力。每条四字为"如海恩波""恩同海永""松屏浦口""严候永瞻""委候颐我""恩与石存""海苑湖以""将苑湖仪"，内容多为明抗倭时用。		县保

248

续表

序号	名称	地点	类别	时代	简介	现状	文保级别
4	大瀛海道院碑	象山县爵溪镇大瀛海道院内	石刻	元	通高2.21米，宽1.09米，厚0.16米。额方首抹角，座伏。额篆"大瀛海道院记"六字，两院饰阳刻凤凰，巨虚各一。碑文阴刻楷书，九行，行22~24字，全文700余字，今存正文18行，共存450字。字体圆润流畅。内容详述大瀛海道意义。		
5	江心寺摩崖石刻	象山县石浦镇江心寺朝东岩壁上	石刻	明	三条并列镌刻，间距不及1米，皆正书直行阴刻，分别为"沧海恩波""世侯永乾""恩绩如山"，各高1.3米左右，无落款。		
6	卫山烽火台	慈溪市卫山之巅	古遗址	明—清	台平面呈长方形，立面为梯形，上边长7米，宽5米，下边长14米，宽10米，墩高4米，保存完好。		市保
7	龙山所城	龙山乡龙山所村	古遗址	明	"城围二文五尺，址广二文延袤三四里四门"，各有楼设钩桥于东南西三门。目前南北城墙高4米，宽8~10米，东西高2米。		市保
8	三山所北城门	浒山街道北城路	古遗址	明	所城遗址，北临大古塘河东、西，南与住宅区相连。城门遗址尚存，高3.10米，宽3.80米，进深5米，城楼和墙伏稀可见。		市保
9	总台山烽火台	北仑区郭巨北门	古遗址	明	结构独特，台基呈梯形，上边7米，下边8米，高3.17米；用沙土夯成，其上建石屋，硬山顶，面宽2.8米，进深2.5米，高1.8米，周壁石筑，南开门，保存完整。		省保

249

续表

序号	名称	地点	类别	时代	简介	现状	文保级别
10	爵溪抗倭城墙	象山县爵溪	古遗址	明	城东西临海，长400米，高6米，厚10米。石砌而成，辟有月洞门。北面城约长1800米，高5~6米，保存了原来的面貌，在海防设施研究中具有很高的价值。		县保
11	公屿烽堠	象山县爵溪周家山	古遗址	明	占地面积100平方米，台高5~6米，底宽10米，顶宽6米。顶部呈凹型。		省保
12	赤坎游仙寨遗址	象山赤坎	古遗址	明	明正统八年后建，属爵溪所管辖，保存完整，为象山县境内保存较为完整的明代抗倭兵寨遗址。		省保
13	石城	奉化装村应家棚	古遗址	清	城内原有兵营，已毁，现有晚清建的楼屋，平屋各一幢，偏处城的南端，是奉化区内目前仅有的一座抗倭石城。		市保

250